게임 체인저와
미래 국가전략

도서출판 윤성사 207
게임 체인저와 미래 국가전략

제1판 제1쇄 2023년 8월 30일

지 은 이	진창수 · 서동주 · 이수훈 · 김정기 · 박홍도 · 임은정 · 이기태 · 이상준 윤대엽 · 김민성 · 윤석정 · 차두현 · 이창주 · 오승희 · 이주연 · 홍석훈
펴 낸 이	정재훈
꾸 민 이	(주)디자인뜰
펴 낸 곳	도서출판 윤성사
주 소	서울특별시 서대문구 서소문로 27, 충정리시온 제지층 제비116호
전 화	대표번호_02)313-3814 / 영업부_02)313-3813 / 팩스_02)313-3812
전 자 우 편	yspublish@daum.net
등 록	2017. 1. 23

ISBN 979-11-93058-10-7 (93340)
값 18,000원
ⓒ 진창수 외, 2023

지은이와의 협의에 따라 인지를 생략합니다.

이 책의 전부 또는 일부 내용을 재사용하려면 반드시 사전에 저작권자와
도서출판 윤성사의 동의를 받아야 합니다.

잘못 만들어진 책은 구입하신 서점에서 교환 가능합니다.

for
Future National
Strategy

게임 체인저와
미래 국가전략

진창수·서동주·이수훈·김정기·박홍도·임은정·이기태·이상준
윤대엽·김민성·윤석정·차두현·이창주·오승희·이주연·홍석훈

머리말

게임 체인저와 미래 국가전략

　세종연구소 일본연구센터는 그간 글로벌 국제 질서 재편과 동학 탐구, 미래 국가정책과 전략의 모색과 제언 등을 비롯해 다양한 분야에 걸쳐 연구를 지속해 왔다. 구체적으로 우크라이나 전쟁을 둘러싼 국제안보 정세 평가, 미중 전략 경쟁, 동북아시아 갈등 현안과 안보 위협, 글로벌 공급망과 경제 안보(economy security) 분석 평가, 국제 질서 변용에서 한국의 전략과 대응 방안 모색 등을 다뤄 왔다.

　이번 연구는 이러한 정책 지향 연구 경험의 연장선에서 최근에 부각되고 있는 미래 국가전략과 연계된 핵심 현안들에 초점을 두고 연구한 또 하나의 결과물이다. 글로벌 복합 대전환이자 복합 위기의 시대에 국가전략의 향배를 가늠하고 국가 생존과 도약에 영향을 주는 게임 체인저(game changer)에 주목하고, 이에 대한 대응으로 미래 바람직한 국가전략을 탐구해 보고자 했다. 우리나라 현재와 후세대의 미래를 가꾸고 현명하게 준비하는 데 보탬을 주려는 뜻이 담겨 있다. 역사적 경험을 돌이켜 볼 때 정책담당자들에게는 일종의 사전 깨우침 전달과 경청의 기회를 제공하는 것이기도 하다. 세상이 어떻게 돌아가는지, 국가 차원에서 무엇이 중요한지 일반 국민들과 함께 생각해 보고 혜안을 가꿔 나가려는 노력이다. 한국판(韓國版) 그랜드 전략(grand strategy) 디자인에 한 뎜을 덧붙이는 것이기도 하다.

　이 책은 크게 1부, 2부로 나눠 다뤘으며, 1부 '글로벌 복합 대전환과 게임 체인저'에서는 21세기 게임 체인저와 미래 국가전략, 미중 전략 경쟁, 우크라이나 전쟁, 기술패권 경쟁, 에너지, 사이버 안보, 글로벌 공급망 재편, 뉴 스페이스(new space) 혁명을 다뤘다. 이어 핵전략, 인권 문제를 보론으로 담았다. 2부 '각국의 게임 체인저와 대응'에서는 게임 체인저과 연관된 각국의 대응을 미국, 중국, 일본, 러시아, 유럽연합, 북한을 중심으로 다뤘다. 국가전략을 다루는 각 분야의 전문가들이 게임 체인저와 미래 국가전략의 수립 전개라는 측면에서 탐구하고 분야별 정책 제언도 담아내려 했다.

　이 책에서 다룬 내용이 현재 진행 중인 국제정치 경제 질서 재편의 큰 맥락을 이해하고 바람직한 미래 국가전략을 추진하는 데 밑거름이 되기를 기대한다. 끝으로 이 책이 발간되기까지 많은 도움과 수고를 아끼지 않은 집필진, 센터 조교, 출판사 관계자 모든 분께 깊이 감사드린다.

2023년 6월
집필진을 대표해서
진창수

| 목차 |

게임 체인저와 미래 국가전략

머리말_ 5

1부 글로벌 복합 대전환과 게임 체인저 · · · · · · · · · · 11

21세기 게임 체인저와 미래 국가전략 | 진창수 · 서동주 · · · · · · · · · · 13
게임 체인저는 무엇인가?_ 13
게임 체인저의 몇 장면_ 16
게임 체임저는 어떤 파급 영향과 특성을 지니고 있는가?_ 23
각자도생의 국가전략에 던져 주는 시사점은 무엇인가?_ 23
책의 구성_ 24

미중 전략 경쟁과 미래 국가전략 | 이수훈 · · · · · · · · · · 33
세계 안보 정세 변화_ 33
미중 전략 경쟁 심화_ 35
게임 체인저_ 37
지역 및 국제안보 질서에 대한 영향_ 39
한국에 대한 함의_ 41

우크라이나 전쟁과 미래 국가전략 | 김정기 · · · · · · · · · · 42
우크라이나 전쟁을 보는 관점과 전략적 사고의 필요성_ 42
우크라이나 전쟁의 국제적 파급과 한반도에 대한 함의_ 44
우크라이나 전쟁이 던지는 도전적 이슈들_ 46
한국의 대응 방향: 미래 국가전략에 대한 시사점_ 49
미래 국익 확대 전략으로서의 우크라이나 전후 재건 참여와 동유럽 방산 협력_ 52

기술패권 경쟁과 미래 국가전략 | 박홍도 · · · · · · · · · 54
들어가며_ 54
게임 체인저로서의 기술_ 55
주요국의 게임 체인저 기술 대응 동향_ 61
미래 국가전략_ 67

에너지와 미래 국가전략 | 임은정 · · · · · · · · · 69
들어가며_ 69
에너지 분야 게임 체인저의 조건_ 71
미래 시나리오 전개_ 76
한국의 대응 방안_ 78
나오며_ 80

사이버 안보와 미래 국가전략 | 이기태 · · · · · · · · · 81
사이버 안보와 게임 체인저_ 81
사이버 안보의 주요 쟁점_ 84
사이버 안보 관련 미래 대응 준비_ 86
그랜드 국가전략: 인도·태평양 협력 모델_ 87

글로벌 공급망 재편과 미래 국가전략 | 이상준 · · · · · · · · · 90
들어가며_ 90
글로벌 공급망 재편 요인_ 92
글로벌 공급망 재편과 한국의 대응 전략 및 과제_ 100
나오며_ 106

뉴 스페이스 혁명과 우주 국가전략 | 윤대엽 · · · · · · · · · 108
우주 국가전략 경쟁_ 108

| 목차 |

게임 체인저와 미래 국가전략

올드 스페이스 혁명과 뉴 스페이스 혁명_ 110
K-뉴 스페이스 혁명?_ 114
우주 게임 체인저의 과제_ 115

보론 1: 핵전략 | 김민성 · 119
핵무기는 왜 게임 체인저인가?_ 119
전 세계 핵무기 보유 동향과 주요국의 핵전략 평가_ 123
한국의 미래 전략에의 함의_ 131

보론 2: 인권: 국제 질서와 정의, 그리고 한일 관계 | 윤석정 · · · · · · · · 133
들어가며_ 133
국제 질서와 정의의 관계_ 134
시정 문화와 인권 관련 국제법의 발전_ 137
나오며: 한일 관계에 대한 함의_ 140

2부 각국의 게임 체인저와 대응 · · · · · · · · · · · · · · · · · 143

복합경쟁 시대 미국의 대응 | 차두현 · · · · · · · · · · · · · · 145
핵심 기술경쟁력의 유지와 공급망 재편_ 146
동맹/우방 네트워크의 확장과 심화_ 149
군비 경쟁과 선도적 운용 개념의 강화_ 153

중국의 게임 체인저: 페트로 위안화?
중국 위안화 국제화의 숨은 전략 | 이창주 · · · · · · · · · 158
들어가며_ 158
배경: 기축통화, 페트로 달러_ 159
전환의 시작: 미국-사우디아라비아 관계_ 161

전환의 시작: 중국-사우디아라비아 관계_ 164
위안화 국제화, 페트로 위안화의 시동_ 168
위안화 국제화, 게임 체인저가 될 수 있을까_ 171

일본의 게임 체인저 전략 | 오승희 · · · · · · · · · · · · · · · 175
들어가며_ 175
게임 체인저 아베 신조_ 177
전략적 연계를 통한 게임 체인저 육성 전략_ 179
나오며_ 185

게임 체인저와 국가전략: 러시아의 대응 | 이주연 · · · · · · · · · · · · · · · 187
미중 전략 경쟁 아래 러시아의 국가전략_ 187
러시아의 우크라이나 침공과 미중 전략 경쟁_ 189
첨단기술에 대한 러시아의 전략_ 190
사이버 안보와 러시아 전략_ 192
글로벌 공급망 재편에 대한 러시아의 전략_ 194
나오며_ 196

북한의 핵개발 국가전략과 한반도 게임 체인저 | 홍석훈 · · · · · · · · · 197
들어가며_ 197
북한 핵무장과 신국제 질서의 게임 체인저_ 199
북한의 대남정책과 우리 정부의 대응_ 205
나오며: 지속 가능한 대북정책 모색 및 미래 전략_ 212

참고 문헌_ 215
찾아보기_ 230

글로벌 복합 대전환과 게임 체인저

제1부

게임 체인저와
미래 국가전략

21세기 게임 체인저와 미래 국가전략

진창수 · 서동주

게임 체인저(game changer)! 이는 한판 승부이면서 승부를 결정짓는 변수이기도 하다. 나에게, 가족에게, 직장에, 사회와 국가에도 적용된다. 지금 세계는 온통 '게임 체인저' 천지다. 여러모로 위기이자 도전이고, 기회이기도 하다.

| 게임 체인저는 무엇인가? |

일반적으로 게임 체인저는 "시장의 흐름을 통째로 바꾸거나 판도를 뒤집어 놓을 만한 결정적 역할을 한 사람, 사건, 서비스, 제품" 등을 의미한다.[1] 쉽게 말하면, "게임의 판도는 바꾸는 사람이나 기술, 서비스, 제품"이며, "어떤 일에서 결과나 흐름을 뒤바꿔 놓을 만한 중요한 역할을 한 인물이나, 사건, 제품" 등을 이르는 말이기도 하다.

---

[1] https://news.einfomax.co.kr/news/articleView.html?idxno=3430489(검색일: 2022.07.17.).

종합하면 "게임의 판도를 바꾸는 사람, 사건, 기술, 서비스, 제품 등을 통칭"하는 개념이다.

게임 체인저는 어떤 일인가, 어떤 게임인가에 따라 다르며, 다차원적이고 많은 분야에서 작용하고 있다. 내용 면에서도 사람, 기술, 서비스, 제품 등 다양성을 띠고 있다. 영향 범주 역시 글로벌, 지역적, 국내 등 영향력 정도에 따라 개별적인 차별성을 지니고 있다.

유형과 관련해서는 주제 영역, 내용별, 영향 범주, 영향 강도, 예측 정도 등이 유형화의 기준이 될 수 있을 것이다. 흔히 사용되는 것으로 크게 봐 예측할 수 없는 위험으로 블랙 스완형(black swan), 예측할 수 있는 위험으로 회색 코뿔소형(gray rhino)으로 구분하기도 한다. 이를테면, "2022년 하반기 글로벌 경제 위험 요인"에 미치는 게임 체인저로 두 유형을 꼽는다면 다음과 같이 예견됐다. 두 마리 회색 코뿔소로 경기 침체, 부채의 역습이며, 블랙 스완으로는 글로벌 공급망 붕괴, 대형 신용 위기 발생, 디지털 금융 시스템 붕괴였다. 현재의 시점에서 바라볼 때 생동감 있게 와 닿는 부문이 있다. 게임 체인저는 파격적·독창적이며, 가변성이 심하고, 예측이 힘들며, 초불확실성을 지닌 특성을 띠고 있다.

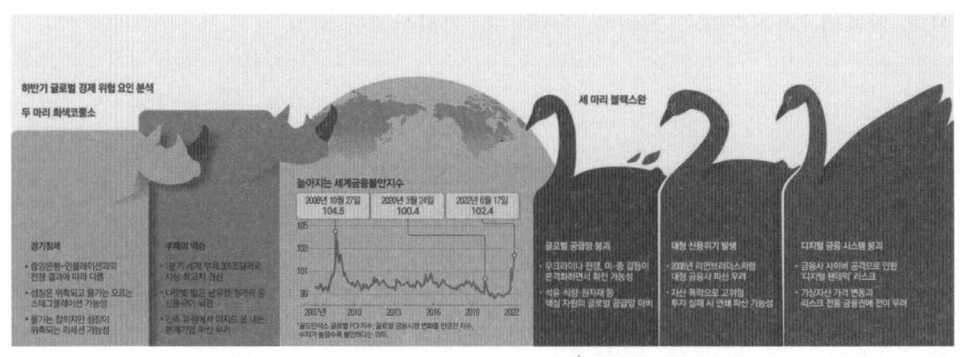

자료: https://www.mk.co.kr/news/economy/view/2022/07/586120/(검색일: 2022.7.5.).

국제 정치경제 예측의 블랙 스완형, 회색 코뿔소형 게임 체인저

현재 진행 중인 글로벌 복합 대전환 시대 또는 복합 위기 시대 국제 질서 재편을 가

져오는 게임 체인저는 무엇인가? 글로벌 복합 위기 시대에 게임 체인저들은 전 세계적으로 영향을 미치고 있으며, 판을 바꾸는 성격을 지닌 변인으로 동시적이며 복합적으로 상호 작용하고 있기에 국가의 흥망성쇠(興亡盛衰)를 좌우할 수도 있다. 이에 대한 파악과 대응 방안 강구가 매우 중요한 이유이기도 하다. 이를테면 코로나19 백신과 처방제 개발, 그리고 이에 대한 대응 정책, 러시아-우크라이나 전쟁과 에너지·식량 위기, 미·중 패권 경쟁의 심화와 새로운 진영 만들기, 극초음속 미사일 등 인공지능(AI) 시대 첨단무기, 반도체 산업의 패키징(packaging) 기술, 양자컴퓨터와 인공태양 등 무궁무진하다.

1945년 제2차 세계대전이 끝난 이후 냉전 체제(양극/얄타 체제), 브레튼우즈 체제(무역 부문에서 GATT, 금융 부문에서 IMF, WB)가 출범했고, 1989년 동유럽 체제 전환이 이뤄졌으며, 1991년 소연방이 해체됐다. 미국의 일극 체제하에 2001년 9·11 테러전 시대가 전개됐고, 2008년에는 글로벌 금융 위기를 겪으면서 단-다극 체제로 변모했다. 이후 2014년 크림반도 병합, 2020년 코로나19 팬데믹(pandemic)을 거쳐 2022년 러시아-우크라이나 전쟁까지 이르면서 새로운 다극 질서 창출이 꿈틀대고 있다.

지구적 차원의 이슈도 속속 등장하고 있다. 코로나19 팬데믹과 변이, 예방 백신, 온실가스 감축과 탄소중립이 중요하게 대두된 기후 변화와 지구촌 전체 이상 기후 현상과 피해, 미·중 전략 및 패권 경쟁과 진영화, 제4차 산업혁명과 첨단기술 경쟁, 인공지능(AI), 드론(drone), 블록체인(block chain), 증강현실(AR), 가상현실(VR), 3차원(3D), 5세대 이동통신(5G), 메타버스(metaverse) 등 기정학(技政學)의 부각, 극초음속 미사일 등 첨단 군사무기 개발과 군비 경쟁(킨잘, 아방가르드, ARRW, 둥펑-17), 러시아-우크라이나 전쟁 등등 헤아리기 힘들다.

현재는 초불확실성이 지배하는 격동의 시대다. 시대적 국제환경과 국제 체제의 변화가 급격히 이뤄지고 있다. 역사적으로 큰 전쟁 이후에 지도(地圖)가 바뀌었다. 현 상황은 여러 게임 체인저가 동시에 작용하며, 새로운 정치경제 질서 재편이 이뤄지고 있다. 지정학적(地政學的, geo-politics), 지경학적(地經學的, geo-economic), 기정학적(技政學的, tech-politics) 지도가 동시에 새로이 그려지고 있다. 그래서 국가전략적 측면에서 한층 더 한 치 앞을 내다보기 힘들며 그 어느 때보다 슬기로운 혜안이 요구되고 있다.

| 게임 체인저의 몇 장면 |

#1: 제임스 웹 우주망원경[2]

위의 사진은 13조 원이 든 제임스 웹 우주망원경(James Webb Space Telescope)이 찍은 용골자리 대성운의 모습이다. 새로운 우주 탐색의 가능성을 열었으며, 135억 년 전 초창기 천체 구조를 탐구할 수 있게 된 것이다.

다른 한편으로 우주는 또 다른 도전 영역으로 다가오고 있다. 중국은 우주 레이더(중국푸옌, 中國復眼) 건설에 착수하는 등 미국과 우주 관측 경쟁을 벌이고 있다. 우주 탐험! 이는 신대륙 발견에 비견되는 21세기판 대항행 시대의 출현을 예고한다. 우주 공간을 둘러싼 선점 경쟁이 성큼 다가왔음을 시사한다. 전략적 사고와 생각의 품을 저 우주에로까지 넓혀야 한다.

---

[2] https://www.nasa.gov/image-feature/goddard/2022/nasa-s-webb-reveals-cosmic-cliffs-glittering-landscape-of-star-birth(검색일: 2022.07.13.).

#2: 기후 변화[3]

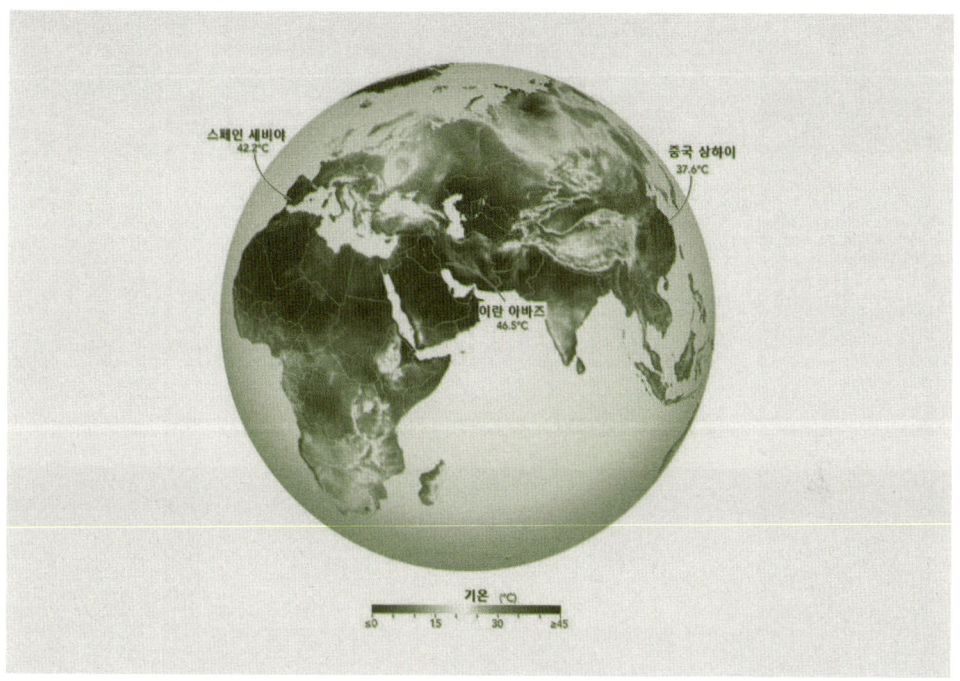

위의 사진은 2022년 7월 13일 미 항공우주국(NASA)이 공개한 동반구 최고 기온 분포를 나타낸 지도다. 스페인 세비야는 42.2℃, 이란 아바즈는 46.5℃, 중국 상하이(上海)는 37.6℃를 기록했다. 지구가 뜨겁다. 또한 곳곳에서 홍수, 가뭄, 혹한, 초대형 토네이도 등 지구촌이 몸살을 앓고 있다. 기후 변화(climate change)의 심각성과 이에 대한 대처가 얼마나 중요한지 보여 준다. 파리기후협정, COP27의 개최, 2050 탄소중립 등 기후 변화에 따른 글로벌 거버넌스의 활약과 각 국가별 대응 조치 향배가 주목되고 있다. 지구 자체의 미래를 결정짓는 원초적 게임 체인저이자 글로벌 이슈, 글로벌 공공 이익(global common interests) 사안이기도 하다.

---

[3] https://www.joongang.co.kr/article/25087368(검색일: 2022.7.16.).

#3: COVID-19, 신종코로나 BA.2.75(Centaurus)[4]

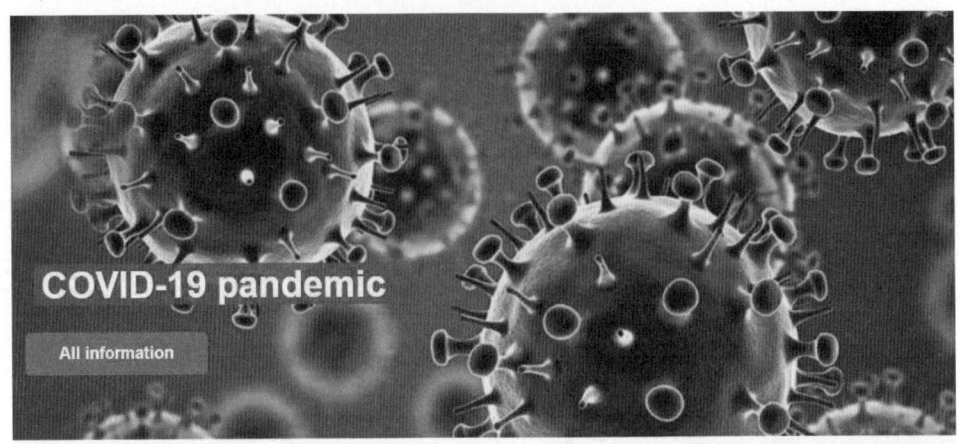

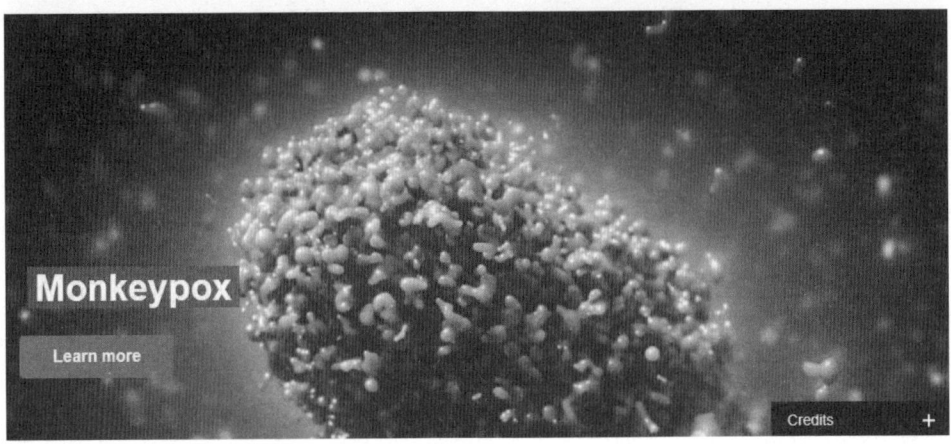

위의 사진은 코로나19와 원숭이두창의 모습이다. 지난 3년여 시간은 '바이러스 대 인간'의 싸움이었으며 국제보건의 중요성을 일깨워 줬다. 누가, 어느 국가가 빨리 적응하고 극복해 나가는가에 따라 상대적 힘(국력)의 차이를 만드는 계기도 됐다. 백신 개발과 처방약 만들기, 공중위생과 코로나에 대한 대응 방식 등에서 차이를 보였다. 스푸트니크 V, 모더나, 화이자, 노바백스, 아스트라제네카, 시노백(코로나백) 등 강대국들은 백신 전쟁을 벌였으며, 그 뒷면에는 바이오 기술 경쟁이 있었던 것이다.

---

4) https://www.who.int/(검색일: 2022.7.17.), COVID-19 pandemic, Monkeypox.

또한 코로나19는 국제정치적 영향을 많이 끼쳤고, 뉴 노멀(new normal) 시대를 이끌어 내는 계기가 됐다. 정치적 측면에서 보면 각 국가별로 효과적인 방역과 대처를 놓고 '감시, 통제, 관리 대(對) 사생활 보호, 인권, 자율' 등의 논쟁거리를 제공했다. 일상생활 속에서 '온라인(on line)과 오프라인(off line) 세계'가 혼재한 세상을 만들었다. 줌(Zoom), 웹엑스(Webex) 등을 통한 온라인 세미나(webinar), 온라인 강좌, 재택근무 등이 새롭게 부각되는 하이브리드 세계(hybrid world)를 창출한 것이다.

#4: 제4차 산업혁명과 인공지능(AI) 시대 출현[5]

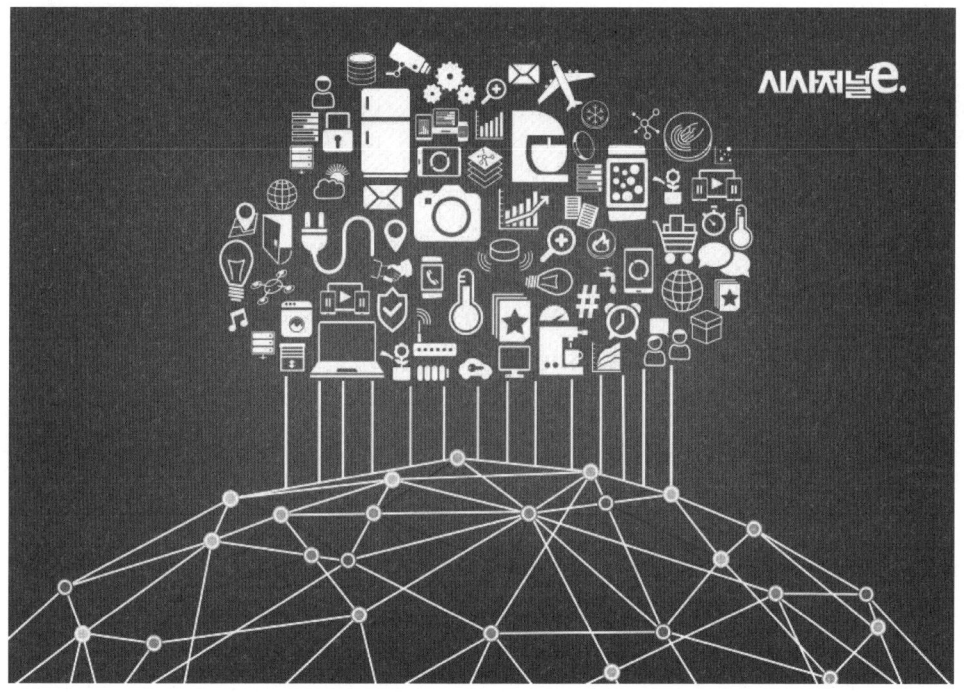

제4차 산업혁명은 정보통신기술(ICT)의 융합으로 이뤄지는 차세대 산업혁명이다. 현재 진행 중이며, 빅데이터(big data) 분석, 인공지능(AI), 로봇공학(robot engineering), 사물인터넷(IoT), 무인 운송 수단(무인항공기, 무인자동차), 3차원 인쇄(3D

---

5) http://www.sisajournal-e.com/news/userArticlePhoto.html(검색일: 2023.1.2.).

printing), 나노기술(nanotechnology)과 같은 7대 분야에서 새로운 기술 혁신이 핵심이다.[6] 에릭 슈미트(Eric Schmidt) 전 구글 회장은 『포린 어페어즈(Foreign Affairs)』에의 기고문에서 AI를 '시대의 게임 체인저'로 파악했다.[7] 블록체인(block chain), 양자 암호, 메타버스(metaverse), 생성 AI의 대표 주자인 챗(chat)GPT 등 새로운 영역이 창출되고 있는 것이며, 이에의 적응 여부에 따라 개인과 사회, 국가의 미래 모습이 달라진다.

#5: 양자컴퓨터[8]

2022년 11월 30일 미국 워싱턴에서는 퀀텀 월드 회의(QWC) 전시회가 열렸다. 양자(quantum) 준비 미래에 초점을 맞춘 최초의 글로벌 콘퍼런스, 박람회 및 네트워킹 이벤트였다.[9] 양자컴퓨터의 최소 단위인 큐비트(qubit)는 중첩 상태로 존재해 기존 수퍼컴퓨터가 1만 년 걸리는 연산을 200초 만에 해결한다.[10] 양자 기술은 획기적인 기술로 미래 산업, 기술패권 시대의 게임 체인저로 불린다. 인공지능(AI)과 금융, 물류, 신약 개발을 비롯해 다양한 분야에서 혁신적인 변화를 불러올 것으로 전망된다.[11] 미국, 일본, 중국 등 주요국은 양자컴퓨터 기술 상용화에 맞춰 국가 안보 차원에서 접근하고 국제 협력 네트워크 구축과 더불어 이의 개발에 적극 나서고 있다.

---

6) https://ko.wikipedia.org/wiki/제4차_산업혁명(검색일: 2022.12.27.).

7) Eric Schmidt, "Innovation Power-Why Technology Will Define the Future of Geopolitics," *Foreign Affairs*(March/April 2023); https://www.foreignaffairs.com/united-states/eric-schmidt-innovation-power-technology-geopolitics(검색일: 2023.04.06.).

8) https://hgmin1159.github.io/quantum/quantum1/(검색일: 2023.1.3.).

9) Quantum World Congress is the first-of-its-kind global conference, exposition, and networking event that brings a quantum-ready future into focus. https://www.quantumworldcongress.com/ (검색일: 2022.11.30.).

10) https://bizn.donga.com/news/article/all/20221026/116173649/2(2022.10.27.).

11) https://www.donga.com/news/article/all/20221208/116901097/1(검색일: 2022.12.8.).

#6: 우주 태양광 발전[12]

최근 미국 캘리포니아공과대학교(Caltech)는 우주 태양광 발전 시제품 '우주 태양광 전력 시연기(SSPD)'가 마이크로파로 변환해 보낸 전기 신호를 수신하는 데 최근 성공한 것으로 알려졌다. 우주에서 태양광을 활용해 24시간 무제한으로 친환경 전기를 효율적으로 활용할 가능성을 높인 것이다. 미래에 차원이 다른 에너지 혁명을 불러올 새로운 게임 체인저의 등장인 셈이다. 이미 주요국들은 2030~2050년대쯤 우주 태양광 발전을 상용화하기 위해 치열하게 진력하며 경쟁하고 있다. 이에 대한 기술 개발 계획이 거의 전무한 상태인 우리는 앞으로 과연 어떻게 대처하고 극복해 나갈지 되새겨 보게 된다.

#7: 러시아-우크라이나 전쟁[13]

러시아-우크라이나 전쟁은 지정학적 갈등이 현실에서 표출된 사례다. 소위 지

---

12) https://www.mk.co.kr/news/it/10759127(검색일: 2023.6.13.).

13) https://www.bbc.com/news/world-europe-60506682(검색일 2022.7.17.); https://carnegieendowment.org/2019/06/20/thirty-years-of-u.s.-policy-toward-russia-can-vicious-circle-be-broken-pub-79323(검색일 2021.12.09.).

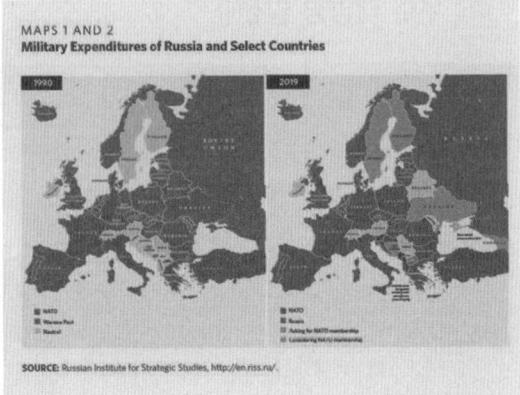

정학의 귀환(return of geopolitics)이 현실화된 것이며, 글로벌 질서 재편을 둘러싼 미·EU·중·러 전략·패권 경쟁의 연장선이기도 하다.

또한 다양한 국제정치적 함의를 담고 있다. 2014년 크림반도 병합 이후 새로운 규범과 질서를 창출하는 강대국 간 유럽권 질서 재편 과정이자, 유라시아 전략 공간 재편을 둘러싼 한판 승부이기도 하다. 강대국 간 한계선(red line), 사활적 이익(vital interest)이 담긴 양보할 수 없는 치킨게임의 성격을 띠고 있다. 가짜뉴스(fake news), 거짓 깃발(false flag), 투명한 정보전, 여론 선전전, 하이브리드전(hybrid戰)이 혼합된 새로운 형태의 21세기형 전쟁이기도 하다. '독립국가의 주권과 영토 보전 대 사활적 안보 이익', '자유민주주의 대 권위주의 정치 체제' 구도를 띤 체제, 가치, 제도를 둘러싼 대결이기도 하다. 새로운 국제 질서 규범, 규칙, 법의 창출 과정도 담겨져 있으며, 지정학적 중간국(완충국가)의 위상과 역할, 대외 위협 인식과 대응 과정에서 변화를 낳고 있다. 지구촌 국가 지도자들의 리더십과 국가 비전의 대결이기도 하다. 현재 진행 중인 국제 질서 재편에 가장 큰 영향을 미치고 있는 게임 체인저임이 분명하다.

이 밖에도 현 국제 정세는 우리가 미처 알지 못하는 블랙 스완형 게임 체인저들이 잠복해 다양한 영향을 미치고 있다. 이의 존재와 중요성을 인식하고, 이에 따른 파급 영향과 시사점을 꿰뚫어 보고 미리 대처하는 능력을 갖춰야 한다. 무한경쟁과 각자도생의 냉혹한 국제무대에서 슬기롭게 살아남고 미리 깨닫고 대처하는 능력을 갖춰 나가는 것 역시 또 다른 의미에서 중요한 게임 체인저이기 때문이다.

게임 체임저는 어떤 파급 영향과 특성을 지니고 있는가?

첫째, 게임 체인저는 초불확실성을 띠고 있으며, 예측 불가의 복합 위기를 초래할 가능성이 높다. '안보'가 붙은 에너지 안보, 인간 안보, 식량 안보, 사이버 안보, 보건 안보, 경제 안보 모두 게임 체인저와 연계돼 있다.

둘째, 단일 사안 아닌 복합적으로 작용한다. 이를테면 국제정치, 경제, 사회, 문화 등 인간 생활 모든 부문에 걸쳐서 작용한다. 최근에는 소통 능력의 증대에 따라 국제정치와 국내정치 간 연계성이 심화되고 있다.

셋째, 영향의 측면에서 글로벌화하며 초스피드를 보이고 있다. 세계화의 추이와 경험, SNS 등 뉴 미디어 활동에 따른 영향이다. 소프트 파워(soft power) 부문의 공공 외교가 매우 중요해지고, 정보전, 여론전, 선전전, 하이브리드전의 모습도 이와 연계된다.

넷째, 협력보다는 경쟁, 대결의 성격을 표출하고 있다. 미중 간 전략 및 패권 경쟁의 경우 세력전이 성격, 신냉전(진영화)의 가시화에 영향을 미치고 있다. 불평등과 양극화가 심화되는 현상에도 작용하며, 코로나19 대처에서 보듯 글로벌 거버넌스의 역할과 활동 저하도 연관돼 있다.

다섯째, 지경학적·지정학적 단층대의 융합, 확산, 확대와 연계돼 있다. 지리적 단층대는 동·남중국해, 솔로몬 제도, 발트3국, 동유럽, 우크라이나 접경, 흑해 연안, 중동, 한반도 등을 중심으로 지속되고 있다. 기술 경제적 단층대의 경우 반도체, 인공지능, 배터리, 바이오, 첨단기술, 글로벌 공급망 등을 꼽을 수 있다. 전체적으로 물리적 전선만이 아니라 기술과 가치 등 복잡한 다차원 전선이 형성되고 있다.[14]

각자도생의 국가전략에 던져 주는 시사점은 무엇인가?

하나는 인류 공통의 문제 해결이 긴요하며 지구 전체의 측면에서 새로운 변화에 적

---

14) 김민석, "글로벌 플레이어로 부상한 한국, 도전해야 기회도 있다"「중앙일보」(2022.7.14.), https://www.joongang.co.kr/article/25086801(검색일: 2022.10.29.).

응 내지 개척해 나가야 하는 과제를 제시해 주고 있다. 전염병 등 국제보건, 기후 변화(climate change), 식량 안보(food security), 국제난민, 인간 안보(human security), 사이버 안보(cyber security), 경제 안보 등 신흥 안보의 출현과 지구적 의제가 중요하게 대두되고 있음에 주목할 필요가 있다. 글로벌 거버넌스(global governance), 국제 레짐(international regime)의 역할과 위상에 변화가 초래되고 있으며, 코로나19 팬데믹의 여파 속에 위기관리 거버넌스, 국제 협력 거버넌스에의 관심 제고가 긴요하다. 특히 기후 변화에 따른 국제저 대응은 매우 시급하고 중차대하다.

다른 하나는 게임 체인저의 성격이 초불확실성(hyper-uncertainty)임에 주목하고 향후 어떻게 이에 대응하느냐에 따라 국가 간 경쟁에 따른 상대적 국력의 변화가 발생하고 있음에 유념해야 한다. 이는 국제 질서 재편의 한 요소로 작용하며, 새로운 국가 간 관계와 영향권이 형성될 가능성이 높다. 즉, 국제무대에서 상대적 국력 부침이 이뤄지고 국제 질서에서의 구조적 힘의 변화로 인한 질서 재편 가능성에 대비해야 한다.

이를테면 코로나19에 대한 대처를 비롯해 국제환경과 국제 질서 변화에 어떻게 적응하고 조응하는가 하는 점이 매우 중요해진 것이다. 앞에서 살펴봤듯 새로운 국제 질서 리더십 주도권을 둘러싼 미·중 패권 경쟁이 이뤄지고 있음은 물론 국제보건, 기후 변화, 에너지 안보, 첨단기술 경쟁 모습 역시 이의 연장선에 있다.

앞으로 국가 간 경쟁이 더욱 치열해질 것임을 예고하고 있으며, 지구 공통의 문제가 부각되는 한편 각 국가별로 생존과 번영을 위한 무한경쟁을 펼치고 있다. 우리의 미래 국가전략은 무엇인가? 어떻게 수립 전개하는 것이 바람직한가? 위기와 변화에 조응하고 잘 대응하는 것이 새로운 국가 과제로 떠오른 것이다.

| 책의 구성 |

급변하는 국제 정세 변화 속에 게임 체인저에 주목하고, 이와 연계된 제반 국가전략 문제를 탐구할 목적으로 기획된 이 책은 크게 두 부문으로 구성돼 있다.

1부에서는 글로벌 복합 대전환과 게임 체인저를 다루고, 2부에서는 각국의 게임 체인저와 대응 문제를 살펴봤다.

"미중 전략과 미래 국가전략"(이수훈)에서는 세계 안보 정세를 분석한 가운데 미중 전략 경쟁의 성격을 역대 미국 행정부의 대외전략을 중심으로 살펴보고 미중 경쟁의 게임 체인저라고 할 수 있는 군사 경쟁 및 충돌 가능성과 한국 및 아시아 국가의 대응 방향을 논의한다. 필자는 미국과 중국의 관계는 과거 강대국 경쟁(great power competition)에서 전략 경쟁(strategic competition)으로 전환되는 과정에 있다고 보고, 공급망 확보에서의 미중 경쟁이 양국의 탈동조화로 이어질 수는 없겠지만 세계 안보·경제의 블록화 현상으로 발전한다고 설명한다. 미중 경쟁에서 게임 체인저로 대만해협을 둘러싼 미중 군사 충돌을 제시하고, 중국의 대만 본도 침공 시 미국의 대응, 지역 및 국제 질서와 안보 질서에 대한 영향 등에 대해 자세히 설명하고 있다. 한국에 대한 함의로 미국이 대만해협에서 주한미군을 활용할 수 있는 방안을 모색할 가능성이 있음을 내세우면서, 대만해협을 둘러싼 미중 군사 경쟁이 더 높은 수준의 게임 체인저인 핵전쟁으로 확대되는 상황을 막기 위해 인도·태평양 지역 국가들의 역할이 중요함을 강조하고 있다.

"우크라이나 전쟁과 미래 국가전략"(김정기)에서는 우크라이나 전쟁에 담긴 국제 정치적 함의를 파악하고, 우리가 우크라이나 전쟁을 미래의 국가전략 관점에서 어떻게 봐야 할 것인가, 어떤 선택을 해야 할 것인가 하는 점을 다룬다. 러시아-우크라이나 전쟁은 국제 사회와 우리에게 도전적 이슈들을 던져 주고 있다. 강대국의 자국 중심 안보 논리가 주변 약소국의 외교 안보 및 경제 전략의 자율성을 제약할 것이며, 신냉전 구도 형성에 따른 국제 질서 재편 촉진과 국제 군비 경쟁 가속화, 세계 공급망 교란 등 글로벌 경제안보 위기 현상 심화, 국제 핵확산금지조약(NPT) 체제 근간 약화 등이 나타나고 있다. 필자는 이러한 흐름 속에서 북한의 핵 위협 가중과 한반도 지정학적 긴장 고조, 북·중·러 밀착 심화, 한·러 관계 악화 등 한국이 당면하는 도전도 다양하고 그 위험성도 크다고 지적하고 있다. 이런 현실을 반영해 구체적으로 우크라이나 전쟁의 연구와 교훈 도출·접목, 군비 확충 등 국방 역량과 경제 안보 강화, 한미동맹의 중요성 인식, 우호국들은 물론 중·러와의 전략 관계 구축, 강대국들의 안보 논리와 국제 질서 변화 대비, 한반도의 지정학적 숙명성과 한국의 정체성에 입각한 대외전략 원칙 수립과 시행, 핵·생화학 무기 등 대량살상무기(WMD) 사용 위협에 대한 대응 등을 국가전략에서 고려해야 할 대안으로 제시하고 있다.

"기술패권 경쟁과 미래 국가전략"(박홍도)에서는 기술이 강대국 간 패권 경쟁의 핵심이 되고 있는 이유를 결국 기술이 국제 질서 및 경제·사회 질서의 패러다임을 바꿀 수 있는 게임 체인저가 될 수 있기 때문이라고 파악한다. "기술을 지배하는 국가가 세계를 지배하는 국가가 될 것"이라는 도식이 적용될 수 있으며, 게임 체인저가 될 수 있는 기술을 식별하고, 그 기술의 우월성을 유지해 나가는 것이 국가의 중요한 과제라고 주장한다. 게임 체인저가 될 수 있는 기술로 인공지능(AI), 로보틱스, 첨단 컴퓨터 기술, 센서, 네트워크, 가상현실·증강현실(VR/AR), '뉴로 기술', 양자정보과학, 우주항공 기술, 부가 제조 기술(3D 프린터), 정보통신기술(ICT) 등을 꼽고 있다. 필자는 신흥 기술과 이것에 수반하는 이노베이션이 가져오는 복합적인 위협에 대해서는 경제 안보뿐만 아니라 전반적인 안전 보장의 관점에서도 폭넓게 예측·대처하는 것이 요구된다고 강조하고, 외국의 정책 등에 대한 모니터링 강화, 과학기술 외교 강화, 영역 횡단적인 기술에 대한 정보(intelligence) 향상·강화 및 전문가 간 네트워크와 싱크탱크 기능 내실화의 필요성을 내세우고 있다.

"에너지와 미래 국가전략"(임은정)에서는 에너지 분야의 게임 체인저 성격과 조건을 분석하고, 세 가지 미래 시나리오를 상정한 가운데 한국에게 필요한 정책적 접근을 제시하고 있다. 에너지 분야의 복합 대전환은 미국과 중국 간의 기술패권을 둘러싼 경쟁, 우크라이나 전쟁의 장기화에 따른 천연가스를 비롯한 화석연료의 공급과 가격 불안정, 에너지 및 자원시장이 다극화하고 혼란이 더해지고 있다는 점에 의해 가속화되고 있다. 에너지 분야는 다음과 같이 세 가지 측면의 미래 시나리오를 그려 볼 수 있다고 한다. 첫째, '신대륙주의(new continentalism)'의 심화, 둘째, 미국이 에너지 전환 분야의 기술패권을 장악하고 이 분야에서 중국이 미국보다 열세에 놓이게 되는 경우, 셋째, 러시아, 중앙아시아, 중동 국가들로 이뤄진 화석연료 공급국들 중심의 대륙 축과 미국이나 미국을 중심으로 하는 해양 축 그리고 중국을 중심으로 하는 또 다른 축이 공존하며 서로의 영향력을 경쟁적으로 제한하는 다극 체제 시나리오 등이다. 나아가 필자는 상정된 미래 시나리오를 놓고 한국에 필요한 정책적 접근으로 첫째, 대체 불가한 수준의 에너지 전환 기술력의 확보와 관련 인재 확보, 둘째, 자국이 통제 가능한 에너지원의 확대와 기술 발전에의 지속적인 투자, 셋째, 외교력의 극대화, 넷째, 사회적 연대와 결속, 통합을 제시하고 있다. 이 밖에 의제 설정부터 소다자(minilateral) 협력의 구성까지 한국이 좀 더 능동적으로 제안하고 행동함으로써 에너지 네트워크에서 글로벌 중추국이 되기를 주문하고 있다.

"사이버 안보와 미래 국가전략"(이기태)에서는 사이버 안보의 위협 현상과 미래전 향방을 좌우하는 게임 체인저의 역할을 강조하면서 사이버 안보 미래에 대한 준비의 중요성을 제시하며 구체적인 정책 제언을 하고 있다. 사이버 안보는 '공격'과 '방어'의 양 차원에서 미래전의 향방을 좌우하는 게임 체인저의 역할을 하고 있다. 또한 사이버 안보는 사이버 공간 내에서의 피아 식별 문제, 비국가 행위자 통제 문제, 새로운 프로그램 및 기술 경쟁을 둘러싼 문제 등 다양한 쟁점을 낳고 있다고 본다. 필자는 이와 연계된 사이버 안보 미래 준비와 관련해 다음과 같이 정책 제언을 하고 있다. 첫째, 한국은 사이버 안보 역량 강화와 함께 민·관·학이 연계가 된 종합적이고 능동적인 사이버 안보 체제 성립과 함께 한미동맹과 인도·태평양 지역을 중심으로 한 사이버 안보 협력 체제 구축에 적극적으로 나서야 한다. 둘째, 하이브리드전과 연관된 사이버전, 정보전(情報戰, information warfare), 인지전(認知戰, cognitive warfare) 등의 새로운 전쟁 양상에 대한 대비 및 사이버 안보 협력국과 협력을 추진한다. 셋째, 사이버 분야의 새로운 쟁점에 대해 선제적으로 국제 규범과 국제법 확립을 위한 협력에 적극적으로 나서야 한다 등이다. 인공지능(AI) 시대에 사이버 안보의 중요성이 날로 커져 가고 있음에 비춰 정책 반영의 측면에서 심도 있게 주목해 봐야 할 사안들이다.

"글로벌 공급망 재편과 미래 국가전략"(이상준)에서는 게임 체인저로서 글로벌 공급망이 재편되고 있음에 주목한 가운데 글로벌 공급망 재편 요인을 네 가지로 분석하고, 이에 따른 우리의 대응으로 대외 균형 전략과 경제안보 이슈별 차별화 전략을 제시한다. 글로벌 공급망 재편은 한편으로는 개별 국가 차원에서 세계 경제와 연계성을 재조정하는 것이며, 다른 한편으로는 다른 국가와는 국제 분업구조를 재구성하는 것이다. 글로벌 공급망은 미중 전략 경쟁, 러시아-우크라이나 전쟁과 서방의 대러 제재, 기후 변화, 코로나19 팬데믹 요인, 기술 혁신 등의 영향 속에 재편되고 있다. 필자는 글로벌 공급망의 변동은 자유주의 질서를 바꾸고 필연적으로 글로벌 가치사슬을 바꾸고 장기적으로 국가의 흥망성쇠에 영향을 끼치게 될 것이라고 보고 있다. 물론 국가 간 협력이 재편되고 있지만 글로벌 시대 축적된 연결성이 무 자르듯이 한순간에 나눠지지 않기에 연결성과 단절성의 중층적 구조 속에서 나름 국가전략을 마련하는 것이 중요하다고 강조한다. 또한 우리나라는 대외 균형과 사안에 따라 연결성과 단절성을 적절하게 혼용하는 중첩적인 외교 전략을 구사할 필요가 있다고 주장한다. 신냉전의 구도가 형성되겠지만 활용할 수 있는 에너지 수입 경로를 다변화하며 4차 산업혁명 기술에 입각한 글로벌 가치사슬 재편에 참여하는 노력을 병행해야 함도 제시한다. 우리나라는 주변 강대국으로 둘러싸여 있어 언제라도 공급망이 차단될 수 있는 지정학적 위치에 놓여 있음을 고려한 가운데 대외 균형 전략을 유지하면서 경제안보 이슈별 차별화된 전략을 마련할 필요가 있음을 내세우고 있다. 과거 냉전 구도하 성장을 이룩한 경험과 노하우를 가지고 잘 극복해 왔듯 이번 글로벌 공급망 재편에도 효과적으로 대응하는 국가전략을 마련하고 위기를 극복할 것으로 기대하고 있어 주목을 끈다.

"뉴 스페이스 혁명과 우주 국가전략"(윤대엽)에서는 최근 우주 국가전략 경쟁을 파악하고 우주혁명의 역사적 전환을 올드 스페이스 혁명과 뉴 스페이스 혁명을 통해 설명한다. 이어 한국판 K-뉴 스페이스 혁명을 논의하면서 우주 게임 체인저의 과제를 제시하고 있다. 4차 산업기술 혁명이 우주공간의 상업적 이용을 확대하는 뉴 스페이스(new space) 시대가 시작됐으며, 우주 국가전략 경쟁은 더욱 치열해지고 있다. 필자는 우주공간의 상업화가 가진 특징을 제시하고, 우주력(space power)을 어떻게 평가할 것인가 하는 문제도 다룬다. 우주공간의 상업화라는 뉴 스페이스 혁명의 특성을 고려하면 우주력은 우주발사체, 인공위성의 양적 우위가 아니라 통신, 관측, 위성항법장치(GPS) 등 데이터 활용 기반이 중요해졌다고 주장한다. 한국이 뉴 스페이스 혁명에서 국가 이익을 극대화하기 위한 전략으로 다음의 세 가지를 제언하고 있다. 첫째, 우주 클럽(space club) 또는 우주 거버넌스에 참여하는 협력적 우주 국가전략을 추진할 필요가 있다. 둘째, 하드웨어가 아니라 소프트웨어 중심의 우주 개발 전략을 추진해야 한다. 셋째, 우주경제의 혁신 생태계를 구축하는 데 민·관, 또는 민·관·산·학 관계가 근본적으로 혁신돼야 한다. 한국의 우주 개발 전략을 수립할 때 반드시 참고해야 할 사안으로 여겨진다.

보론 1 "핵전략"(김민성)에서는 먼저 핵무기는 왜 게임 체인저인가를 설명하고 전 세계 핵무기 보유 동향과 주요국의 핵전략, 전략환경을 분석·평가한 뒤 한국의 미래 전략에의 함의를 다루고 있다. 핵무기와 핵 억제를 통한 '핵 질서'는 국제 안보·군사·외교환경의 핵심 변수이자 주요 게임 체인저로 자리 잡아 왔다고 주장한다. 특정 국가의 핵전력과 운용 전략 등에 대해 주변국은 관계, 인식, 평가에 따라 대응하게 되며, 이는 재래식 군사적 도발뿐 아니라 핵무기 개발 경쟁과 핵 사용 위협으로 이어질 수 있으며, 오인(misperception)과 오해(misunderstanding)로 인한 상황의 확전(escalation) 가능성 역시 배제하기 어렵다는 것이다. 이에 핵무기와 기술 개발, 배치, 운용에 대한 각국의 핵전략은 국제 안보환경의 주요 게임 체인저로 작용하고 있다는 점을 염두에 둬야 한다고 강조한다. 한국은 비핵국가로서, 한반도 비핵화와 지역 및 국제 사회의 안정과 평화를 도모해 왔으며, 비확산 체제(NPT)의 책임 있는 일원으로서 그 입장을 공고히 해왔다고 설명한다. 필자가 제시하고 있는 한·미 확장 억제의 실질적 강화가 포함된 세 가지 정책적 고려 사항은 많은 시사점을 주고 있다.

보론 2 "인권"(윤석정)에서는 "국제 질서와 정의, 그리고 한일 관계"라는 주제로 국제 질서와 정의의 관점에서 최근 국제 관계에서 인권 문제가 차지하는 위상과 의미에 대해 고찰하고, 한일 관계에 대한 함의를 제시했다. 인권의 발전은 국제 관계의 게임 체인저가 될 수 있는가 하는 근본적인 문제 제기와 함께 국제 질서와 정의의 관계를 설명하고, 시정(是正, redress) 문화와 인권 관련 국제법의 발전을 분석·평가하면서 한일 관계에 대한 함의를 살펴보고 있다. 필자는 인권 문제가 국제 정치의 게임 체인저가 됐다고 평가하기에는 아직 이를지 모른다고 하면서 그러나 이제 인권을 고려하는 것이 국제정치의 새로운 '현실'이 됐다는 점은 분명하다고 파악하고 있다. 분석 내용을 강제징용 문제와 연계된 한일 관계 개선과 관련시켜 검토하고 있으며, 국가 차원의 질서와 피해자의 인권이 공존하는 '정의로운 1965년 체제'를 향해 한일 정부와 민간 차원의 대화 및 노력이 필요한 시점임을 강조한다. 한일 양국이 과거사 관련 기존 합의를 준수함으로써 국가 관계의 안정을 도모하면서도 '정의로운 1965년 체제'를 만들기 위한 노력을 기울여야 한다는 점을 한일 관계에 제시하는 함의로 결론짓고 있다.

2부에서는 미국, 중국, 일본, 러시아, 북한을 중심으로 각국의 게임 체인저와 대응 문제를 다뤘다.

"복합경쟁 시대 미국의 대응"(차두현)에서는 복합경쟁 시대를 헤쳐 나가는 미국의 대응을 핵심 기술경쟁력의 유지와 공급망 재편, 동맹/우방 네트워크의 확장과 심화, 군비 경쟁과 선도적 운용 개념의 강화 등 세 가지 측면에서 분석·평가하고 있다. 바이든 행정부가 2022년 10월 발표한 『국가안보전략서(National Security Strategy)』의 핵심 내용을 소개하면서 중국을 의식한 핵심 기술 경쟁력의 유지와 공급망 재편을 어떻게 다뤄가고 있는지 설명하고 있다. 또한 동맹 네트워크의 확장과 심화를 다양한 소다자(minilateral) 협력 체제의 시도, 공통의 체제와 가치의 강조, 연대 관계의 확장과 경제 안보의 강조 측면으로 검토하고 있다. 군비 경쟁과 선도적 운용 개념의 강화 부문은 '기술 면에서는 미·중, 능력 면에서는 미·러', '상대방의 약점 공략', '개념 발전에서의 선도' 등으로 나눠 분석하고 있다. 미중 전략과 패권 경쟁이 심화되는 상황 속에서 미국의 속내와 전략적 입장과 성격을 파악하는 데 도움을 준다.

"중국의 게임 체인저: 페트로 위안화? 중국 위안화 국제화의 숨은 전략"(이창주)에서는 제목에서 보듯 중국의 위안화가 달러의 기축통화 패권적 지위를 대체할 수 있을까 하는 질의에 대해 탐구하고 있다. 비록 가능성이 거의 없다고 평가하고 있지만 그래도 중국의 게임 체인저로 중국 위안화의 국제화 전략을 살펴보고 있다. 인민폐 국제화가 어느 정도 진전이 있고, 이는 글로벌 사회에 어떤 영향을 미칠 수 있을 것인지를 나름 의미 있게 검토해 보고 있다. 배경으로 기축통화와 페트로 달러(petro dollar)를 살펴본 가운데 미국-사우디아라비아 관계, 중국-사우디아라비아 관계를 전환의 시작으로 분석하고 위안화 국제화, 페트로 위안화의 시동 동향을 다뤘다. 필자는 페트로 위안화의 한계를 설명하면서 페트로 달러를 대체하는 페트로 위안화는 결국 허상이라고 보고 있다. 중국의 위안화 국제화는 결국 위안화를 달러 대체의 패권통화로 만드는 것을 궁극적인 목표로 하는 것이 아니라고 강조한다. 기축통화를 둘러싼 달러와 위안화의 패권 다툼은 미중 전략 경쟁의 연장선에 또 다른 흥미로운 논의의 장과 많은 시사점을 제공해 주고 있다.

"일본의 게임 체인저 전략"(오승희)에서는 일본의 게임 체인저를 행위자 차원에서 아베 신조(安倍晋三)와 정책적 대응 전략으로 마련한 다양한 게임 체인저 육성 전략을 살펴보고 있다. 일본은 코로나 팬데믹, 러시아-우크라이나 전쟁과 같은 국제환경의 급격한 변화를 게임 체인저로 인식하고, 이에 대한 대응 방안으로 게임 체인저가 될 만한 분야를 집중적으로 육성하면서 새로운 국제 질서 속 자신의 역할을 강화하는 방향으로 나아가고 있다는 것이다. 필자는 국제 사회에서 일본의 적극적인 역할을 모색하고, 국제 규범과 룰(rule)을 만들어 오고 있는 게임 체인저로서의 일본의 모습을 아베 내각 이후의 일본의 국내외 정책들을 통해 확인할 수 있다고 평가한다. 이에 대한 한국의 대응으로 다음과 같이 제언하고 있다. 한국은 향후 글로벌 강대국으로서 활약하며 국제 질서를 주도적으로 만들어 가고 있는 일본의 전략을 빠르게 분석하고 한국에 미치는 영향과 전략적으로 협력할 부분에 대한 대책을 만들어 갈 필요가 있다. 미중 전략 경쟁이 확산되는 가운데 북한, 중국에 대한 견제와 한·미·일 협력을 강조하는 게임이 만들어지고 있으며, 그 가운데 일본이 리더십을 강화해 가고 있음에도 주목해야 한다. 이러한 국제 정세의 변화에 대한 인식과 기술 개발과 산업 육성을 통한 게임 체인저 육성 정책에서 협력할 수 있는 분야를 발굴해 낼 필요가 있다. 한일 간 경쟁 역시 치열해지겠지만, 미중 경쟁 속 한국과 일본이 협력할 필요가 있는 분야들의 기업 간, 싱크탱크 간, 정부 간 협력 등 다차원적 협력 프로그램 발굴 및 적극적 지원이 필요하다고 주문하고 있다.

"게임 체인저와 국가전략: 러시아의 대응"(이주연)에서는 우크라이나 전쟁, 첨단기술, 사이버 안보, 글로벌 공급망 재편 등의 사례로 러시아의 국가전략을 살펴보고 있다. 필자는 러시아의 전략적 선택의 추동 요인은 미국의 패권 약화이고, 이를 가속 및 유지하는 요인은 중국과의 협력이라는 점을 지적하며, 러시아는 미중 전략 경쟁에서 국제 사회의 다극 질서 형성을 위해 직·간접적으로 개입하길 원한다고 주장한다. 러시아의 전략에 대한 한국의 대응과 관련해 먼저 우크라이나 전쟁의 경우 한국 정부는 신중하게 접근할 필요가 있다고 강조한다. 또한 러·중 견미 연대를 억제할 수 있는 동북아 지역 자유주의 연대 협력이 필요하다는 점을 내세우고 있다. 군사, 첨단기술, 사이버 안보, 공급망 등 다양한 영역에서 미·중 패권이 경쟁이 강화되는 상황이 동북아에 확장되지 않도록 미국, 일본, 대만 등과의 협력이 필요하다고 제언하고 있다.

"북한의 핵개발 국가전략과 한반도 게임 체인저"(홍석훈)에서는 북한의 핵·전략무기 완성이 한반도 정세의 게임 체인저가 될 수 있을 것으로 평가하고, 북한 핵무장과 신국제 질서의 게임 체인저 문제를 '핵무력을 통한 한반도 게임 체인저', '북한 김정은 정권의 대외전략 변화'를 통해 분석·평가하고 북한의 대남정책과 한국 정부의 대응을 다룬다. 미국 중심의 자유주의 국제 질서가 와해되고 중국과 러시아 중심의 권위주의 확산을 통한 신국제 질서의 도전은 북한이 노리는 한반도 정세의 게임 체인저로 작용할 가능성이 크다고 보고 있다. 필자가 제시하는 정책 제언은 다음과 같다. 한국은 한반도 평화 정착과 미래 한반도 통일을 준비하기 위해서는 북한 핵 위협을 차단할 수 있는 핵억지 전략이 필요하고, 지속 가능한 대북정책 마련과 미래 지향적 국가 대전략(grand strategy) 수립이 요구된다. 민주적 가치 중심에 두고 남북 관계에만 매몰되는 것이 아니라 다자적 협력과 글로벌 가치 창출을 통해 한반도 평화 정착을 추진하고 다자간 협력을 통해 북한의 핵무력 강화 전략과 폐쇄정책 변화를 유도해 나가야 할 것이다. 우선적으로 지속 가능한 대북정책 추진을 위해서는 통일 거버넌스가 필요하다. 이는 국민과의 협의와 동의를 통해 한국이 나가야 할 미래 지향적 국가 대전략을 상정하고 이에 걸맞은 한반도 통일 담론 형성과 초당적 대북정책의 청사진을 마련하기 위해서는 민간 중심의 거버넌스 체제가 필요하기 때문이다.

미중 전략 경쟁과 미래 국가전략*

이수훈

| 세계 안보 정세 변화 |

러시아의 우크라이나 침공 후 세계 안보 정세가 급격하게 변하고 있다. 영토 침범과 국가 간 무력전쟁이 21세기 전 시대의 전유물이라고 믿었던 많은 이에게 러시아의 우크라이나 침공은 충격으로 다가왔다. 그리고 이에 따라 최근 지역 안보의 중요성이 다시 주목받고 있다. 미국과 북대서양조약기구(NATO) 국가들의 대외전략은 다시 유럽에 집중되고 있으며, 각국은 전쟁 이후 세계 안보 질서 변화에 대비하고 있다. 이러한 현상은 인도·태평양 지역에서도 나타나고 있다. 러시아의 우크라이나 침공 이후 아시아 지역에서 중국의 대만 침공 가능성이 제기됐다. 이러한 논의는 점차 심화하고 있는 미중 경쟁과 맞물려 인도·태평양 지역의 안보환경을 더욱 복잡하게 형성하고 있다.

---

* 이 글은 한국국방연구원에서 진행한 연구과제(제목: 미국의 인도·태평양 지역 전력 운용과 한국의 대응 방향, 책임: 이수훈)의 일부 내용을 수정 및 보완한 것임.

인도·태평양 지역에 관심을 보이는 유럽 국가들은 유럽연합(European Union: EU)을 기반으로 경제 협력을 강화하고 있으나, 나토(NATO)를 기반으로 한 안보 협력은 예상보다 더딘 상황이다. 이는 나토가 제시한 인도·태평양 전략뿐 아니라 나토 국가들 역시 각자의 인도·태평양 전략을 수립하고 있다는 차원에서 그러하다. 체결된 지 몇십 년이 지난 나토 역시 각 주권국가의 안보 이익 관점에서는 모두가 동일한 방향의 합의를 이뤄내기 어려운 상황이다. 이러한 배경에서 미국 내에서는 그동안 인도·태평양 지역 질서의 재편과 대중 견제를 위해 쏟아 왔던 전력을 유럽 지역으로 분산해야 한다는 소위 '두 개 전구(戰區)' 동시 관리의 필요성이 제기되고 있다. 그러나 러시아의 우크라이나 침공이 인도·태평양 지역에서 중국의 대만 침공으로 이어질 수 있다는 가능성이 제기되며, 대만해협을 둘러싼 미중 경쟁에 전 세계의 관심이 쏠리고 있다.

전통 안보 관점뿐 아니라 비전통 안보 차원의 도전도 지속해서 제기되고 있다. 코로나19 팬데믹은 세계적으로 엄청난 인명 피해로 이어졌다. 인류가 경험해 보지 못한 수준의 이 팬데믹은 비단 보건 위협의 수준을 넘어 세계 질서 재편에 막대한 영향을 미쳤다. 코로나19 팬데믹 초기 시점 바이러스 발원지에 관한 미중 갈등이 세계보건기구(World Health Organization: WHO)의 영역까지 확장되며 강대국 간 경쟁이 국제기구의 위상에도 영향을 줄 수 있음을 확인했다. 당시 트럼프(Donald J. Trump) 대통령은 중국을 코로나19 바이러스의 진원지로 판단하고 중국에 이에 해당하는 책임을 요구했다.

WHO는 트럼프 행정부의 기대와는 달리 중국에 책임을 묻지 않았으며, 이에 불만을 품은 트럼프 대통령은 미국이 WHO에서 탈퇴하는 절차를 밟았다. 코로나19 팬데믹은 경제 및 안보 위기로도 확대됐다. 코로나19로 인해 국가 간 인적 이동이 줄어들었고, 이는 국가 간 소통 부재로 이어졌다. 특히 팬데믹에서 벗어나기 위한 국가들의 노력은 고립주의 양상을 나타냈다. 사람들의 이동이 제한되고 국가 간 소통이 줄어들며 자국 이기주의 현상이 심화됐다. 이러한 현상은 민주주의와 권위주의 진영의 경쟁을 촉발했다.

주로 경제·무역 분야에서 이뤄진 미중 경쟁은 코로나19 팬데믹을 계기로 보건안보 분야와 최근에는 공급망 경쟁으로 확대됐다. 바이든(Joseph R. Biden, Jr.) 행정부의 인도·태평양 경제 프레임워크(Indo-Pacific Economic Framework; IPEF)와 시진핑(習近

平) 주석의 일대일로(一帶一路, Belt and Road Initiative: BRI)는 공급망(supply chain)과 가치사슬(value chain) 구축 영역에서 미중 경쟁의 서막을 올렸다. 경제 안보를 둘러싼 이 미중 경쟁은 세계 경제에 큰 변화를 가져올 수 있다. 그러나 세계 1위와 2위 경제의 탈동조화(decoupling)는 사실상 불가능할 것이다. 미국과 중국은 각자가 자신 있는 지역과 분야에서 자국의 국익을 극대화하고 상대의 입지를 좁힐 수 있는 경쟁을 할 것이다. 즉, 공급망을 둘러싼 미중 경쟁은 모든 분야에서의 경쟁이 아닌 분야별 경쟁, 즉 전략 경쟁의 시작을 의미한다고 할 수 있다.

미중 전략 경쟁 심화

미중 전략 경쟁은 모든 분야에서의 경쟁이 아닌 분야별 경쟁을 의미한다. 미국과 중국의 관계는 과거 강대국 경쟁(great power competition)에서 전략 경쟁(strategic competition)으로 전환되는 과정에 있다. 바이든 행정부는 출범 초기부터 '3C'를 기반으로 대중 정책을 구상한다고 선언했다. 즉, 필요와 상황에 따라 중국과 협력(cooperate), 경쟁(compete), 대결(confront)을 할 수 있다는 의미이다.[1] 나아가 바이든 행정부는 잠정 국가 안보전략 지침서(Interim National Security Strategy)에서 미국이 "중국 또는 다른 국가와의 전략 경쟁에서 승리할 것(allow us to prevail in strategic competition with China or any other nation)"이라고 명시했다.[2]

전략 경쟁은 강대국 간 군사를 중심으로 모든 분야에서 경쟁하는 강대국 경쟁과 추구하는 방향과 방법이 다르다. 바이든 행정부가 추구하는 전략 경쟁은 특정 분야에서의 경쟁을 의미한다. 또한, 경쟁이 아닌 협력을 통해 국익을 창출할 수 있다면 경쟁국과도 협력할 수 있다는 점과 경쟁이 심화돼 대결의 양상을 나타냈을 때 이를 피하지 않을 것이라는 의미도 포함한다. 중국의 왕이(王毅) 외교부 부장은 미국이 제시한 "협

---

1) Cheng Li, "Biden's China Strategy: Coalition-driven competition or Cold War-style confrontation?" May 2021, Brookings.

2) The White House, "Interim National Security Strategic Guidance," March 21, 2021, https://www.whitehouse.gov/wp-content/uploads/2021/03/NSC-1v2.pdf, p. 20.

력, 경쟁, 대항이라는 '3분법' 대신 상호 존중, 평화 공존, 협력 공영의 '3원칙'으로 미중 관계를 이성적이고 실무적인 정상 궤도"로 되돌려야 한다고 주장했다.3)

이상과 같이 경쟁 관계 설정에서 양국의 방향과 정도의 차이는 감지되지만, 사실상 양국 모두 전방위적인 경쟁보다 분야별 경쟁을 선호한다. 즉, 미중 모두 양국 관계가 전방위적으로 확대돼 군사 경쟁으로 귀결되는 것을 지양하고 있으며, 불필요한 경쟁보다 자국의 이익에 확실히 부합되는 경쟁에 몰입하는 양상을 나타내고 있다. 인도·태평양 지역에서 바이든 행정부가 주도한 인도·태평양 경제 프레임워크(IPEF), 쿼드(Quad), 오커스(AUKUS) 등의 다자 협력은 역내 규칙-기반 질서(rules-based order)를 건설하기 위해 구축됐다.

현재 미국은 중국과의 경쟁을 위해 기존 양자의 틀을 벗어나 다자 구도 협력을 추동하고 있다. 바이든 행정부 시기 미중 관계는 동맹 및 파트너국들과 함께 인도·태평양 지역에서 중국의 영향력을 억제하는 전략 경쟁의 형태로 진화하고 있다. 시대적 배경과 안보환경에 따라 다르나, 2000년대 이후 미 공화당 행정부와 민주당 행정부의 중국에 대한 인식은 다소 차이를 보인다. 그러나 대체로 공화당 행정부는 중국과의 강대국 경쟁을 목표로 삼았고, 민주당 행정부는 전략 경쟁 정책 양상을 나타낸 것으로 이해할 수 있다.

부시(George W. Bush) 행정부의 대외 전략은 출범 초기 강대국 경쟁을 토대로 구상했으나, 9·11 테러 이후 '테러와의 전쟁'에 매몰됐다. 국가 대 국가 차원의 전략이 아닌 국가 대 비국가(non-state) 차원의 군사 작전 등이 필요한 상황에서 부시 행정부는 중동에 에너지를 쏟았다. 미국은 20여 년 가까운 기간 중동 지역에 집중했고, 특히 오바마(Barack H. Obama) 행정부가 '아시아로 회귀(pivot to Asia)'를 선언하기 전까지 중국은 아시아에서 경제적·군사적 성장세를 이어가고 있었다. 트럼프 행정부는 출범 초기 중국과 원만한 관계를 유지하고자 했다. 트럼프 대통령은 시진핑 주석을 자신의 마라 라고(Mar-a-lago) 리조트로 초청하는 등 중국과의 관계를 우호적으로 만들어 가고자 노력했다. 그러나 얼마 지나지 않아 미중 간 양자 무역 경쟁은 관세 경쟁 등으로 확장됐고, 남중국해와 대만해협에서의 군사 경쟁 등 전방위적 강대국 경쟁으로 진행

---

3) 김진방, "中 외교부장, '美, 중국 상대로 제로섬 게임식 경쟁… 계속 공격,'" 연합뉴스, 2022.3.7.

될 가능성이 점쳐지고 있다.

　민주당 오바마 행정부는 세계화로 인해 미국의 강대국 경쟁이 "더는 유효하지 않다(no longer exist)"라며, 초국가적(transnational) 시대에 국제 협력이 필수적[4]이라고 천명했다. 세계화가 진행돼 국가 간 관계가 더욱 복잡해지는 동안 국제 문제 역시 초국가적 형태로 변화했고, 이를 해결하기 위해서는 국제 사회의 협력이 요구된다는 것이다. 이는 사실상 바이든 행정부가 강조하고 있는 사안이다. 바이든 행정부는 최근 출간한 『국가안보전략(National Security Strategy)』에서 초국가적 문제 해결에 대한 국제 사회의 협력이 필수적이라는 점을 강조했다. 이러한 방향을 정책 수립에 반영하기 위해서는 경쟁국과 때에 따라 협력을 해야 하는 상황이 발생한다.

　나아가 공급망 확보에서의 미중 경쟁이 양국의 탈동조화로 이어질 수는 없겠지만 세계 안보·경제의 블록화 현상으로 발전한다. 미중의 탈동조화는 양국이 전 영역 및 분야에 관한 경쟁을 치르는 형태의 강대국 경쟁 이후 나타날 수 있는 현상이다. 한편 안보·경제에서의 블록화 현상은 전략 경쟁의 산출물이다. 어느 특정 분야에서는 경쟁을 치르지만, 그 외 분야에서 협력을 이뤄야 하는 관계이기 때문에 완전한 탈동조화보다는 블록화 현상이 나타나는 것이다. 미중 경쟁은 강대국 경쟁보다는 전략 경쟁의 양상을 나타내고 있으며, 그중 공급망 경쟁이 가장 눈에 띄게 나타난다. 이하에서는 미중 경쟁의 게임 체인저라고 할 수 있는 군사 경쟁 및 충돌 가능성에 대한 논의와 이때 한국 및 아시아 국가의 대응 방향을 논의한다.

| 게임 체인저 |

　미중 경쟁에서 게임 체인저는 대만해협을 둘러싼 미중 군사 충돌이다. 대만을 둘러싼 미중 군사 충돌이 있다면 이는 지역뿐 아니라 세계적 규모의 전쟁으로 발전할 가능성이 있다. 냉전 이후 중국은 경제력과 군사력을 지속해서 강화했다. 특히 테

---

4) Uri Friedman, "The New Concept Everyone in Washington is Talking About," *The Atlantic*, August 6, 2019. 2006년 출간된 담대한 희망(The Audacity of Hope)에서 주장.

러와의 전쟁 시기 미국이 중동에 대부분 에너지를 쏟은 사이 중국은 지역 헤게모니 (hegemony)를 쟁취하기 위한 노력을 기울였다. 미국과 중국의 국방비 지출 규모는 미국이 7,380억 달러, 중국이 1,933억 달러로 미국과 약 3배 이상의 차이를 나타내고 있다. 그러나 그 격차는 매년 줄어들고 있는 양상이다.[5]

이러한 중국은 현재 미국을 군사적으로 상대할 수 있는 유일한 국가라고 할 수 있다. 특히 대만해협에서 중국의 전력은 미국의 인도·태평양 지역 전력을 압도하는 규모다. 최근 펠로시(Nancy Pelosi) 미 전(前) 하원 의장의 대만 방문 이후 대만을 둘러싼 중국의 군사 연습은 언제라도 미중 군사 충돌이 이어질 수 있음을 시사했다. 어느 한쪽이 전쟁을 일으키려는 명확한 의지가 없더라도 우발적으로 충돌이 일어날 수 있다는 것이다. 펠로시 의장의 방문 이후 중국은 대만을 둘러싼 6개 지역에서 군사훈련을 했고, 이때 중국 인민해방군이 발사한 탄도미사일 중 한 발이 대만 상공을 통과했다.[6]

만약 이 탄도미사일 한 발이 대만 본도에 추락했다면 상황은 어떻게 전개됐을까? 만약 공중에서 폭발했다면 어떻게 됐을까? 만약 오발로 인해 중국이 발사한 탄도미사일이 대만 본도에 떨어졌다면 대만군은 이에 군사적으로 대응했을 것이다. 중국과 대만 간 대만해협을 둘러싼 전쟁이 시작되는 것이다. 이러한 상황에서는 미국의 군사적 개입이 이뤄질 수 있다. 중국이 대만을 공격했을 때 대만해협에 미 전력을 투입할 것이냐는 기자의 질문에 바이든 대통령은 그럴 것이라고 답변했다. 이는 지난 5월 개최된 미일 정상회담 이후 기자회견에서 언급된 내용인데, 바이든 대통령은 전에도 유사한 답변을 한 적이 있으며, 해당 발언 이후 국무부와 국방부에서는 이튿날 성명을 내고 미국은 '하나의 중국 정책(one China policy)'을 존중한다는 취지의 발언을 반복했다.

미중 경쟁의 게임 체인저라 할 수 있는 대만해협에서의 미중 군사 충돌은 다음과 같이 전개될 수 있을 것이다. 먼저 미국과 중국의 군사 충돌은 대만의 독립선언 또는 통일을 위한 중국의 군사행동 또는 대만을 침공하겠다는 중국의 결심 등으로 인해 양안 관계가 악화했을 때 촉발될 수 있다. 대만은 중국의 핵심 이익(vital interest)이다. 중국

---

5) IISS, The Military Balance 2021, p. 23.

6) Yimou Lee & Sarah Wu, "Furious China fires missiles near Taiwan in drills after Pelosi visit," *Reuters*, August 5, 2022.

은 대만을 복속하기 위해 대만을 침공할 수 있다. 침공 시나리오가 모두 다른 양상을 나타내겠지만 중국은 하이브리드전, 대만 주변 섬 공격 등을 통해 대만을 서서히 압박하고 군사적 행동에 대한 준비를 시작할 것이다. 이때 미국이 어떻게 대응하느냐에 따라 인도·태평양 지역과 나아가 세계 질서에 막대한 영향을 줄 것이다.

미국은 자유주의 국제 질서 보호와 동맹 및 파트너에 대한 신뢰성 제고를 위해 외교적·군사적 수단을 동원해 중국의 대만 본도 침공을 저지할 것이다. 전술했듯이 바이든 대통령은 대만 위기 시 미 전력을 투입할 수 있다는 차원의 발언을 이미 수차례 한 바 있다. 전술적 차원에서 미국은 공군력을 동원한 정보, 감시, 정찰(Intelligence, Surveillance, Reconnaissance: ISR) 작전을 통해 대만해협에서의 군사적 변화를 관찰하는 동시에 유엔 등 국제기구에서 중국의 군사행동을 규탄하는 성명을 발표하거나 동참할 것이다. 전략적으로 해당 지역에서 작전을 실행할 준비를 해놓는 동시에 국제 사회 차원에서 중국을 외교적·경제적으로 고립시킬 방법을 구상할 것이다.

중국이 대만 본도를 침공한다면, 미국은 전력을 투입해 대만을 지키고자 할 것이다. 인도·태평양 사령부 예하 구성군사령부(태평양 육군사령부, 태평양 해군사령부, 태평양 공군사령부, 태평양 해병대사령부)와 예하 통합사령부(주일미군) 전력을 해당 지역에 투입할 것이다. 이때 제7함대 또는 제3함대가 제1 도련선과 제2 도련선을 통과해 대만해협에 이르기까지 중국은 둥펑(DF) 미사일 등을 통해 반접근/지역거부(A2/AD)를 형성할 것이다. 나아가 중국의 대만 본도 침공 시 미국은 동맹 및 파트너와의 협력을 통해 중국을 억제할 수 있는 군사적 수단을 총동원할 것이다. 이상 논의한 바와 같이 대만을 둘러싼 미중 군사 충돌은 지역 안보뿐 아니라 세계 안보환경에 막대한 영향을 줄 수 있으므로 미중 전략 경쟁에서 가장 심각한 게임 체인저로 인식할 수 있다.

| 지역 및 국제안보 질서에 대한 영향 |

대만해협을 둘러싼 미중 군사 충돌이 심화되면 전쟁으로 발전할 수 있고, 이는 국제안보 질서를 송두리째 바꿔 놓을 수 있다. 중국 앞마당인 대만해협과 남중국해에서 미국은 절대적으로 열세다. 미국은 대만해협에서 중국 함정, 전투기, 미사일 등에서의 열세를 극복하기 위해 동맹과 파트너들과 함께 협력할 것이다. 대만해협에서의 미중 군사 충돌은 미 인도·태평양 전력과 중국 인민해방군의 남부 및 동부전구 전력 간 충돌을 의미한다.

미국은 남중국해에서 전투기, 미사일 등 숫자적인 열세를 극복하기 위해 오커스 (AUKUS) 차원의 군사적 개입을 할 수 있다. 오커스 차원의 개입은 미국, 호주, 영국으로 이뤄진 오커스의 군사 개입이 시작됨으로써 호주의 잠수함 전력과 영국 해군 함정이 대만해협으로 진출함을 의미한다. 나아가 호주의 핵추진잠수함 건조가 완성된다면 대만해협 내 중국의 군사행동을 억제할 수 있는 능력도 배양할 수 있다.[7] 그러나 이러한 상황에서는 영국-중국, 호주-중국 관계 악화로 인해 양국의 무역, 민간 교류 등이 단절될 가능성도 배제할 수 없다.

주일미군의 해당 지역 개입도 예상된다. 중국의 대만 침공에 대해 지리적으로 가장 민감하게 반응하는 국가는 일본이며, 지속해서 중국의 대만 침공에 대한 미국의 역할을 강조했다. 일본의 아베 신조(安倍晋三) 전(前) 총리는 중국이 우크라이나 사태를 보며 대만 침공에 대해 생각하고 있을 것이라며, 미국은 이러한 상황에 대한 전략적 모호성을 버리고 중국으로부터 대만을 보호해야 한다고 주장했다.[8] 주일미군은 해군과 해병대를 중심으로 편성돼 있으며, 대만 위기 시 요코스카(橫須賀)에 정박한 제7함대가 해당 지역으로 투입될 전망이다.

한편, 나토의 군사적 대응은 불투명하다. 미중 군사 충돌 상황에서 나토가 집단안보에 따라 개입할 가능성과, 대만해협이 유럽 지역이 아니라는 이유로 개입하지 않을 가능성이 공존한다. 그러나 나토가 군사적 대응을 하는 시점은 바레인(Bahrain)에 위치한 미국의 제5함대가 대만해협으로 이동한 후로 예측할 수 있다. 즉, 나토의 군사적 대응은 대만해협 위기가 지역 차원이 아닌 세계 차원의 전쟁으로 발전했음을 시사한다.

---

7) Michael Mazza, "The AUKUS Agreement and Its Significance for the Defense of Taiwan," *AEI*, October 06, 2021.

8) Abe Shinzo. "Op-Ed: The U.S. must make clear to the world it will defend Taiwan against Chinese Invasion," *Los Angeles Times*, April 12, 2022.

| 한국에 대한 함의 |

    미중 경쟁 심화 속에서도 2022년 미중 무역 규모는 사상 최대치를 기록했다. 두 국가가 외교, 안보 차원에서는 대립해도 경제 차원에서는 분리되기 어렵다는 점을 방증한다. 이러한 상황을 고려한 바이든 대통령은 히로시마 G7 회의에서 미국의 대중전략을 디커플링(decoupling)이 아닌 디리스킹(derisking)이라고 표현했다. 미중 관계를 탈동조화가 아닌 위협관리 측면에서 표현한 것이다. 이는 미국이 중국과의 관계에서 발생할 기회와 위협을 분리해서 관리한다는 의미로 이해할 수 있다. 즉, 미국과 중국은 이미 현실적으로 디커플링이 불가능한 관계가 됐다. 이러한 상황에서 한국의 외교·안보전략 수립은 더욱 난해해졌다.

    한국은 인도·태평양 지역의 평화와 번영을 유지하기 위해 글로벌 중추 국가(global pivotal state)로서의 역할과 책임이 있다. 따라서 역내 자유주의 국제 질서를 강화할 수 있는 방향으로 국가전략을 수립해야 한다. 작년 말 정부에서 발간한 인도·태평양 전략서에서는 자유, 평화, 번영이라는 비전을 담았고, 이를 실행하기 위한 협력 원칙과 중점 추진 과제를 제시했다. 한국은 인도·태평양 전략서에서 명시된 9개 과제에 대한 구체적인 실행계획을 수립해야 한다. 나아가 더는 미중 경쟁의 틀 속에서 외교·안보·국방 전략을 고민하지 말고 글로벌 중추 국가로서 한반도 및 인도·태평양 지역의 안보와 평화를 고려한 전략을 세워야 한다. 한국은 미중 경쟁을 벗어난 전략적 사고를 기반으로 글로벌 중추 국가로서의 대외 전략을 더욱 효과적으로 수립할 수 있을 것이다.

우크라이나 전쟁과 미래 국가전략

김정기

| 우크라이나 전쟁을 보는 관점과 전략적 사고의 필요성 |

우크라이나 전쟁은 한반도에서도 언제든지 일어날 수 있고 우리가 직면할 수 있는 현실적인 사례다. 우크라이나가 자리한 서부 유라시아 지대처럼 한반도도 강대국의 세력 각축으로 인한 지정학적 불확실성이 깊어지면서 안보 위협과 안보 불안이 고조되고 있어 긴장된 끈을 놓을 수 없다. 이는 한반도를 중심으로 한 동북아에서 중국과 러시아, 북한 등 권위주의 체제 국가들이 안보 위협에 대응한다는 논리를 내세우며 상호 전략적 협력 체제를 공고히 하면서 도발을 자행할 가능성이 있다는 의미다.

그런 점에서 우리가 우크라이나 전쟁을 미래의 국가전략 관점에서 어떻게 봐야 할 것인가, 어떤 선택을 해야 할 것인가 하는 것이 관건이며, 이 글을 전개하는 논점이 될 것이다. 즉, 우크라이나 전쟁이 던져 놓은 모든 도전적 현상을 미래 국가전략과 연계해 깊이 있게 고찰하고 분석함으로써 우리의 국익으로 승화시킬 필요가 있다.

주지하다시피 우크라이나 전쟁은 2022년 2월 24일 새벽 러시아가 우크라이나를 전면 공격하면서 발발했다. 미중 전략 경쟁이 격화되고 있는 와중에서 일어났고, 러시아가 이런 상황을 이용한 측면이 있다.[1] 러시아는 자국의 안보를 위협하는 나토(NATO)의 동진 확대와 우크라이나의 나토 가입 추진을 막는다는 명분을 내세웠고, 전쟁이 아닌 하나의 '특별군사작전(special military operation)'이라고 주장하면서도, 부분 동원령을 내리는 등 사실상 전쟁임을 인정하며 전력투구하고 있다. 반면 국제 사회의 대다수 국가는 국제법적으로 우크라이나를 불법으로 침략[2]했다는 점에 공감하고 있다.

그러나 우크라이나 전쟁은 러시아의 침략적 이미지만 부각하고 미국과 유럽의 결속 강화, 중립국 스웨덴과 핀란드의 나토(NATO) 가입 추진, 러시아 국력과 발전 동력 약화 등을 초래했으며, 유라시아 국가들의 경계 대상으로 등장했다. 실제로 러시아가 전쟁으로 우크라이나 영토 일부를 점령해 동부와 남부를 연결하는 축선을 구축한 것 이외에는 얻은 것이 거의 없다. 러시아가 중동부 유럽에서 전략적 열세를 만회하겠다는 의도를 달성할 가능성도 현재로서는 막막한 것으로 보인다.

문제는 러시아의 군사적 행동의 본질이 주변 약소국을 매개로 한 강대국의 세력 확대 충돌과 연관돼 있고, 강대국 사이에 낀 작은 국가들의 숙명적 고통으로 이어진다는 점이다. 강대국이 자신의 국익에 어긋난다며 주변 약소국을 침략하는 20세기의 약육강식 시대의 행위가 탈냉전과 세계화의 21세기에 버젓이 행해졌다는 것에 대해 충격이 크다고 할 수 있다. 이러한 러시아의 군사적 침략 행태는 국제 사회 질서 전반에 엄청난 영향을 미치고 있고, 좁게는 한반도에 주는 영향도 막대하다. 모두 부정적 현상이며 굳이 긍정적이라고 한다면 전쟁에 대한 생생한 교훈 정도다.

따라서 이제는 이미 벌어진 전쟁인 만큼, 국제 사회가 어떤 방향으로 마무리해 나가는가가 중요하다. 그리고 전쟁 자체와 전쟁 과정에서 던져진 도전과 과제를 해결해 나가는 것이 당면한 문제다. 특히 한반도와 연관된 파급 영향을 포함해 우리가 미래 국가전략의 게임 체인저 관점에서 고찰하고 대응하는 전략적 사고가 필요하다.

---

1) 미중 전략 경쟁과 우크라이나 전쟁과의 관계에 대해서는 김정기, 미중 전략 경쟁과 우크라이나의 대응전략, 『중소연구』, 제46권 제2호, 2022 여름호를 참조.

2) 남승현, '우크라이나 침공에 대한 국제법적 검토,' "주요 국제문제분석, 2022-16." 국립외교원, 2022.

| 우크라이나 전쟁의 국제적 파급과 한반도에 대한 함의 |

전쟁의 성격과 국제적인 의미

우크라이나는 러시아와 유럽이 서로 전략적 우위를 점하는 데 필수불가결한 급소다. 브레진스키(Zbigniew Kazimierz Brzezinski) 등 전략가들은 "우크라이나는 러시아가 제국의 꿈을 이루는 데 필수적"이라는 표현으로 우크라이나의 전략적 가치를 평가한다. 이에 따라 미국과 유럽은 우크라이나를 러시아의 유라시아 패권의 꿈을 저지하는 완충국가로 인식하고 있다. 그래서 우크라이나를 유럽 경제권에 통합하고 나토(NATO)에 가입시켜 유럽의 안보를 강화한다는 전략을 구사하고 있다.

우크라이나 전쟁은 국제 질서 혼란의 서막으로 21세기의 지정학적 위기를 현실화한 사례가 되고 있다. 전쟁 그 자체가 바로 국제 정세의 불확실성을 증대시키고 향후 승자 패자도 확실하지 않은 상황이 계속될 수밖에 없다는 점에서 유라시아 전략 공간에서의 질서 새편 촉매가 되고 있다. 또한 바로 미중 전략 경쟁의 와중에서 발발했다는 점에서 인도 · 태평양전략(IP), 인도 · 태평양 경제프레임워크(IPEF), 미 · EU 무역기술이사회(TTC) 등 미국의 대중 포위전략과도 연계성을 지닌다고 할 수 있다.

그러나 그간의 경위가 어찌하든 러시아의 우크라이나 침략은 러시아와 미국 등 강대국들이 핵 포기 대가로 우크라이나의 안전 보장을 약속한 1994년의 '부다페스트 양해각서' 체제를 무용지물로 만들었다. 바로 강대국들 스스로 문서로 한 약속을 한낱 종잇조각에 불과한 것으로 전락시키고 국제 사회의 안보 불신을 심화시킨 것이다. 그리고 서명 당사자였던 러시아가 약속을 저버린 행위이기도 하다. 그런 점에서 이 전쟁은 러시아가 유럽의 안보 질서를 위협하는 행위이고, 유라시아에서 미국과 유럽의 세력 확대를 견제하는 유라시아 패권 경쟁의 양상을 띠고 있다.

이런 측면에서 이번 우크라이나 전쟁은 '러시아 대 우크라이나' 간 전쟁임과 동시 '미국 · 유럽 대 러시아'의 강대국 간 전쟁이며, 단순한 지역 문제가 아닌 글로벌 문제의 특성을 나타내고 있다. 바로 국제전 성격을 지님으로써 우크라이나는 희생양이라는 인식이 국제 사회에 자리하게 된다. 미국과 나토가 직접 개입하지 않고 간접적으로 지원하면서 우크라이나를 매개로 미국과 러시아가 벌이는 전쟁이다.

이러한 양상의 우크라이나 전쟁은 국제적으로 여러 가지 의미를 지닌다. 그중의 하나가 국제적으로 '자유민주 체제 국가 대 권위주의 체제 국가' 대립 구도의 신냉전을 구조화할 가능성이다. 즉, 러시아가 물리적인 힘으로 탈냉전의 국제 질서와 유럽 질서의 변화를 시도했고, 이는 국제 정세의 불확실성을 높이고 있다. 그리고 이것이 국제 군비 경쟁과 미·중 간 전략 경쟁을 심화시키게 될 것이다.

또한, 우크라이나 전쟁은 러시아가 유라시아에서 미중 전략 경쟁의 틈새를 파고들면서 형성된 '미·중·러 삼각 전략 경쟁 관계'의 틀 속에서 진행되고, 그 사이에서 우크라이나가 끼임 국가로서 희생양이 되고 있다. 이 전쟁에 관여하는 강대국들은 모두 유엔 안보리 상임이사국이고 세계 군사 강국이며, 여기에다 EU를 중심으로 하는 유럽 전 지역이 개입하고 있어서 역학 관계 변화 촉발 등 국제 사회에 미치는 영향이 크다.

경제적으로는 글로벌 공급망 교란과 중·러의 미국 달러화 패권에 대한 도전으로 이어지고 세계 경제 침체를 심화시키는 등 국제 경제 질서에도 상당한 변화를 주고 있다.

반면 러시아는 전쟁의 장기화와 서방의 제재 지속으로 강대국 위상 약화, 경제력 위축, 국제 고립화 심화, 국제 사회로부터의 신뢰 상실 등이 나타나고 국력 약화로 이어질 가능성이 농후하다. 이와 함께 우크라이나가 결사적으로 항전하고 승리의 의지를 다지는 상황임을 고려할 때, 과거 소련 붕괴의 서막으로 작용한 소련의 아프가니스탄 침공과 같은 상황이 러시아에서 재연될 수도 있다. 물론 현재의 러시아는 그때와는 상황이 상당히 달라서 어려움을 극복해 나갈 수도 있다. 그러나 전쟁에서 승리를 거둔다고 하더라도 푸틴(Vladimir V. Putin) 러시아 대통령이 염원하며 지금까지 질주해 온 부국강병의 꿈은 점점 더 멀어질 뿐이다.

따라서 러시아의 우크라이나 침략은 러시아의 전략적 부담을 증대시키고 동시에 국가 역량을 감소시킬 것이다. 그런 점에서 중국과 인도가 상대적으로 떠오르고 중앙아시아 국가들의 러시아에 대한 경계심을 고조시킬 것이며, 안보 위협을 피부로 느끼고 있는 유럽의 결속 강화와 함께 유럽에 대한 미국의 영향력이 더욱 확대될 것이다.

한반도에 대한 함의

우크라이나 전쟁은 한반도에서도 발생 가능한 현상의 하나이고, 동북아에서 러시아의 선택지가 북한, 중국과 전략적 연대를 도모하는 방향이 될 수밖에 없음을 시사하고 있다. 러시아가 유라시아 지역과 유럽 방면에 전력을 집중해야 하는 상황에서 동북아에서의 안전판이 필요하고 그것은 바로 중국, 북한과 관계를 강화하는 것이다.

그런 점에서 첫째, 국제 질서에서 강대국이 보여 주는 자국 중심 안보, 경제 논리가 그대로 한반도에서 상황에 따라 적용돼 부활할 수 있으며, 한국에도 줄서기와 선택을 압박하는 무언의 압력이 가해질 여지가 크다. 과거 미·소 경쟁이 한반도에서 분단으로 이어지는 부정적 영향을 줬듯이 지금도 미중 전략 경쟁은 동북아의 정세 불안을 심화시키면서 그 파급력이 한국을 관통하고 있다. 한반도를 둘러싼 지정학적 각축전은 예나 지금이나 여전히 진행되고 있어 한국은 앞으로도 이러한 지정학적 숙명에서 벗어나기가 쉽지 않다. 이런 상황에서 미중 전략 경쟁과 우크라이나 전쟁이 한반도에서 '한·미·일 대 북·중·러' 대결 구도 형성 가능성을 높여 주고 있다.

둘째, 이의 연장 선상에서 우크라이나 전쟁이 주는 또 하나의 시사점은 한미동맹과 국민적 의지의 중요성을 부각하고 있고, 강대국의 지정학적 영향권 내에 있는 지역과 국가에서는 강대국의 겁박과 침략에 대한 대응과 준비의 중요성을 일깨우고 있다는 점이다. 한국과 우크라이나가 지정학적으로 처한 상황이 다소 다르지만, 주변 강대국들이 한국을 쉽게 생각할 수 없게 하는 포인트는 바로 동맹국의 존재라고 판단된다.

셋째, 우크라이나 전쟁의 여파가 동북아에 밀려오면서 중·러 및 북·중 연대가 강화되고 북·러 밀착이 심화하는 현상이 나타나고 있으며, 이는 북한의 연이은 도발과 이러한 도발에 대한 자신감으로 이어지고 있다. 그것은 북한이 러시아의 우크라이나 침공을 핵 사용 조건 법제화 등 핵미사일 개발 필요성과 정당성을 부각하는 호기로 이용하고 있음을 의미한다. 또한, 러시아가 서구와의 전략적 열세를 만회하기 위한 균형 수단으로서 군사적 협력 강화 등 북한과 전략적 제휴를 강화해 나갈 가능성을 배제하기 어려우며, 이렇게 되면 북·중·러 삼각 협력 체제가 현실적으로 다가올 수도 있다.

| 우크라이나 전쟁이 던지는 도전적 이슈들 |

러시아의 우크라이나 침략으로 국제 사회가 당면한 여러 현상은 한국에 하나의 도전으로 다가오고 있고 그 파고를 잘 넘어야 하는 과제를 안겨 주고 있다. 미래 국가전략의 관점에서 우리가 심사숙고해야 할 주요 이슈들에 대해 대비해야 한다.

첫째, 강대국의 약소국에 대한 '안보 불가분성(indivisible security)의 원칙' 적용 가능성이다. 이 원칙은 러시아가 우크라이나 침공 논리로 제시한 것이다.[3] 안보 불가분성의 원칙은 다른 국가의 안보를 희생해서 자국의 안보를 추구해서는 안 된다는 원칙이다. 러시아는 우크라이나의 나토(NATO) 가입이 유럽안보협력기구(OSCE)에서 합의된 '안보 불가분성의 원칙'을 훼손하는 것이라며 비판했다. 중국도 각국이 서로의 핵심 이익과 중대 관심사를 배려해야 한다며 안보 불가분성의 원칙 적용을 강조하고 있다.[4] 이러한 강대국의 자국 중심 안보 논리는 주변 약소국의 외교 안보 및 경제 전략의 자율성을 제약하게 된다.

둘째, 신냉전 구도 형성에 따른 국제 질서 변화 가능성이다. 강대국 간 지정학적 긴장을 고조시키는 우크라이나 전쟁은 국제 질서 재편 가능성 대두와 진영 대립의 구조화 가능성과 연관돼 있다. 즉 공유하는 가치와 체제를 중심으로 '자유민주 체제 국가 대 권위주의 체제 국가'의 진용 구축 경쟁이 더욱 격화되면서 국제 질서 재편을 초래할 수 있다는 주장이 힘을 얻고 있다. 여전히 다른 강대국에 비해서 강력한 국력을 가진 미국 주도의 국제 질서가 그대로 작동되고 있으나 미국의 패권적 주도력이 점차 쇠퇴하고 있다는 징후들도 있고, 이를 기회로 삼아 중국과 러시아, 인도가 중심이 돼 다극 체제를 추구하고 있다는 점을 염두에 둘 필요가 있다.[5] 이러한 여파는 유엔의 집단 안보 기능을 무용지물로 만들고 있다.

셋째, 이러한 흐름 속에서 한국이 당면하는 다양한 도전들이다. 미중 전략 경쟁 심

---

[3] Russia cites 1999 charter text for insistence on 'indivisible security'(Feb 1, 2022), https://www.reuters.com/world/europe/russia-cites-1999-charter-text-insistence-indivisible-security-2022-02-01/(검색일 2022.12.15.).

[4] 'Indivisible security principle' established by the OSCE should be put into practice: Chinese envoy to the UN concerning Ukraine(Mar 15, 2022). https://www.globaltimes.cn/page/202203/1254890.shtml(검색일 2022.12.15.).

[5] 5 key takeaways from Xi's trip to Saudi Arabia(Wed December 14, 2022). https://edition.cnn.com/2022/12/10/middleeast/xi-china-saudi-arabia-visit-five-takeaways-mime-intl/index.html(검색일 2022.12.16.). 최근 중국은 사우디에 석유 거래와 관련해 미국 달러에서 중국 위안화로 전환하자고 하는 등 러시아와 함께 탈(脫)달러화를 위한 새로운 금융 시스템 개발을 도모하고 있으며, 새로운 국제 질서를 이끌 플랫폼 구축 등을 모색하고 있다.

화와 우크라이나 전쟁은 한반도를 포함한 동아시아의 지정학적 위기가 현실화할 가능성을 반추해 주고 있으며, 이런 상황에서 한국의 외교 안보전략 선택이 그리 간단하지 않다. 앞에서 언급한 대로 국제 안보 정세 경색과 북한의 핵미사일 도발로 한반도에서 한·미·일 안보 연대가 강화되면 중·러/북·러/북·중 관계 강화 등 북·중·러가 더욱 밀착하게 될 것이다. 이렇게 되면 중·러의 북한 지원이 강화되는 상황에서 북한의 도발 위협 가중과 함께 북한과의 비핵화 협상 여지가 사라지는 등 북한 핵문제 해결 여건을 악화시킬 것이다. 그리고 한·러 관계 악화도 도전적 요소다. 우크라이나 전쟁으로 한·러 간 전략적 협력 동반자 관계 지향 노력이 사실상 무위로 되돌아가면서 한국 주도 한반도 평화 통일에 대한 러시아 지지 확보와 중국 견제를 위한 러시아 활용을 기대하기도 어렵게 됐으며 경제 통상 협력도 큰 타격을 입게 될 것이다.

넷째, 국제 군비 경쟁 가속화다. 이와 함께 기존 미·중 간 전략 및 패권 경쟁 양상도 더 심해질 것이다. 미국과 전략 경쟁을 벌이고 있는 중국은 이미 첨단 전략무기 개발 등 전력 증강에 박차를 가하고 있고, 독일과 일본은 우크라이나 전쟁을 계기로 재무장의 길로 나서고 있으며, 유럽 국가들도 군사비를 늘리는 등 군사력 강화에 집중하며 독자 유럽군 창설을 도모하고 있다. 폴란드의 경우는 소유하고 있는 소련제 무기를 우크라이나에 지원하고 대신 현대화된 첨단 재래식 무기를 대규모로 구매하고 있고, 노르웨이도 전차, 자주포 도입에 나서고 있다. 북한도 전술 핵무기 생산 및 핵탄두 보유량 증대 등 국방력 증강에 전력을 기울이고 있다.

다섯째, 세계 경제의 향방이다. 러시아의 우크라이나 침공은 세계화의 종언을 부추기는 등 세계 경제에 막대한 부정적 영향[6]을 주고 있고 우리 경제에도 타격을 주고 있다. 미국 등 서방의 대러 제재, 러시아의 맞대응 제재를 유발했고, 식량과 에너지 위기, 금리 상승과 인플레이션 촉발 등 세계 경제의 불안정을 심화시키고 있다. 이와 함께 세계적으로 에너지, 식량 등 전략자원을 무기화하는 현상이 일반화할 것으로 보인다. 러시아는 가스 공급 중단 등 에너지를 매개로 유럽 내 영향력 강화를 시도하며 우크라이나 장악을 도모하고 있다. 우크라이나 전쟁 발 세계 에너지 질서 혼란 초래와

---

6) How the war in Ukraine is reshaping world trade and investment(May 03, 2022), https://blogs.worldbank.org/developmenttalk/how-war-ukraine-reshaping-world-trade-and-investment(검색일 2022.12.15.).

기후 변화 대응 차질 등 세계 공급망 교란을 심화시키는 등 글로벌 경제안보 위기 현상이 나타나고 있다.

여섯째, 국제 핵비확산(NPT) 체제 근간 약화와 북한의 핵 위협 가중이다. 푸틴 러시아 대통령은 우크라이나 침공 후 핵 태세 점검 지시 등 핵무기 사용 가능성을 흘려 위협함으로써 미국과 유럽의 개입을 견제하고자 했다. 우크라이나 전쟁 발발 1년이 되는 2023년 2월 21일에는 미국과 맺은 핵무기 통제 조약인 신전략무기감축협정(New START) 참여 중단도 선언하고 영국과 프랑스가 참여하면 재고하겠다며 서방을 압박했다. 이는 핵 공포 유발을 통해 전략적·전술적 목적을 달성하려는 의도를 지닌 핵강제(nuciear coercion) 전략으로서, NPT 체제를 뒤흔들고 국제 사회에 핵무기 사용 위협 증대를 가져왔으며, 국제적으로 핵 개발 및 보유 필요성을 각인하는 등 핵무기 능력 확충을 자극했다.[7] 이는 국제 질서 주도국의 하나인 강대국 러시아의 무책임성을 대두시켰고, 국제 정치의 주요 이슈로 부상했으며, 핵 사용 법제화와 함께 7차 핵실험을 준비하는 북한에는 긍정적 시그널로 작용하고 있다. 러시아의 핵 위협 언질이 북한에 유용한 모티브가 돼 북한이 핵과 미사일 역량을 강화하고 도발 증대 가능성을 높이고 있다는 우려가 한국과 국제 사회에서 점증하고 있다.

| 한국의 대응 방향: 미래 국가전략에 대한 시사점 |

이러한 우크라이나 사태가 한국의 미래 국가전략과 관련해 시사하고 있는 것은 지정학적 각축 심화와 이에 따른 신냉전 질서 도래 현상을 직시하고 이를 기회로 삼아 국내외적 난국을 타개하고 재도약해 나가는 현명함이 필요하다는 점이다. 이런 현실을 반영해 우크라이나 전쟁의 연구와 교훈 도출·접목, 군비 확충 등 국방 역량과 경제 안보 강화, 한미동맹의 중요성 인식, 우호국들과의 협력 관계 증진은 물론 중·러와도 전략 관계 구축, 강대국들의 자국 중심 안보 논리와 국제 질서 변화 대비, 한반도

---

7) What future for nuclear deterrence?(October 2022). https://www.fondapol.org/en/study/what-future-for-nuclear-deterrence/(검색일: 2022.12.20.).

의 지정학적 숙명성과 한국의 정체성에 입각한 대외전략 원칙 수립과 시행, 핵·생화학 무기 등 대량살상무기(WMD) 사용 위협 대응 등을 대안으로 집약할 수 있다.

이와 관련해 첫째, 우크라이나 전쟁을 둘러싼 전략적·지정학적 측면은 물론이고 전쟁 자체 전반에 대한 종합적이고 구체적인 연구(사례연구 포함)와 분석 작업을 통해 얻은 교훈을 미래 국가전략에 반영하고 좁게는 군사훈련과도 접목해 우리의 국방 역량을 높이는 노력이 필요하다. 재래식 무기·장비와 첨단기술 접목, 사이버전, 정보전, 심리전, 병참, 전시 동원 체제 등의 연구와 이의 접목 및 보완 등이다.

둘째, 더욱 중요한 것은 전쟁의 비극적 참화를 사전에 방지하기 위한 노력이다. 평화를 지키고자 하면 전쟁에 대비하라는 고사처럼 준비가 필요하며, 그러기 위해서는 안보에는 진영과 좌우가 없다는 국민적 의지와 컨센서스(일치된 의견)를 도출해야 한다. 유사시 국민적 역량을 적시에 분출할 수 있는 동원 체제, 즉 예비군 및 민방위 제도 점검과 보완 등 정비가 필요하다.

셋째, 다음은 이러한 점들을 염두에 두고 우리의 발전 동력인 자유, 평화, 번영을 기반으로 수립한 외교 안보 및 국방 전략을 체계적이고 일관성 있게 추진하는 것이 중요하다. 이를 위해서는 먼저 한미동맹의 중요성을 인식하고 동맹을 강화해 나가되 외교적 균형을 도모해야 한다. 두 번째는 강대국의 안보 논리 횡행과 국제 다극화 질서 체제 형성 가능성에 대비해야 하며, 이와 관련 국제 역학 관계 변화를 지속성 있게 추적해야 한다. 세 번째는 일본, 호주 등 우호적인 강대국들과 전략적 관계를 구축하고, 이를 바탕으로 국가 발전 역량을 배가하며, 안보 체제를 공고화하는 등 자강 노력을 기울여야 한다. 네 번째는 우리의 경제력·첨단기술·문화적 역량 등을 바탕으로 세계 각 지역과의 협력 파트너십을 구축한다. 다섯 번째는 방위산업 육성과 함께 군비 확충, 방산 장비·무기의 첨단화 등 군사력 강화를 지속적으로 도모하고, 이를 기반으로 방산(防産) 수출에 주력해야 한다.

넷째, 한미동맹 강화 원칙을 기반으로 중국, 러시아와 양자 차원의 전략적 협력 관계를 강화하는 것이 중요하다. 물론 중국과 러시아는 안보 불가분의 원칙을 내세워 우리의 동맹 강화 및 안보 역량 강화를 압박하고 있다. 우리도 중국과 러시아가 자국의 안보정책과 안보 이익을 내세워 한국의 안보 주권을 침해하려 해서는 안 된다는 원칙을 견지해야 한다. 다만 중국과 러시아는 우리가 전략적으로 상호 협력해야 할 중요

국가라는 점을 고려해서 외교 안보 측면에서 유연성을 발휘해야 한다. 이러한 전략적 관계를 통해 북한이 도모하고자 하는 북·중·러 삼각 협력 체제 형성을 견제해야 한다. 사실 중국과 러시아는 각각 북한과 양자 관계를 유지하지만, 삼각 관계 구축에는 매우 신중한 자세를 견지하고 있다. 반면 북한은 중국·러시아와 똑같은 핵보유국으로서의 위상을 확립한다는 차원에서 삼각 협력 관계 구축을 원하고 있다.

특히, 한·러 관계 개선은 중요하다. 한국과 러시아는 경제 통상, 과학기술, 사회문화, 외교안보 분야에서 교류 협력을 확대해 왔으며, 실질적인 전략적 협력 동반자 관계를 만들고자 노력을 기울여 왔다. 전쟁의 여파로 한·러 관계가 악화했으나 전쟁 이후 적극적으로 관계 개선에 나서야 한다. 관계 악화의 원인이 한러 양국 자체의 문제라기보다는 전쟁이라는 외적 요인에 의한 것인 만큼, 한·러 관계의 어려움을 얼마든지 극복할 수 있다.

다섯째, 중국과 러시아가 북한에 군사안보 지원에 나서지 못하도록 북·중, 북·러, 중·러 관계 동향을 주시하면서 미국 및 유럽과 함께 이를 견제해 나가야 한다. 미국과 유럽이 나서서 우크라이나 전쟁 관련 중국이 러시아를 지원하지 못하도록 견제하는 것도 하나의 중요한 사례로서 상세하게 살펴볼 필요가 있다. 그리고 러시아가 다급한 나머지 북한으로부터 포탄 등 무기를 수입하는 것은 유엔 안보리 결의를 위반하는 행위임을 미, 일, 유럽 등과 이를 다양한 방식으로 주지시키는 등 제어해 나가야 한다.

여섯째, 북한 핵 도발 위협에 대해 미국의 핵 확장 억지 정책을 기본으로 전술핵 재배치 또는 직접적인 핵 개발까지를 고려하는 등 다중적 대책 마련이 필요하다. 북한 김정은이 핵 사용을 정당화하는 법적 근거를 만들고 필요할 경우 선제 공격도 가능하다는 주장을 펴고 있어서 북한 비핵화 문제는 딜레마적 상황에 직면해 있다. 문제는 북한이 러시아의 핵 위협 행태와 마찬가지로 핵보유국임을 드러내며 우리를 위협하고 압박해 오고 있으며, 이를 염두에 둔 전략을 수립하고 대처해 나가야 한다.

한편, 장기적으로는 중국과 러시아를 한반도 평화와 통일에 순기능을 하도록 유도해 나가야 한다. 그것은 러시아 또는 중국을 매개로 북한을 포함하는 지경학적 수단을 통해 우리 국익과 연계하는 발상의 전환을 시도하는 것이다. 장래 어느 시점에서는 물류 및 에너지, 비전통 안보 분야 등에서 다양한 형태의 동북아 소다자주의(小多者主義,

minilateralism) 네트워킹을 구축해 나갈 필요가 있다. 즉, 북한, 중국, 러시아를 포괄하는 두만강 유역 개발과 함께 이를 기점으로 삼아 한국 중심 환동해 및 환서해 경제권 형성과의 연계, 극동 연해주 및 동북 3성과의 물류 체계 확립, 환동해 관광산업과 지역사업과의 연결, 남·북 경제 협력 관계 확립 등을 모색하는 것이다.

| 미래 국익 확대 전략으로서의 우크라이나 전후 재건 참여와 동유럽 방산 협력 |

앞으로 중요한 것은 우크라이나 전쟁이 어떤 형태로든 끝나면서 전후 재건 문제가 주요 이슈로 떠오를 것이다. 전쟁이 진행 중인 현재에도 미국과 유럽에서는 우크라이나 정부와 함께 재건 계획을 검토하고 있다. 그리고 동유럽 및 발트 국가들은 우크라이나 전쟁을 계기로 국방 역량 강화에 박차를 가하고 있으며, 특히 폴란드는 유럽 방위에서 전략적 중요성이 두드러지고 있으며, 미국의 유럽 전진기지로 부상하고 있다. 그 과정에 우리와의 방산 협력 여지가 커질 수 있음을 염두해 둬야 한다. 이러한 흐름에 맞춰 윤석열 대통령이 나토(NATO) 정상회의 참석(2023.7.10.~12, 리투아니아 빌뉴스), 폴란드 공식 방문(7.13)에 이어 전쟁 중인 우크라이나를 방문하는 등 전후 재건 참여 및 방산 협력 기반을 다졌다. 앞으로 우리는 폴란드를 중심으로 하는 동부 유럽 국가들과의 전략적 협력 관계를 구축해 나갈 필요가 있다.

전후 재건 문제와 관련 EU 집행위원회와 우크라이나 정부가 공동으로 '국제조정 플랫폼(international coordination platform)'을 설치하는 안을 협의하고 있으며, 인프라뿐만 아니라 경제, 정치 및 사회제도를 현대화해 우크라이나의 경제와 사회를 변화시키고 우크라이나에서 소련의 잔재를 완전히 털어 낸다는 데 목표를 두고 있다.[8] 우크라이나 정부의 재건계획은 10개년 계획(2023~2025년, 2026~2032년)하에 총 7,500억 달러가 소요되는 850개의 대규모 프로젝트를 추진하는 것이며, EU 집행위원회, 세계은

---

8) Financing and governing the recovery, reconstruction, and modernization of Ukraine(November 3, 2022), https://www.brookings.edu/blog/up-front/2022/11/03/financing-and-governing-the-recovery-reconstruction-and-modernization-of-ukraine/(검색일 2022.12.17.).

행, 유럽 경제정책연구센터 등도 재건계획을 마련하고 있다. 재건계획은 우선적으로 주택 및 기반시설의 재건 및 현대화(1,500억~2,500억 달러, 103개 프로젝트 및 활동)와 물류 및 운송시설(공항, 철도, 도로, 항만) 확장·통합 등 두 가지 분야에 집중되며, EU 계획(1,200억~1,600억 달러, 145개 프로젝트 및 활동), 에너지 독립 달성 및 녹색 에너지 개발(1,300억 달러, 21개 프로젝트 및 활동), 보험, 대출 보증 및 기타 프로그램을 통한 자금조달 보장(750억 달러, 21개 프로젝트 및 활동), 기술 및 기타 잠재적으로 빠르게 성장하는 경제 부문(500억 달러, 34개 프로젝트 및 활동) 등도 추진된다.

그러나 우크라이나 재건계획의 성공적 추진은 과거부터 우크라이나 사회에 만연된 부패구조를 근절하는 반부패 개혁에 달려 있다.[9]

한국은 전쟁의 폐허를 딛고 국가 재건과 경제 발전에 성공한 나라다. 인도주의적 차원의 필요 부문 지원사업 전개, 전후 재건의 경험을 포함해 인프라 건설·도시 개발 및 관련 기술 전수 등 복구 참여로 한국의 글로벌 국가로서의 위상을 확립하고 미래 국익을 확보해 나가야 한다.

---

9) Ukrainian recovery funding must be tied to anti-corruption(October 24, 2022), https://www.brookings.edu/blog/up-front/2022/10/24/ukrainian-recovery-funding-must-be-tied-to-anti-corruption/(검색일 2022.12.15.).

기술패권 경쟁과 미래 국가전략

박홍도

| 들어가며 |

인류사에서 기술(technology)은 희망과 발전의 상징이기도 하지만 또 한편으로는 두려움과 공포의 원인이 되기도 했다. 1차 산업혁명에서부터 최근의 4차 산업혁명을 일으킨 근본적 원인일 뿐만 아니라, 또한 국제 질서의 측면에서도 유라시아 심장부를 지배하든(land power), 바다를 지배하든(sea power), 제공권이든, 제해권이든 강대국의 패권을 가능하게 하는 것은 기술이었다고 할 수 있을 것이다.

근대화(modernization) 과정에서 국가 발전의 전략으로 '기술입국(技術立國)' 또는 '기술보국(技術保國)'을 최우선적으로 채택해 전개한 국가는 경제 성장을 이뤘다. 언뜻 지극히 상식적이나 때로는 고리타분하게도 느껴질 수 있는 전략이지만, 강대국 간 첨예한 경쟁이 전개되고 있는 현재의 상황에서는 기술은 국가 발전의 전략을 떠나 '국가 생존의 전략'으로 그 성격이 변화되고 있다.

이에 따라 강대국 간에 심화되고 있는 패권 경쟁도 기술에 초점이 맞춰지고 있다.

그런 의미에서 기술패권 경쟁이라고 할 수 있을 것이다. 그 양상은 기술의 '개발'과 '보호'라는 양 측면에서 동시에 전개되고 있다. 이것이 경제 안전보장이라는 새롭게 떠오르는 안보 영역의 핵심적 요소가 되고 있다.

기술이 강대국 간 패권 경쟁의 핵심이 되고 있는 이유는 결국 기술이 국제 질서 및 경제·사회 질서의 패러다임을 바꿀 수 있는 게임 체인저가 될 수 있기 때문이다. 즉, "기술을 지배하는 국가가 세계를 지배하는 국가가 될 것"이라는 도식이 적용될 수 있다. 따라서 게임 체인저가 될 수 있는 기술을 식별하고, 그 기술의 우월성을 유지해 나가는 것은 국가의 중요한 과제가 되고 있다.

여기에서는 기술패권 경쟁의 양상을 기술의 '개발'과 '보호'의 양 측면에서 살펴본다. 이를 위해 기술, 그중에서도 게임 체인저가 될 수 있는 기술을 선별해 정리해 보고, 미국, 중국, 유럽의 정책과 전략을 중심으로 기술패권 경쟁의 실제를 살펴볼 것이다. 마지막으로 이러한 기술패권 경쟁이 한국에 미치는 영향을 살펴보고, 국가 차원의 미래 전략 방향을 제시해 보고자 한다.

| 게임 체인저로서의 기술 |

국가의 안전 보장에서 기술은 공간적인 변화를 가져오고 있다. 전통적인 안보 영역, 즉 영토·영해·영공과 함께 새로운 영역으로서 우주·사이버·전자 스펙트럼의 이용이 전례 없는 규모와 범위에서 진행되고 있다. 이들 영역은 개별적으로 독립돼 있는 것이 아니라 대기권 내와 우주공간, 물리공간과 사이버공간을 크로스 도메인(cross domain)하는 형태로 상호 작용하고 있다.

이러한 안보의 공간적 변화에 따라 미국, 중국 등은 각국의 경제력, 기술력, 안전보장 환경 등에 따른 전략을 전개하고 있으며, 그 속에서 기술의 역할은 더욱 커지고 있다. 이에 따라 첨단기술, 신흥기술(emerging technology)이 주목받고 있다.

게임 체인저 기술의 분류

우선 게임 체인저 기술로 꼽을 수 있는 것은 첨단 또는 신흥기술일 것이다. 그러나 이에 대해서는 아직까지 구체적으로는 공통된 인식이 형성돼 있는 것 같지는 않다. 각국 정부나 기관에 따라 다양한 분야의 기술이 첨단·신흥기술로 불리고 있는 것이 현실이다.

여기서는 미국 상무부, 세계경제포럼(WEF), 미국 백악관, 미국 예산위원회, 유럽위원회의 관련 보고서에서 다룬 중점 기술을 비교해 첨단·신흥기술을 정리한다.

첫째, 미 상무부는 2018년 11월, 「수출관리개혁법(ECRA)」에 의거해 미국 안보에 불가결하며 방위산업에서 지극히 중요한 기술로 이미 규제되고 있는 것 외의 기술을 '기반적 기술'과 '신흥기술'로 특정했다. 이 법에 따른 수출관리규칙(EAR)의 수출관리 대상(Commercial Control List: CCL) 지정을 염두에 두고 14개 기술을 신흥기술로 예시했다.[1]

둘째, 세계경제포럼(WEF)은 2017년 보고서에서 4차 산업혁명 신흥기술로 12개 기술을 선정하고 필연적으로 세계에 변혁을 가져올 것이라고 지적했다.[2] 이들 12개 기술을 경제, 환경, 사회, 지정학 및 기술 면에서 평가해 순위를 매기고 있다. 기술 면에서는 인공지능(AI), 로보틱스, 신컴퓨터 기술, 센서, 네트워크, 가상현실·증강현실(VR/AR), '뉴로(neuro)기술'을 우선순위로 하고 있다.

셋째, 미국 백악관은 2020년 10월, '중요 및 신흥기술에 관한 국가전략(National Strategy for Critical and Emerging Technologies)'을 제시했다.[3] 미국의 경제 번영과 안보에 필수적인 연구, 기술, 발명, 혁신의 중요성을 강조하고, 과학기술을 지원할 국가안보혁신기반(National Security Innovation Base: NSIB) 지원을 강조하면서 미국 정부 부처나 기관에 안보 우위를 위해 중요한 기술을 제시하도록 함으로써 20개의 핵심 유망 기술(C&ET)을 선정했다. 2022년 2월에는 C&ET 기술별 세부 기술(C&ET Subfields)

---

[1] "U.S. GOVERNMENT TO DEFINE 'EMERGING TECHNOLOGIES,' IMPACTING CFIUS AND EXPORT CONTROLS," Goodwin, 2018.11.19. https://www.goodwinlaw.com/publications/2018/11/11_19-us-government-to-define-emerging; 田上靖,「米国輸出管理改革法の新基本技術(Emerging and Foundational Technologies) 新規制及びCISTECパブコメの概要,' CISTEC, 2019.3.19. http://www.cistec.or.jp/service/uschina/2-0-cistec_pubcomme.pdf.

[2] "The Global Risks Report 2017 12th Edition," World Economic Forum, 2017, p.43. http://www3.weforum.org/docs/GRR17_Report_web.pdf.

[3] The National Strategy for Critical and Emerging Technologies was issued by the White House on 15 October 2020.

을 업데이트한 보고서를 발표했다.[4]

넷째, 미국 의회예산위원회는 5개의 기술을 채택해 미국 국립표준기술연구소(NIST)에 대해 우선적으로 과학기술 연구 예산을 배분하고 있다.[5] 그 분야는 양자정보과학, 인공지능(AI), 사이버 보안과 프라이버시, 금속 부가제조기술(3D 프린터), 5G 통신이다. 이 과학기술 연구에 의해 새로운 산업의 '재현성, 상호운용성, 신뢰성을 강화해 이노베이션, 실현성, 영향을 가속하는 기초 측정 툴의 개발'을 목적으로 하고 있다.

다섯째, 유럽위원회는 2019년 독자 전문가 그룹의 보고서에서 100개의 기술을 다뤘다. 그것들을 '2038년의 실현성', '유럽의 위치 설정', '현재의 달성도'의 세 가지 지표로 순위를 매기고 있다.[6] 이 보고서에서는 2038년 유럽의 위상에 초점을 맞춰 평가하고 있다. 여기에서는 '2038년의 실현성' 중 랭크 5인 것이 21개 기술이므로 그 기술 항목을 대상으로 비교했다.[7]

게임 체인저 기술의 분류

	기술	미 상무부 (2018)	세계경제포럼 (2017)	미 백악관 (2020)	미 예산위원회 (2019)	유럽위원회 (2019)	국가안보실 (2022)
1	부가제조기술 (3D 프린터)	√	√	√	√		(√)
2	로봇공학	√	√	√	(√)	√	√
3	인공지능(AI)	√	√	√	√	(√)	√
4	바이오기술	√	√	√		√	√

---

4) CRITICAL AND EMERGING TECHNOLOGIES LIST UPDATE, https://www.whitehouse.gov/wp-content/uploads/2022/02/02-2022-Critical-and-Emerging-Technologies-List-Update.pdf.

5) Theresa Hitchens, House Appropriators add millions of dollars to the National Institute of Standards & Technology's work on AI, cybersecurity, quantum computing, 3D printing, and 5G telecommunications, Breaking Defense, 2019.5.22. https://breakingdefense.com/2019/05/hac-pumps-up-nist-research-on-emerging-tech/

6) European Commission, 100 Radical Innovation Breakthroughs for the future, 2019, p283. https://ec.europa.eu/info/sites/info/files/research_and_innovation/knowledge_publications_tools_and_data/documents/ec_rtd_radical-innovation-breakthrough_052019.pdf.

7) 국가안보실, 『신흥.핵심기술과 국가안보 전략과제』, 2022.3.

5	에너지기술	(√)	√	√			√
6	극초음속기술	√		√			√
7	정보통신기술(ICT)	√	√	√	√	√	√
8	신경공학(테크놀로지)	√	√	√	(√)	√	
9	새로운 계산기술	√	√	(√)	√	√	
10	우주기술	(√)	√	√		(√)	√
11	VR/AR	(√)	√	√	(√)	√	

게임 체인저 기술의 미래 전쟁에의 영향

부가제조기술

탄약이나 예비부품, 식량, 의약품 등을 일일이 전선까지 전송하는 것이 아니라 전선에 배치된 3D 프린터가 필요한 수요품을 즉석에서 프린트하게 돼 군사조직의 병참이 일변한다. 또한 공병도 막사나 교량 등을 건설이 아니라 프린트하는 것이 가능해진다. 무기 생산에서는 이미 3D 프린터의 활용 범위가 넓어지고 있으며, 생산의 효율화는 물론 기존에는 실현 불가능했던 성능을 가지는 무기가 등장하게 된다. 한편, 개인이나 테러조직의 무기 제조 능력이나 무기 이전 능력을 높일 가능성도 있다.

로봇공학

무인항공기(UAV), 무인잠항정(UUV), 무인차량(UGV) 등의 활용이 더욱 진전돼 유인 무기를 부분 또는 전면 대체하게 된다. 무인 무기들은 유인 무기보다 장시간, 장거리에 걸쳐 행동할 수 있고 인간을 위험에 빠뜨리지 않기 때문에 위험한 적지 상공에서의 정찰이나 공격에 이미 널리 활용되고 있다. 향후에는 수송, 보급, 공중 급유, 부상병의 구조 등 더욱 폭넓은 분야에 진출하게 될 것이다. 후술하는 인공지능(AI)이나 정보기술(IT)과의 조합에 의해 광범위하게 분산된 무인 병기가 군집(群集, swarm)으로써 행동하고 포화적(砲火的)인 공격을 실시하는 등의 새로운 전투 방법이 출현할 것으로 예상된다.

인공지능(AI)

AI가 인간 지휘관의 의사결정을 지원하게 된다. 군사계획 책정과 관련해 AI가 인간 지휘관에게 선택 사항을 나타내거나 정찰기나 정찰위성이 입수한 화상정보를 AI가 자동 판별함으로써 인간 분석관의 업무 부하를 경감하는 등의 용도로는 이미 이용되고 있다. 또 사이버전이나 미사일 방어 등 극단적으로 진행 속도가 빠른 전투 국면에서는 AI가 인간의 의사결정을 전면 대체할 가능성이 있다. AI가 로봇공학과 결합될 경우에는 살상형 자율무인무기(LAWS)로서 인간이 개입하지 않는 전투가 실현된다. 한편 인터넷 공간에서는 인간과 흡사한 답변을 할 수 있는 워로봇(war robot) 계정이나 현실과 구분할 수 없는 가짜 영상 등이 등장해 정보전이 더욱 치열해질 것이다.

바이오기술

데옥시리보핵산(Deoxyribo Newcleic Acid: DNA) 조작과 화학물질을 통해 병사의 육체적 능력과 인지 능력 등을 확장해 근력과 지구력을 정상인보다 훨씬 높이거나 야간에도 눈이 보이는 등의 능력을 부여할 수 있게 된다. 합성생물학에 의해 감염성이나 독성이 강한 생물무기, 적의 무기나 그것들을 움직이는 연료를 분해해 버리는 새로운 범주의 생물무기가 출현하는 한편 새로운 화학물질이나 나노머신(nanomachine)이 병사의 항체를 강화하는 것도 가능해진다. 의료 분야에서는 기존 의료기술로는 구명(救命)이 불가능한 수준의 중상자를 구명하거나 부상으로 훼손된 부위를 복원하는 것이 가능해진다.

에너지기술

고에너지 밀도의 전지로 병사의 신체 능력을 보조하는 강화 외골격(엑소 스켈레톤) 보급함과 함께 무인 무기나 재래식 동력형 잠수함의 행동반경이 대폭 확대된다. 레이저나 입자 빔과 같은 고출력 지향성 에너지 무기가 실현돼 탄도미사일 방어 시스템이나 방공 시스템이 크게 변화된다.

극초음속기술

재료공학이나 제어기술 등의 진전으로 미사일이나 항공기의 비행 속도가 마하 5 이상인 극초음속 영역에 이른다. 이러한 초고속 무기는 기존 미사일 방어(MD) 시스템이나 방공 시스템에 대한 돌파 능력을 높여 항공모함 등의 고가치 목표(HVU)의 취약성이 증가할 수 있다.

정보통신기술(ICT)

군사조직이 운용하는 모든 장비품이 네트워크에 의해 접속돼 전장에서의 사물인터넷(BIoT)이 실현된다. 지휘통신통제(C3) 계통의 효율화가 한층 진전돼 군사조직은 전선에서의 병사 개개인으로부터 우주공간까지의 전(全) 전투 영역에서의 정보를 실시간으로 공유하면서 좀 더 소수의 병력으로도 큰 효과를 발휘하는 군사작전이 가능해진다. 그 효과는 전투 국면뿐만 아니라 병참과 위생 등 군사조직의 활동 전반에 미친다. 또 무차별적인 공격 대신 개별 목표물이나 표적이 되는 인물만 선별해 공격하는 능력이 일반화된다. 한편, 이러한 ICT에의 의존은 취약성이 되기도 하며, 사이버전이나 전자 스펙트럼 공격의 중요성이 증가한다.

신경공학(뉴로테크놀로지)

병사들의 뇌를 직접 접속해 의사소통을 하거나 인간의 사고를 반영해 움직이는 무기 등이 출현한다. 또한 뉴로테크놀로지는 적의 정신적·신체적 능력을 저하시키거나 포로 심문을 좀 더 효과적으로 실시할 수 있게 한다.

새로운 계산기술

계산 능력의 비약적인 확대에 따라 새로운 무기의 개발이 가능해진다. 사이버 보안 분야에서는 기존의 암호기술이 의미를 잃어 양자암호가 필수가 된다. 새로운 계산기술을 AI나 IT와 결합시키면 인공위성이나 무인비행기(UAV)가 수집한 방대한 정보를 데이터 마이닝함으로써 도시, 삼림, 지하라는 전자망이 통하지 않는 환경에서도 표적의 소재를 찾아낼 수 있게 된다.

우주기술

월등히 저렴한 우주 수송이 가능해짐으로써 지금까지 유례를 찾아볼 수 없는 대형 인공위성이나 다수의 위성 컨스텔레이션(constellation)을 궤도상에 배치할 수 있게 돼 우주를 이용한 정찰, 통신, 항법 능력이 비약적으로 확대된다. 레이저 요격 시스템이 우주 공간에 배치된다. 한편, 인공위성을 표적으로 하는 대(對)위성 공격(ASAT)이 활발해진다.

VR 및 AR

병사의 교육·훈련에 걸리는 기간이 대폭 단축되는 동시에 미지의 전투환경에도 미리 적응시키는 것이 가능해진다. 소수의 오퍼레이터가 다수의 무인 무기를 관제하고 무인 무기와 유인 무기의 시너지에 의한 새로운 전투 형태가 출현한다.

| 주요국의 게임 체인저 기술 대응 동향 |

미·중을 비롯한 주요국이 기술을 향후 '국력(power)의 원천'으로 인식하면서 기술은 이제 국제적인 권력정치와 무관할 수 없게 됐다. 특히 혁신적 기술은 민군(民軍) 이중 용도(dual-use)화와 맞물려 국제적인 세력 전이를 가속화하거나 패권 경쟁의 향배를 좌우하는 잠재력을 가지고 있다는 점에서 게임 체인저로서의 성격이 무엇보다 강하다고 할 수 있다. 따라서 미·중을 비롯한 주요국은 혁신 기술의 개발 경쟁과 함께 자국 기술의 보호를 위한 다양한 조치를 강화해 나가고 있다.

기술 개발 경쟁

미국

미국은 군사·산업·정보통신 분야에서 적극적으로 기술 개발을 추진 중이다. 우선 군사 면에서 미국의 기술 연구·개발 활동은 국방부가 중심이 되고 전통적인 방위산업과 달리 ICT 스타트업 등 신흥기업의 참여 등 신규 첨단기술의 국방 이용을 위한 새로운 체제를 구축해 나가고 있다. 그 일환으로 DII(Defense Innovation Initiative)[8]를

---

8) Defense Innovation Initiative (DII), Defense Innovation Marketplace. https://defensein-

통해 방위에서의 이노베이션을 추진하고 있다. 이것은 방위 이노베이션 유닛(Defense Innovation Unit: DIU)과 장기연구개발계획(Long-Range Research and Development Program Plan: LRDPP)으로 구성된다. 2015년부터 설립된 '실험적 방위 이노베이션 유닛(Defense Innovation Unit-Experimental: DIUx)'이 2018년 6월 '실험적(experimental)'이 빠지면서 정식 DIU가 됐다. 행정부가 바뀌어도 미국은 민간 기술의 중요성, 첨단성을 인식하고 적극적으로 군사기술을 도입하고 있다. 또한 중앙정보국(CIA)이 기술 개발을 위해 운용해 온 벤처투자회사(In-Q-Tel)에 국방부도 출자하고, 국방부 장관에게 국방 분야의 이노베이션 전략을 제언하는 국방혁신위원회(DIB)를 설치했으며, 각 군의 연구소나 국방고등연구계획국(DARPA)도 산관학(産官學) 제휴를 촉진하면서 민간 부문의 각종 첨단기술 개발 및 흡수를 추진 중이다. 특히 DARPA는 2019년 'POLYPLEXUS'(https://start.polyplexus.com/)라는 소셜미디어 플랫폼을 개설해 과학적 증거의 발견, 가설의 검증, 연구 제안 및 연구 스폰서의 발견을 촉진하고 있다. 새로운 과학기술에 대한 공유와 학습에 관심이 있는 연구자, 실무자, 나아가 퇴직자의 참가를 요청하고 있다.

산업 및 정보통신 분야에서 미국은 전통적으로 정부가 산업에 개입해 진흥하는 정책을 기피하는 경향이 강했으나 중국이 경쟁 상대로 등장함에 따라 정부의 연구개발에 대한 투자 증액 필요성이 제기됐다. 이에 따라 트럼프 행정부는 '미래산업(Industries of the Future) 구상'을 통해 AI · 첨단 제조 · 양자정보과학 · 5G라는 네 가지 첨단기술에 대한 연구개발 체제를 강화했다. 2020년 10월에는 '중요 · 신흥기술에 관한 국가전략(National Strategy for Critical and Emerging Technologies)'을 공표, 미국의 안보 우위를 지키기 위해 중요한 20대 중요 · 신흥기술(C&ET)을 선정하고, 이들 기술 부문에서 세계를 선도하고 이를 위해 동맹국과 협력해 기술 리스크를 관리해 나갈 것임을 밝히고 있다. 또한 미국의 과학기술 수준을 높여 중국의 기술굴기(技術崛起)에 대응한다는 취지에서 2021년 6월 상원에서 「혁신경쟁법(US Innovation and Competition Act)」이, 2022년 2월 하원에서 「미국경쟁법 2022(America COMPETES Act of 2022)」이 통과됐다. 이 법안들은 반도체 연구와 설계, 제조에 5년간 520억 달러(약

novationmarketplace.dtic.mil/innovation/dii/

62조 원) 지원 등 연구개발에 3,000억 달러(360조)를 투자하고, 공급망 차질 완화를 위해 6년간 450억 달러(약 54조 원)를 지원하는 내용을 담고 있다.

유럽

유럽은 2014년 'Horizon 2020'을 발표해, 연구 및 이노베이션을 조성하기 위한 기틀로 2014년부터 2020년까지 총액 약 800억 유로를 책정해 EU 회원국 단독으로는 어려운 연구 인프라 정비·고위험 공동연구·이노베이션을 통한 사회과제 해결 등을 지원해 왔다.

또한 장래 번영의 열쇠를 쥐고 있는 기술을 파괴적 기술(disruptive technology) 또는 신흥기술로 정의하고, 이러한 기술 개발을 추진하는 구조로서 프랑스와 독일을 중심으로 유럽판 DARPA 창설을 추진하려는 움직임이 활발해지고 있다. 프랑스와 독일이 주도하는 '유럽판 DARPA'는 군용(軍用)에 적용하기 위한 것이 아니라 민용(民用)에 이바지하는 R&D나 이노베이션에 초점을 둔 것이지만, EU는 굳이 '유럽판 DARPA' 자체를 지원하는 것은 아니라는 입장을 표명하고 있었다.

이러한 흐름 속에서 2018년 5월 프랑스와 독일은 공동으로 DARPA형 연구기관의 창설을 목적으로 한 '유럽공동 혁신 구상(Joint European Disruptive Initiative: JEDI)'[9]을 발표했다. JEDI는 유럽의 공적 기관을 통해 위험성이 수반되지만 개발의 속도가 요구되는 획기적인 기술을 연구개발해, 유럽을 미·중과 동등한 입장으로 회복시키려는 구상이다. JEDI는 공적 자금에 의해 지원되기 때문에 고객(프랑스, 독일 및 EU 시민)의 기대에 부응하는 중요한 사명을 완수하는 것이 요구된다. 현재 유럽 및 전 세계 29개국의 학계, 산업 및 딥테크 스타트업(deep tech startup)의 4,600개 이상의 기술 및 과학 리더들이 참여하고 있는 것으로 알려져 있다(https://www.jedi.foundation).

중국

중국은 2015년 「중국제조 2025」를 통해 '제조 강국'을 향해서 고도의 중간 소재·부품·제조 장치에 대해 2025년까지 70%를 국내에서 생산한다는 목표를 제시하고, 로

---

9) JEDI. https://jedi.group/

봇, 항공우주, 에너지 절약 자동차, 신재료, 바이오 등을 10대 중점 강화산업으로 설정하면서 신흥기술 개발 경쟁에 뛰어들었다. 현재 중국의 기술 수준은 엔진이나 반도체는 외국 기술에 의존하지만 빅데이터 해석·전자결제·무인기·차세대 통신기술·양자과학·뇌신경과학·극초음속 활공체 등 일부 분야에서는 앞서고 있는 것으로 보인다. 인공지능(AI)이나 로봇 분야는 기술 면에서는 미·일에 뒤지지만 생산이나 응용 면에서는 앞서 있다고 알려지고 있다. 이제 중국의 기술력 향상은 경제적 영향에만 그치지 않고 세계 안보를 변질시키는 요인이 되고 있다.

중국이 경이적인 속도로 기술력을 향상시킬 수 있었던 주요 요인으로는 첫째, 경제력·군사력 등 국력을 효율적으로 강화할 수 있는 첨단기술에 초점을 맞춘 집중적인 투자를 들 수 있다. 둘째, 민생용 자원과 군용 자원을 효율적으로 활용할 수 있는 체계로서의 '민군 융합'의 제도화를 들 수 있다. 중국의 '민군 융합' 전략은 민간기업과 국영 방산 기업들이 협력해 민간과 군사 분야에 모두 적용될 수 있는 기술을 개발하려는 것이다. 구체적으로는 서비스, 인재, 시설, 자본, 기술, 정책, 문화, 제도, 법과 규제 등의 요소를 총동원해 해양, 우주, 사이버스페이스(cyberspace)의 세 가지 영역에서 기초 인프라 공유, 민군 융합 산업단지 조성, 민군 공동 기술혁신, 군사 분야 전문 인력 양성, 군용물류 네트워크의 사회적 활용, 국가위기관리시스템과의 결합 등 6대 체계를 갖춤으로써 군사 분야와 민간 분야 간의 융합 시너지를 극대화하겠다는 것이다. 시진핑 중국 국가주석의 핵심 비전으로 2015년부터 추진돼 왔고, 2020년 5월 제13기 전국인민대표대회 3차 전체회의에 제출된 정부 보고서에 대한 지침서에 민군 융합 전략 강화 및 천인계획(千人計劃) 지속 추진의 내용이 담긴 것으로 보도되고 있다 (2020.6.20. SCMP).

중국은 미국 등의 견제에 맞서 스스로의 기술관리를 진행시킴으로써 경제 안전 보장을 확립하고, 기술패권을 잡으려는 태세로 옮겨가고 있는 것으로 보인다. 기술을 지킬 뿐만 아니라 그 기술을 사용해 다른 나라에 대해 공격적인 조치를 취할 수 있다는 점도 밝힘으로써 미·중 간 기술패권 경쟁이 도마에 올랐다고 볼 수 있을 것이다.

기술에 대한 보호 및 규제

'민군 융합' 전략 아래, 효율적이고 비대칭적으로 군사 능력을 높이고 있는 중국에 대한 위협 인식으로부터 미국을 중심으로 국가안보에 중요한 기반기술이나 신흥기술의 유출을 방지하기 위해 직접적인 금지 조치와 함께 대형 연구개발 투자 및 특정 기업에 대한 정부 조달 배제, 수출관리 강화 등을 실시하고 있다.

미국

미국은 2020년의 '중요·신흥기술 국가전략'을 통해 기술우위성을 확보하기 위해 경쟁국의 지적재산 절취를 방지하고, 적절한 수출관리와 동맹국·우방국의 투자심사 제도 수립을 위한 활동을 전개했다. 주요 인프라 및 데이터 보호와 관련해서는 「2019년도 국방수권법」에 따라 정부의 제품·서비스 조달에서 중국 대형 통신기업의 참여를 배제하고, 「국가긴급경제권한법(IEEPA)」에 근거한 대통령령에 따라 중·러 그 기업에 의한 정보통신기술·서비스가 미국 내의 중요 인프라에서 사용될 때 등에 상무장관 심사를 얻도록 하고 있다.

중요 기술의 유출 방지를 위해 2018년 「수출관리개혁법(ECRA)」과 「외국투자위험심사 현대화법(FIRRMA)」을 제정했다. ECRA는 군사 전용이 가능한 상용 품목의 수출 등을 규제하는 수출관리규칙(EAR)을 개정해, 경제안보상 중요한 기술로서 「신흥·기반 기술」을 특정하고 이들을 사용한 수출품목의 관리·규제를 강화하고 있다. EAR의 규제 중 하나인 엔티티 리스트(entity list: EL)에 중국의 대형 통신기업 등을 게재해 수입을 제한했다. FIRRMA에서는 외국 기업의 미국 내 사업 매수를 심사·감시하는 대미외국투자위원회(CFIUS)의 권한을 강화하고 있다.

이와 함께 법 집행기관을 통해 불법적인 기술 유출에 대한 단속을 강화하고 있다. 최근에는 기초연구 분야의 기밀(機密)기술 관리를 강화하면서 대학 등 교육기관을 중요 표적으로 삼고 있다. 연방수사국(FBI) 등에 의한 미국인 과학자 체포·기소가 빈발하면서, 중국의 미국 내 경제간첩 활동은 지난 10년간 13배 증가한 것으로 알려졌다. 2020년 1월 하버드대학 화학부장은 '천인계획'을 통해 우한(武漢) 이공대학에 연구소를 설립하면서 중국 정부로부터 거액의 금전을 받았으나, 미국 정부에 허위 신고해 구속 기소된 바 있고, 2020년 8월에는 중국과의 관계를 숨기고 미 항공우주국(NASA) 연구를 실시하며 중국 '천인계획'에도 참여한 혐의로 텍사스 A&M대 교수가 구속되기도 했다.

중국

이에 대해 중국은 2020년 12월 수출관리법을 시행해 규제품 리스트의 정비나 특정 품목의 수출을 금지하는 주체를 정하는 리스트의 도입, 간주 수출, 재수출 규제 도입, 역외 적용의 원칙, 보복 조치를 기재하고 있다. 중국의 공업정보화부는 수출 관리 법규의 준수, 트레이서빌리티 시스템(traceability system) 구축 등을 정한 'rare earth 관리 조례'안을 공표하고 있다.

또한 수출 금지 및 제한 기술 목록을 개정해, 대외무역법에 근거하는 '수출 금지·제한 기술 리스트'에 AI·암호 팁 설계·양자암호 등을 추가하고 있다. 미국 기업에 매각이 검토되던 틱톡(TikTok)의 핵심 기술(AI)도 이에 해당된다. 이와 함께 미국의 EL에 맞서 중국판 엔티티 리스트(entity list)라고 할 수 있는 '신뢰할 수 없는 주체 리스트 규정'을 시행해 중국에서의 무역·투자 등을 금지·제한하고 있지만, 규제 내용이 불명확하고 자의적인 운용의 가능성도 있는 것으로 알려지고 있다.

이 밖에 2021년에는 타국 법령 등의 역외 적용 준수 금지 권한을 상무부에 부여하는 규칙(「외국 법률·조치의 부당한 역외 적용을 저지하는 변법」), 「국가안전법」(2015년 개정)에 따라 국가 안전에 영향을 주는 투자 등에 대한 사전 심사를 규정한 「외상투자 안전 심사 판법」과 외국의 제재 조치에 대해 중국 내 동산 및 부동산 압류 등을 포함한 보복 조치를 할 수 있도록 하는 「반(反)외국제재법」을 공포·시행하는 등 미국 등의 제재에 대한 보복 조치 수단도 강화하고 있다.

유럽

프랑스 국방부는 2021년 「전략리뷰 2021(Strategic Update 2021)」에서 중국과 러시아가 파워 폴리틱스(power politics: 권력정치)를 전개하며 '하이브리드 전략'을 채용하고 있는 반면 프랑스의 생산·밸류 체인은 중국에 의존하는 리스크가 있다고 지적하고 있다. 중요 인프라와 데이터 보호를 위해 2015년에 '국가디지털 보안전략'을 공표하고, 2018년에는 사이버 공간의 신뢰성과 안전성을 요구하는 '파리 콜(Paris Call)'을 발표해 전 세계의 지지를 호소하고 있다. 2021년 2월에는 병원이 사이버 공격을 받은 것을 근거로 인적 자원의 확충 등 보안대책 강화를 추진하고 있다. 핵심기술 유출 방지 대책으로는 국가방위 이익을 침해하는 분야에 대한 투자에는 경제·재무부의 사전

인가를 의무화했다. 2019년 12월 이후 대상 업종 추가·허가가 필요한 외국 투자 비율 인하 등의 규제를 강화함으로써 바이오테크놀로지, 통신 네트워크, 식품 등 전략 섹터에서의 혁신적 기술의 보호를 목표로 하고 있다. 또한 특허 출원 시 모든 출원을 국방부의 사전 기술심사를 받도록 했으며, 안보·방위에 관한 것은 비공개로 하고 있다.

독일도 주요 인프라와 데이터 보호를 위해 IT 보안 관련법을 개정함으로써 주요 인프라에 안보상 문제가 있는 주체의 영향력이 미치지 않도록 감시·규제를 강화했다. 중요 기술의 유출 방지를 위해 외국 기업에 의한 대내 투자에 관한 심사·감시를 강화하고 있으나 미국만큼 명확하게 중국 기업을 배제하는 움직임은 보이지 않고 있다.

| 미래 국가전략 |

신흥기술의 발전 속도가 산업 경쟁력뿐만 아니라 외교안보도 좌우하는 중요한 요인이 되고 있다. 기술의 발전을 위해서는 미·중이나 유럽 등과 국제 제휴·협조와 함께 분야에 따라서는 타국과의 경쟁에서 이기는 것을 목적으로 하는 2-트랙적인 정책의 방향성을 생각할 필요가 있다. 기술의 경쟁력을 향상시키기 위해서는 국제적인 최첨단기술에 접속하기 위한 국제 제휴·협력과 자국의 첨단기술의 국외 유출 방지 간의 균형을 어떻게 취해 갈지가 핵심이 될 것으로 생각된다.

기술의 특성에 대해서도 고려할 필요가 있다. 안보상 문제가 될 수 있는 기술의 대부분이 다양한 분야에 적용 가능한 범용 기술(general purpose technology)이며, 이중용도 기술(dual use technology)이다. 이 때문에 신흥기술과 이것에 수반하는 이노베이션이 가져오는 복합적인 위협에 대해서는 경제 안전 보장뿐만 아니라 전반적인 안전보장의 관점에서도 폭넓게 예측·대처하는 것이 요구된다.

또한 첨단기술은 항상 진전하는 것이기 때문에 상대적인 경쟁력이나 기술의 특성은 변화한다는 점도 고려해야 한다. 따라서 기술 분야별 대책도 항상 정보를 업데이트하면서 유연하게 실시하는 것이 필요하다.

각국의 수출·투자 등의 제한 조치, 강제기술 이전 등 우리에게 심대한 영향을 미치는 조치에 대해서는 국제기관이나 다자외교를 통해 대응해 나갈 필요가 있다. 외교에서 첨단기술 이슈의 중요성이 높아지는 가운데 외국의 정책 등에 대한 모니터링 강화, 과학기술 외교를 강화해 나가기 위해 외교부를 비롯한 관계 부처의 협력 및 연계의 내실화가 필요하다. 특히 쿼드(Quad) 정상회담에서의 첨단기술 협력 합의에서 볼 수 있듯이 정상외교 차원의 과제가 되고 있으므로 외교부 차원에서의 기술 외교에 관한 체제 강화가 요구된다.

게임 체인저로 될 수 있는 중요한 기술은 지속적으로 변화하고 있다. 따라서 일상의 수출관리와 기술·데이터 유출 방지의 실시와 함께 신흥기술 및 기존 기술을 조합한 새로운 비연속적인 이노베이션과 게임 체인저의 잠재적 위협에 대비하기 위해 좀 더 영역 횡단적이고 융합적인 분석·검토 체제의 확립이 요망된다. 이들 위협 및 리스크를 예견하고 대처하는 기반으로서 영역 횡단적인 기술에 대한 정보(intelligence)를 향상·강화하는 것도 필요하다. 분야별 종적 관계로서 기술의 시계열적인 발전을 예측하는 기존의 예측에 그치지 않고, 미래 통찰을 추진하는 것이 요구된다. 이것에는 중장기적인 정책과 기업 전략을 담당하는 정부 및 민간기업 등의 이해관계자가 참가해 집단지성을 형성하고 전략의 입안을 실천하는 활동도 포함된다. 영역 횡단적인 전문가 간 네트워크를 강화하고 공격적인 전략 입안에 대해 선택 사항을 제시하기 위해 싱크탱크 기능을 내실화할 필요가 있다. 경제 안보와 같은 좀 더 넓은 관점에 입각한 시스템의 적절성에 대한 검토가 필요하다.

에너지와 미래 국가전략*

임은정

| 들어가며 |

2022년은 에너지 분야가 본격적으로 복합 대전환의 시대에 돌입한 해로 기억될 것이다. 에너지 분야의 복합 대전환은 이하 세 가지 요인에 의해 가속화하고 있다.

첫째, 미국과 중국 간의 기술패권(technological hegemony)을 둘러싼 경쟁이다. 미·중 간에는 인공지능(AI), 자율주행, 양자컴퓨터, 우주항공 등 미래 첨단기술을 둘러싼 건곤일척의 경쟁이 진행 중이다. 에너지 분야 역시 기후 변화 대응을 위해 다양한 저탄소 기술이 개발되고 보급돼야 하느니 만큼, 이른바 '녹색기술(green technology)'을

---

* 이 장은 이하 두 논문의 내용을 편집해 이 장의 목적에 맞게 작성한 것임을 밝혀 둔다. 임은정, "우크라이나 전쟁과 인도·태평양 지역의 에너지 안보," 우크라이나 전쟁 1년 2023 한국국제정치학회 특별학술회의 발표 논문(2023.02.23.); 임은정, "미·중·러 삼극체제와 인도·태평양 지역의 에너지 안보: 천연가스와 원자력을 중심으로," 『동서연구』, 35권 1호(2023).

둘러싼 미·중 경쟁[1]은 에너지 분야의 복합 대전환을 촉진하는 구조적 요인 중 하나로 작동하고 있다.

둘째, 2022년 2월 24일 러시아가 우크라이나를 침공하고 전쟁이 장기화함에 따라 천연가스를 필두로 화석연료의 공급과 가격이 불안정해졌다는 점이다. 전쟁으로 인한 러시아와 서방 간의 갈등은 러시아의 에너지 무기화와 서방의 러시아산 에너지 금수조치라는 맞불 대결로 이어졌고, 가스는 물론 다른 화석연료의 가격 상승마저 크게 출렁였다. 화석연료 가격의 불안정성은 중장기적으로는 화석연료 사용을 줄이고 저탄소 에너지원으로 좀 더 빨리 이동하게 하는 동기가 될 수는 있지만, 단기적으로는 코로나19 팬데믹 기간 동안 확대된 유동성에 기름을 붓는 결과를 낳고 말았다. 낮아진 화폐가치에 올라간 에너지 가격으로 많은 나라의 경제가 인플레이션으로 인해 고통받았으며, 인플레이션을 잡기 위해 미국이 대폭 금리 인상, 이른바 자이언트 스텝(giant step)을 연속적으로 단행하면서 미국 외 많은 나라는 고금리에 고환율 상황까지 겹쳐 경기침체의 늪 속에 빠져들 위험에 처하기도 했다. 기후 변화 대응을 위해 녹색기술을 개발하고 그 이용을 확산하기 위해서는 막대한 사회적인 투자가 이뤄져야 하는데, 경기침체 상황이 오래가게 되면 결국 관련 투자가 위축될 우려도 있다.

셋째, 러시아가 스스로 쏘아올린 화살에 의해 화석연료 시장에서의 입지가 타격을 받으면서 미국이 세계 최대의 가스 수출국으로 등극했고,[2] 다른 자원부국들도 자원민족주의적 행보를 보이며 각자도생의 길을 걷고 있어 에너지 및 자원 시장이 다극화하고 혼란이 더해지고 있다는 점이다. 예컨대 사우디아라비아와 같은 주요 산유국이 미국과의 전통적인 우호 관계에서 한 발 물러나 러시아나 중국과 적극적으로 협력을 도모하는 것은 에너지 시장은 물론 세계 금융시장의 판도마저 흔드는 충격 요인이 될 수

---

[1] 녹색기술을 둘러싼 미·중 경쟁에 관해서는 이하 논문 참조. Eunjung Lim, "Green Technology Competition in the Era of Economic Security: Implications of Global Supply Chain Restructuring for Korea," in Eunjung Lim, Jeong Won Kim, & Heejin Han, *Environmental Sustainability in Asia: Analysis of Carbon Reduction Plans in Southeast Asian NDCs*(Sejong: Korea Environment Institute, December 2022).

[2] 『조선비즈』, "미국, LNG 수출 세계 1위 등극…올해 유럽 수출 160% 급증"(2022.10.17.), https://biz.chosun.com/international/international_economy/2022/10/17/V4FQ62LBYVCENOKZVMTPPUC6ZM/, 검색일: 2022.12.18.

있다. 중국으로 수출되는 석유나 가스의 대금을 관례를 깨고 미국의 달러가 아닌 중국의 위안화로 결제할 수 있도록 하는 움직임마저 일고 있어, 이른바 '페트로 달러(petro dollar)'의 시대가 막을 내릴 것이란 전망마저 나오고 있는 실정이다.[3]

요컨대 미국과 중국, 그리고 러시아를 축으로 에너지를 매개로 하는 세력 재편이 가속화하면서 녹색기술과 금융, 지정학적 전략 등, 다양한 어젠다(agenda)와 접목돼 넥서스(nexus)가 만들어짐에 따라 불확실성이 커져 가고 있는 것이 현재 에너지 분야의 전반적인 상황이라 정리할 수 있겠다. 이 장에서는 이렇게 복합 대전환이 진행 중인 불확실성의 시대에 에너지 분야에서 게임 체인저가 될 수 있는 조건이 무엇인지를 가늠해 보고, 미래 시나리오를 전망해 보려 한다. 또한 이런 변화의 국면에서 한국이 취해야 할 대응과 미래 국가전략에 대해서도 제안하려 한다.

| 에너지 분야 게임 체인저의 조건 |

에너지 분야에서 게임 체인저의 조건을 논하기에 앞서 두 가지 짚고 넘어가야 할 개념이 있다. 우선 에너지 전환이라는 개념부터 살펴보자. 에너지는 인류가 문명 생활을 유지하는 데 가장 근간이 되는 것으로, 에너지의 발전이 곧 경제사의 발전이었다고 해도 과언이 아닐 것이다. 산업혁명을 그 단계별로 구분할 때에도 에너지원(源)과 생산 방식의 변화를 기준으로 삼게 되곤 한다. 즉, 1차 산업혁명은 증기기관과 기계화, 2차 산업혁명은 전력의 사용과 자동화, 3차 산업혁명은 재생에너지의 등장과 인터넷의 보급이 각각의 산업혁명 단계에서 핵심적인 변화였다고 할 수 있다.[4]

이제 초연결 사회로 나아가는 4차 산업혁명이 진행 중인 가운데, 기후 변화 대응을 위해 "글로벌 에너지 분야를 이번 세기의 중반까지 화석연료 중심에서 탄소 배출이 없게 변화"시키는 '에너지 전환(energy transition)'이 경제 패러다임의 전환을 이루

---

3) 홍익희, "시진핑 사우디 방문… '페트로 달러' 붕괴 서막?" 『주간조선』(2022.12.17.), https://weekly.chosun.com/news/articleView.html?idxno=23558, 검색일: 2022.12.17.

4) 임은정, "일본 전력산업의 현황과 변화 방향에 대한 비판적 고찰: 4차 산업혁명과의 적합성 관점에서," 『입법과 정책』, 13(1): 368(2021.04.30.).

는 데 중차대한 과제로 여겨지고 있다. 이를 위해 국제재생에너지기구(International Renewable Energy Agency)의 「세계 에너지 전환 전망」은 파리협정의 목표에 따라 산업혁명 이전 대비 지구 온도의 상승을 1.5℃ 수준으로 억제하기 위해서 2050년까지 36.9기가 톤의 탄소 배출을 삭감한다고 할 때, 25%는 재생에너지로, 25%는 에너지 효율로, 20%는 전기화로, 10%는 수소에너지로, 나머지 20%는 탄소 제거나 탄소포집 기술(CCUS)로 달성할 것을 제안하고 있다.5) 요컨대 현대 문명을 향유하면서도 탄소 배출을 줄이기 위해서는 그에 합당한 기술을 획득해 보급할 수 있느냐가 과거이 되는 것이다.

   그러나 에너지 전환이 진행된다고 해도 현재 우리가 사용하고 있는 화석연료로부터 하루아침에 자유로워질 수 있는 것은 아니다. 그중에서도 석유의 쓰임새는 매우 다양하기에 단기간 내에 전격적으로 대체하기란 쉽지 않다. 석유는 자동차는 물론 비행기나 선박과 같은 운송 수단의 동력을 만들어 내는 연료로 쓰일 뿐 아니라, 제철소나 화력발전소, 시멘트 공장 등에서 열에너지를 발생시키기 위한 연료로 사용되기도 하고, 농산물 재배 시 필수적으로 사용되는 비료와 같은 물품이나 각종 합성재료를 만들기 위한 원료로 사용되기도 한다.6) 에너지 전환 과정에서 석유가 연료로 쓰이는 부분은 다른 에너지원으로 대체할 수도 있겠지만, 원료로 사용되는 부분까지 탈석유를 달성하기란 결코 쉽지 않은 일이다. 따라서 기술의 발전에 의해 에너지 전환이 진행된다 해도 석유만큼은 우리의 경제 활동 영역에서 쉽사리 사라지지 않을 수 있다.

   더욱 문제가 되는 것은 석유의 공급이 불과 몇 개 나라의 손에 맡겨져 있다는 것이다. 2022년 현재 전 세계 석유 매장량 중 가장 많은 17.5%를 보유하고 있는 나라는 베네수엘라이며, 거의 비슷한 수준의 17.3%는 2위인 사우디아라비아가 보유하고 있다. 이어서 캐나다, 이란, 이라크, 러시아, 쿠웨이트, 아랍에미리트, 미국, 리비아가 각각 3위부터 10위를 차지하고 있다.7) 5대 석유 생산국인 사우디아라비아, 쿠웨이

---

5) International Renewable Energy Agency, "Energy Transition Outlook," https://www.irena.org/Energy-Transition/Outlook, 검색일: 2022.12.17.

6) 한국석유공사, "석유의 다양한 용도," https://www.knoc.co.kr/sub11/sub11_7_1_9.jsp, 검색일: 2022.12.17.

7) World Population Review, "Oil Reserve by Country 2022," https://worldpopulationreview.com/

트, 이란, 이라크, 베네수엘라에 더해 리비아, 아랍에미리트, 알제리, 나이지리아, 가봉, 앙골라, 적도 기니, 콩고공화국으로 구성된 석유수출국기구(Organization of the Petroleum Exporting Countries: OPEC)는 석유 생산국들의 연합체로서 공급 및 가격 결정에 절대적인 영향을 미친다. 게다가 최근에는 러시아나 카자흐스탄 등이 더해진 OPEC 플러스에 의한 협의가 점점 더 중요해지고 있다.

2022년 11월 말에는 석유 부문의 세력 재편을 단적으로 보여 주는 사건도 있었다. 미국 정부는 그 동안 베네수엘라 정권에 대한 제재를 목적으로 미국의 대표적 정유사 중 하나인 셰브론(Chevron)의 베네수엘라 원유 생산을 금지해 왔었는데, 이 빗장을 풀고 셰브론의 생산 재개를 허가하는 결정을 내린 것이다.[8] 이 결정을 계기로 미국과 베네수엘라 관계가 개선되고 석유 증산에도 긍정적인 효과가 있을 것이라는 분석[9]도 제기되고 있다.

이렇듯 석유의 공급이 전 세계에서도 불과 몇 개의 거대 산유국에 의해 좌지우지될 수밖에 없기 때문에 우리가 짚고 넘어가야 하는 두 번째 개념인 에너지 안보의 중요성이 반복적으로 주목받게 된다. 1970년대 1·2차 석유 위기를 겪으면서 다수의 국가에 '에너지 안보(energy security)'란 결국 수입 석유를 적정 가격에 얼마나 안정적으로 확보해 공급하느냐에 관한 것이었다고 해도 과언이 아니었다. 그런데 에너지와 관련된 기술이 다양하게 진화하고 관련 부품들의 공급망 역시 글로벌화하면서, 아울러 기후 변화와 같은 환경 문제에 대응할 필요성이 높아지면서 에너지 안보의 개념은 크게 확장될 수밖에 없었다.[10] 그 범위가 확장됐기는 하지만 석유를 적정 가격으로 안정적으로 공급한다는 에너지 안보의 전통적인 의미는 에너지 전환이 진행 중인 상황에서도 여전히 유효하며 국가전략을 수립하는 데 계속해서 매우 중요한 요소일 수밖에 없는

---

country-rankings/oil-reserves-by-country, 검색일: 2022.12.17.

8) 『한국일보』, "미국, 셰브론의 베네수엘라 원유 생산 허용…민주화 지원? 유가 대책?"(2022.11.28.), https://www.hankookilbo.com/News/Read/A2022112711550002093?did=GO, 검색일: 2022.12.21.

9) Bloomberg, "The US's New Approach to Venezuela Is Starting to Bear Fruit"(2022.12.08.), https://www.bloomberg.com/news/articles/2022-12-08/venezuela-us-relations-shift-could-aid-oil-production?leadSource=uverify%20wall, 검색일: 2022.12.21.

10) Frank von Hippel et al., "Energy security and sustainability in Northeast Asia," *Energy Policy*, 39(11): 6723. (November 2011).

것이다. 특히 한국과 같이 부존자원이 전무하다시피 해서 연료 및 원자재의 조달을 오롯이 수입에 의존할 수밖에 없는 국가 입장에서는 수입 물가에 결정적인 영향력을 미치기도 하는 석유를 현재 및 미래 수요에 맞게 안정적으로 공급하는 것이 앞으로도 당분간 에너지 안보의 가장 중요한 요소 중 하나로 남을 것임을 부정할 수 없다.

위의 상황을 종합해 볼 때 석유를 자국 내 생산으로 스스로의 수요를 충족시킬 수 있을 만큼 조달 가능하고, 나아가 타국에의 수출도 가능할 정도의 능력을 가진 나라라면 에너지 분야에서의 게임 체인저가 될 수 있을 것이다. 그러나 그것이 아니라면 수입되는 석유를 대체할 수 있으면서도 이와 동시에 에너지 전환이라는 경제 패러다임의 변화에도 부합할 수 있는 기술들을 확보하는 것이 더욱 중요해진다.

석유의 쓰임새가 매우 다양하기 때문에 그러한 기술과 재료에 어떤 것들이 포함되는지 이 글에서 일일이 다 언급할 수는 없지만, 연료로서의 석유의 기능을 대신할 수 있는 에너지원에만 초점을 두고 본다면 중단기적으로는 천연가스와 원자력이, 중장기적으로는 재생에너지는 물론 수소와 핵융합 같은 신에너지 기술들이 석유로부터의 탈출을 가능하게 할 것이다.

그러나 여기서 다시 문제가 되는 것은 석유를 대체할 만한 기술이 개발된다 해도 이러한 기술들 역시 지리적인 조건에서 완벽하게 자유로울 수 없다는 것이다. 바로 이 지점에서 '지경학(地經學, geoeconomics)'이 중요해진다. 지경학은 "국가 이익을 촉진하고, 유리한 지정학적 결과를 생산하기 위한 경제적 수단의 이용에 관한 것"으로, "달리 말해, 지경학은 국가의 안보를 강화하기 위해 경제적 수단을 이용하거나 또는 국가의 경제적 목표를 달성하는 데에 지정학을 수단으로 활용하는 것"이라고 이해할 수 있다.[11]

에너지를 둘러싼 지경학은 국제 정치경제의 구조적인, 그리고 시대적인 변화와 분리해서 생각할 수 없는데, 원자력과 신재생에너지와 같은 기술 중심의 저탄소 에너지원조차 저마다의 지경학적 구조를 갖고 있다. 예컨대 원자력의 경우 연료가 되는 우라늄과 핵연료의 공급, 원자로의 설계 및 제조, 사용후핵연료의 활용이나 처분에 관한

---

11) 강선주, "지경학(Geoeconomics)으로서의 미국의 인도-태평양 구상," 『외교안보연구소 주요 국제문제분석』 (2018.04.26.). https://www.ifans.go.kr/knda/ifans/kor/pblct/PblctView.do?pblctDtaSn=13184&clCode=P01&menuCl=P01, 검색일: 2022.12.18.

후행핵연료주기와 관련해서도 저마다 다른 지경학이 작동한다. 우선 연료의 재료가 되는 천연우라늄의 생산은 2021년 기준으로 카자흐스탄이 압도적인 1위를 차지하고 있으며, 나미비아, 캐나다, 호주 등이 그 뒤를 잇고 있다.[12] 한편 원자로에서 연소되는 핵연료는 우라늄을 낮은 수준에서 농축해 사용되는데, 이런 저농축 공정과 핵연료 공급은 단 몇 개 회사의 손에 맡겨져 있다. 2020년 기준으로 가장 큰 농축 능력을 보유한 회사는 러시아의 로사톰(Rosatom)이며, 독일, 네덜란드, 미국, 영국에 농축공장을 두고 있는 우렌코(Urenco), 프랑스의 오라노(Orano), 중국의 CNNC(China National Nuclear Corporation: 중국핵공업집단공사)가 그 뒤를 따르고 있다.[13] 결국 원자로를 자체적인 기술로 설계하고 제작할 수 있게 된 나라라 해도 연료인 (농축)우라늄 공급의 지경학에서 완전히 자유로울 수는 없단 얘기가 된다.

신재생에너지도 복잡한 글로벌 공급망에 의존하고 있으니 만큼, 그 지경학적 계산 역시 복잡할 수밖에 없다. 예를 들어 태양광 패널의 경우 중국의 시장 점유율은 지배적이며, 패널 제조 공정의 단계마다 중국의 존재감은 타의 추종을 불허하는 수준이다. 그나마 중국의 점유율이 낮은 편에 속하는 공정이었던 폴리실리콘 생산 용량은 2022년에 총 7만 톤 증설됐는데, 이것이 모두 중국에 의한 것이었다. 2022년 9월 기준으로 세계 폴리실리콘 생산 용량에서 중국이 차지하는 비중은 무려 78%로, 2024년에는 80%를 넘어설 것이라는 전망도 제기되고 있다.[14] 풍력의 경우에도 핵심 기술인 터빈 생산 분야에서 아직은 유럽의 기업들이 우세하지만, 중국이 빠르게 그 격차를 좁히고 있으며, 전기차 등에 탑재되는 배터리의 경우에도 중국을 배제하기 힘든 상황이 됐다.[15]

요컨대 한국과 같이 비석유 생산국이 에너지 분야에서 게임 체인저가 되려면 탈석

---

12) World Nuclear Association, "World Uranium Mining Production (Updated July 2022)," https://world-nuclear.org/information-library/nuclear-fuel-cycle/mining-of-uranium/world-uranium-mining-production.aspx, 검색일: 2022.12.19.

13) World Nuclear Association, "Uranium Enrichment (Updated October 2022)," https://world-nuclear.org/information-library/nuclear-fuel-cycle/conversion-enrichment-and-fabrication/uranium-enrichment.aspx, 검색일: 2022.12.19.

14) 『디지털타임스』, "폴리실리콘마저… 中 태양광 굴기에 위협받는 韓"(2022.09.19.), http://www.dt.co.kr/contents.html?article_no=2022092002100932049001, 검색일: 2022.12.18.

15) Lim, Eunjung(2022), pp. 11-15.

유를 가능하게 하는 독보적인 에너지 전환 기술을 보유하고 있거나, 그러한 기술을 구현하는 글로벌 공급망에서 타국에 영향력을 미칠 수 있을 정도로, 혹은 타국의 영향력에 위협받지 않을 정도로 지경학적인 우위를 점하고 있어야 한다고 정리할 수 있겠다.

| 미래 시나리오 전개 |

이상에서 살펴본 바와 같이 에너지 분야에서 게임 체인저가 될 수 있는 조건은 석유를 자국 내 생산으로 스스로의 수요를 충족시킬 수 있을 만큼 조달 가능하고 나아가 타국에 수출을 통해 일정 정도 영향력을 행사할 정도의 능력을 가졌거나, 그렇지 못하다면 수입되는 석유를 대체할 수 있으면서도 이와 동시에 에너지 전환이라는 경제 패러다임의 변화에 부합하는 기술을 보유해 공급망의 지경학에서 얼마나 중요한 위치에 있는지에 달린 것이라고 볼 수 있다. 따라서 여기에서는 핵심이 되는 석유와 에너지 전환 기술을 중심으로 미래 시나리오를 전망하고자 한다. 바꿔 말해 석유를 중심으로 하는 화석연료의 패권이 어떻게 분할될 것이냐, 그리고 녹색기술의 공급망을 누가 얼마나 더 장악할 수 있느냐 이 두 가지가 미래를 예측하는 데 핵심 변수가 된다고 볼 수 있다.

이 두 가지를 변수로 상정하고 다음 세 가지와 같은 시나리오를 상정해 볼 수 있겠다. 첫 번째 시나리오는 '신대륙주의(new continentalism)'[16]의 심화다. 요컨대 유라시아 대륙에 위치하는 러시아, 중앙아시아, 중동의 화석연료 공급국들과 중국과 인도로 대표되는 아시아의 거대 수요국들이 에너지를 매개로 결속하게 되는 시나리오다. 이렇게 유라시아 대륙 국가들 사이에 연결성(connectivity)이 강화돼 '초대륙(super continent)'[17]이 형성되면 이에 균형을 맞추는 또 다른 세력권이 존재할 것이냐라는 문제가 중요해질 뿐만 아니라 여러 정치적·경제적·기술적 변화를 가져올 수 있다. 바꿔 말해, 미국 혹은 미국과 입장이 유사한 대서양과 태평양을 주 활동무대로 하는 유럽과 아시아의

---

16) Kent E. Calder, *The New Continentalism: Energy and Twenty-First-Century Eurasian Geopolitics*(New Haven: Yale University Press, 2021).

17) Kent E. Calder, *Super Continent: The Logic of Eurasian Integration*(Stanford: Stanford University Press, 2019).

자유주의 국가들이 스스로의 수요를 온전히 충당할 수 있을지가 관건이 되는 것이다. 이른바 자유주의 진영의 해양 세력이 에너지 수요를 자체적인 망(網) 내에서 충분히 조달할 수 없다면 풍부한 자원과 연결성을 매개로 하는 유라시아 대륙 국가들의 망에 균형을 맞추지 못하고 열세에 놓이거나 끌려가는 구도가 형성될 수 있다.

유라시아 대륙의 일부이면서도 실질적으로 섬처럼 존재하는 한국에 이렇게 분절적이면서 대륙 세력이 우위에 놓이는 구도는 결코 긍정적인 미래상일 수 없다. 대륙 세력과 해양 세력의 반목과 갈등으로 인해 에너지 안보에 도전적이거나 심지어 위협적인 상황이 반복적으로 야기될 수 있기 때문이다. 아울러 북한과의 분단 상황으로 대륙으로부터의 연결성이 결여된 한국 입장에서는 에너지로 인해 초대륙과의 분절 상태가 공고히 되는 상황을 어떻게 극복할 것인가가 중대한 도전으로 떠오를 수 있다.

두 번째 시나리오는 미국이 에너지 전환 분야의 기술패권을 장악하고 이 분야에서 중국이 미국보다 열세에 놓이게 되는 경우다. 미국에서 2022년 8월 16일 발효된 「인플레이션 감축법(Inflation Reduction Act)」이나 반도체 산업 지원용인 「반도체과학법(Chips and Science Act)」 등이 성과를 거두고 미국이 중국의 기술패권을 향한 도전을 저지하는 데 성공해 중국은 후발 주자 내지 하청 국가 수준에 머무르게 되는 시나리오다. 이 시나리오가 실현 가능하려면 현재 미국이 추진하는 리쇼어링(reshoring)과 프렌드쇼어링(friendshoring) 전략이 얼마나 빠르고 효과적으로 진행될 수 있을지가 관건인데, 그 속도와 유효성을 결정하는 데에는 주요 원자재로 사용되는 핵심 광물(critical minerals)의 공급이 결정적인 변수 중 하나다. 현재 중국에서 충당하고 있던 주요 물자들의 공급이 노동 인권이나 환경 파괴 문제를 극복하고 빠른 속도로 미국 혹은 미국을 위시로 하는 자유주의 국가들의 공급망으로 재편되지 못한다면 이 시나리오는 미완성에서 끝날 수 있다.

그럼에도 불구하고 미국의 중국 견제가 계속되는 상황에서는 한국 기업의 대중국 투자나 중국으로부터의 원자재 수입에 대한 리스크는 커질 수밖에 없다. 이에 더해 미국이 자국 내 생산력을 강화하는 것에 계속 집중한다면, 한국으로서는 미국과의 연대와 공조를 공고히 해야 하면서도 국내 생산기지들이 미국으로 과도하게 이전하면서 국내 산업 공동화로 이어질 가능성에 대해서도 경계해야 하는 상황을 마주할 수도 있다. 따라서 국내에서도 국내에 생산기지를 유지하는 기업들에 대한 인센티브를 제공하는 방안 내지 기업들의 사회적 비용을 낮추는 데 정책적 지원을 보탤 필요가 있을 것이다. 이런 맥락에서 사회적 연대의식을 고조시키는 것도 매우 필요한 작업이 되겠다. 아울러 중국으로부터의 수입과 중국으로의 수출을 대체할 만한 파트너 국가들을 발굴하고 그들과의 협력을 강화하는 것 역시 중요하다.

마지막으로 러시아, 중앙아시아, 중동국가들로 이뤄진 화석연료 공급국들 중심의 대륙축과, 미국이나 미국을 중심으로 하는 해양축, 그리고 중국을 중심으로 하는 또 다른 축이 공존하며 서로의 정치적 입지를 경쟁적으로 제한하는 다극 체제(multipolarity) 시나리오를 상정해 볼 수 있다. 요컨대 미국과 중국, 러시아가 에너지 분야의 패권을 부분적으로 공유하는 상황이다. 이 시나리오의 경우, 한국이 지나치게 미국 편향적 노선을 취했을 상황에 대한 중국과 러시아 측으로부터의 반작용을 감당해야 하는 리스크가 존재한다. 한국의 경우 화석연료는 어차피 거의 전량을 수입에 의존할 수밖에 없기 때문에 결국 화석연료 사용을 극적으로 줄이는 것이 에너지 안보 차원에서도 매우 중요하다.[18] 아울러 주요 에너지 공급원 사이에 적절한 균형을 유지하는 것은 물론 호르무즈해협에서 말라카해협, 동중국해, 남중국해로 이어지는 해상 수송로의 안전은 에너지 안보에 직결되는 사안이니 만큼, 해양 수송로의 안전 확보와 유사 사태에 대해서도 미국과의 군사 동맹을 기반으로 철저하게 대비할 필요가 있다. 에너지 전환 기술과 관련해서도 공급망의 분절 상황을 상정해 자국의 기술이 공급망 내에서 확고한 입지를 확보하고 협상력을 극대화할 수 있을 정도가 되는 것을 목표로 해야 할 것이다.

| 한국의 대응 방안 |

위와 같이 미래 시나리오를 상정해 봤을 때, 한국에 필요한 정책적 접근은 크게 다음 네 가지로 집약해 볼 수 있다.

---

18) 임은정, "[EE칼럼] 에너지안보 위해 화석연료 사용 줄여야," 『에너지경제신문』(2022.01.12.), https://m.ekn.kr/view.php?key=20220111010001649, 검색일: 2022.12.19.

첫째, 대체 불가한 수준의 에너지 전환 기술력의 확보와 관련 인재 확보다. 미래 상황에서 자원과 에너지원을 무기로 하는 상대국이 한국의 경제 안보를 위협하는 수단을 발동할 경우를 상정한다면, 한국의 기술력이 그에 상응하는 수단으로 작동할 수 있을 정도여야 방어가 가능해진다. 따라서 한국은 핵심 기술 분야의 개발에 총력을 기울임은 물론 충분한 인력을 공급할 수 있도록 인재 육성을 계속함으로써 국가적 차원의 노력을 기울일 필요가 있다.

둘째, 한국은 자국이 통제 가능한 에너지원의 확대와 기술 발전에 지속적으로 투자해야 한다. 수입에 의존해야만 하는 에너지원은 최소한으로 줄이고, 에너지 사용의 효율성을 극대화하면서도 독립적인 에너지원, 구체적으로는 원자력과 신재생에너지를 함께 확대할 수 있도록 다각도로 노력해야 한다. 관련 분야의 지속적인 기술 발전을 위해 장기 투자도 독려해야 하는 것은 물론이거니와 국내 에너지 시장의 불합리한 구조를 재정비하고, 우방국가 내지 유사 입장 국가와의 기술 공조와 원자재 확보를 위한 협력도 병행해야 할 것이다.

셋째, 외교력의 극대화다. 외교력을 십분 발휘해, 주요 물자 공급에서 안정성을 확보할 뿐 아니라, 수송로의 안전도 확보해야 한다. 공급망에서 중요한 파트너 국가들과 외교 관계를 돈독히 가져가는 것은 물론 에너지 기술 수출 시장이 되는 국가들과의 관계도 세심하게 관리해야 하느니 만큼, 이를 위한 재원 투입과 외교 인재의 확충도 시급하다.

넷째, 사회적 연대와 결속, 통합이 절실하다. 한국의 국가전략은 기술력을 바탕으로 하되, 한국의 생산 능력과 시장점유율을 지속적으로 유지 혹은 확대하기 위해서는 국내 기업들이 해외로 대거 유출되는, 산업공동화를 경계해야 한다. 노사 간 과도한 분열이나 대립, 기업과 지역사회와의 갈등 등은 국가 경쟁력에 부정적인 요인으로 작동하게 된다는 것을 유념하고 사회 통합으로 복합 대전환 시대의 위기를 헤쳐 나가려는 연대의식을 강화해야 한다. 국가전략과 관련된 사안에서 과도한 정쟁은 국가 이익을 훼손시키게 되므로, 정부는 투명한 운영과 정보 공개를 통해 국민들로부터 신뢰를 공고히 해야 할 것이다.

이렇게 나아가야 할 방향을 제시하고 현재 한국의 상황을 점검해 볼 때 아쉬운 것이 한두 가지가 아니다. 무엇보다 에너지 정책이 분절적이고 산만하게 진행되는 것이 가장 큰 문제 중 하나다. 에너지 부분은 어느 한 주무부처에서 특정할 수 없는 복합적인 사안으로서 과학·기술력을 증진해야 하는 과학기술정보통신부와 교육부, 환경적인 규범과 국제적인 규칙을 준수할 수 있도록 도울 환경부, 자원 조달의 다변화와 기술 연대를 위한 외교력 증진을 위해 산업통상자원부와 외교부 등이 같은 목표를 가지고 유기적으로 협력할 필요가 있다. 이른바 메타 거버넌스[19]가 에너지 분야에서 더욱 절실해진 시점이라고 하겠다.

| 나오며 |

마지막으로 이 글을 맺으며, 이 책의 주제 중 하나인 동아시아 소다자(minilateral) 협력 모델은 가능한가라는 질문에 대한 답을 하는 것으로 결론을 갈음하고자 한다. 에너지의 다양한 분야를 모두 아우르는 차원에서 동아시아 국가들끼리로 구성된 소다자 협력 모델이 만들어질 수 있을지에 대해서는 앞선 분석에 입각해 볼 때 회의적일 수밖에 없다. 그러나 분야별·사안별로 구분해 동아시아 소다자 협력 모델을 구상해 볼 필요는 있을 것이다. 사안에 따라 협력의 대상과 구성원이 바뀔 수 있으므로 현재 국제정치경제 구도에서 가능한 모델부터 시도해 보는 것이 필요하다.

특히 한국과 같이 분단 상황 속에 있으면서 세력 재편의 한가운데 있는 국가로서는 소다자 협력을 더욱 공세적으로 주도할 필요가 있다. 동아시아의 협력과 평화, 그리고 한국의 국익을 위해서도 한국은 의제 설정(agenda setting)을 주도하며 선제적인 외교를 펼쳐야 하는 것이다. 사안별로 협력틀의 구성원이 달라지는 상황에 대해서도 한국이 능동적으로 제안하고 행동함으로써 에너지 협력 네트워크에서 글로벌 중추국이 되기를 주문하는 바다.

---

[19] 김상배. (2016). "신흥안보와 메타 거버넌스: 새로운 안보 패러다임의 이론적 이해," 『한국정치학회보』, 50(1): 75-104.

사이버 안보와 미래 국가전략

이기태

| 사이버 안보와 게임 체인저 |

    지금의 세계는 사이버 공간을 중심으로 초연결사회(hyper-connected society)로 발전하고 있어 국가·사회·개인의 사이버 영역은 상호 이익을 창출하면서도 국가의 안보 위협과 개인의 재산권 침해 및 정보 유출과 같은 광범위한 위협이 증가하고 있다. 그리고 상대 국가와의 관계에서 주도권 혹은 행동의 자유를 획득하기 위해 상대국의 취약성 혹은 자신의 우위를 이용 및 극대화하기 위한 사고와 행동을 '전략적 비대칭성(strategic asymmetry)'으로 정의한다. 이러한 '전략적 비대칭성'은 과학기술과 사회 체제, 규범적 요소까지 포함한다.[1]

    이와 같이 사이버 위협은 양적으로도 확대되고 있지만, 사이버 방어 능력과 관련된

---

1) 정구연·이기태, 『과학기술 발전과 북한의 새로운 위협: 사이버 위협과 무인기 침투』(서울: 통일연구원, 2016), pp.10-11.

발전 면에서는 한계 역시 나타나고 있다. 왜냐하면 사이버 방어 능력을 양성하기 위해서는 재정, 행정, 인력 등 다양한 차원에서 발전이 필요하지만 여러 문제가 존재한다. 특히 그중에서도 사이버 위협에 대응하는 인력 부족 문제, 즉 사이버 인력의 생계와 직결되는 취업과 관련해서 가장 심각하다.

또한 국가의 주요 인프라라고 할 수 있는 철도, 금융 등에 대한 사이버 공격이 심각해지면서 인프라 시설 보호를 위한 대응 태세를 준비할 필요가 증가하고 있다. 특히 국가 차원뿐만 아니라 기업 차원에서도 사이버 위협에 대응할 필요성이 증가하면서 기업 경영 지속성의 리스크가 증가하고 있다. 이에 따라 기존의 국가 중심에서 벗어나 민·관·학이 협력 대응 체제를 구축해야 한다는 점에서 사이버 안보 패러다임이 변화하고 있다고 볼 수 있다.

최근 미국을 비롯한 민주주의 진영은 중국의 동영상 공유앱 '틱톡(TikTok)'과 관련해서 '권위주의 정부에 의한 데이터 이용'의 우려 속에 중국 당국으로의 정보 유출에 대한 강한 경계심을 나타내고 있다. 미중 대립이 단순한 물리력뿐만 아니라 사이버 공간에서의 정보를 둘러싼 대립으로까지 확대되고 있는 것이다.

미중 대립과 남북 관계의 개선 움직임이 보이지 않는 가운데 북한과 중국의 해킹 능력은 향상되고 있다. 또한 2022년 2월 러시아의 우크라이나 침공 이후 부각되고 있는 미래전 양상의 변화에 대한 관심이 높아지고 있다. 특히 사이버 작전 환경의 변화는 사이버전자전, 정보전(情報戰, information warfare), 인지전(認知戰, cognitive warfare) 등 새로운 전쟁 양상에 대한 진지한 고민을 안겨 주고 있다. 우크라이나-러시아 전쟁은 전통적 군사력의 충돌뿐만 아니라 사이버 공격이 결합된 하이브리드 전쟁 형태로 전개됐고, 사이버 공간에서 가짜 정보 유통에 따른 사회 혼란의 야기, 사이버 공격에 따른 사회기반시설 파괴, 주요 기밀정보 탈취, 가상화폐 등과 같은 범죄자금 확보 등에서 효과가 나타났다.

이처럼 하이브리드 전쟁은 기존의 재래식 무기와 더불어 정치·경제·외교·기술 등의 비군사적인 수단까지 동원하는 복합전쟁을 의미한다. 비군사적인 수단에는 가짜 뉴스, 심리전, 사이버 공격, 여론 조작, 정치 공작 등을 포함한다. 이러한 수단은 상대국에 사회적 공포와 혼란을 야기하고, 한편으로는 국제 사회의 자국에 대한 지지를 이끌어 낼 수 있다. 하이브리드전은 정보통신기술(ICT)의 발달로 인해 빠른 속도로 확산하는 추세다.

또한 그동안 인지전은 정보전에 포함되는 개념으로 인식됐지만, 사이버 공간을 이용한 정보전이 인간의 행동 변화를 일으키고 심리적 불안감을 조성하기 쉽기 때문에 최근에는 정보전의 일부였던 인지전이 오히려 정보전을 포함하는 개념으로도 사용되고 있다.

특히 2022년 우크라이나-러시아 전쟁은 정보전의 중요성을 확대시켰다. 정보전은 적에 맞서 경쟁적인 이익을 추구하고자 전장의 사용과 정보통신기술의 관리를 수반하는 개념이다. 정보전은 상대방이 인지하지 못하는 사이 상대방이 신뢰하는 정보를 조작하는 것이다. 하지만 러시아의 우크라이나 침공에서는 시민과 해커집단도 사이버 공간의 정보전에 참가하면서 통제할 수 없는 '사이버 카오스(cyber chaos)' 상태가 발생했다. 특히 개인 사회관계망서비스(SNS)가 보급되면서 모든 사람이 정보를 발신할 수 있게 됐고, 막대한 양의 올바른 정보와 잘못된 정보가 범람했다. 게다가 일반시민들이 쉽게 인공위성 정보에 접속할 수 있게 됐고, 전쟁 현장에 없어도 정보의 진위를 확인할 수 있는 수단을 갖게 되면서 사실 확인(fact check)에 활용할 수 있었다.

최근에는 정보전의 융합적 성격이 강화되고 있다. 예를 들어 북한은 사이버 전력을 포함한 전자정보전(Electronic Intelligence Warfare: EIW) 역량을 북한군 일선 부대에까지 영향을 미치고 있다. 즉, 산하 부대에서 탈취한 정보가 전투부대에 하달되거나, 적 전산망 공격으로 전투 현장의 적을 무력화함으로써 사이버 영역과 전투 현장이 유기적으로 운용될 수 있다. 이러한 전자정보 전력 강화는 적의 의사결정에 영향을 미치고, 북한 쪽으로 전세를 유리하게 이끌려는 시도라고 평가할 수 있다.

이와 같이 정보전은 인지전, 즉 사이버 심리전 강화로 이어지고 있다. 인터넷으로 대표되는 사이버 공간의 익명성, 시간과 공간적 제약을 극복하는 광범위한 파급 효과 등으로 사이버 심리전의 파괴력은 계속 향상돼 왔다. 사이버 심리전의 효력은 큰 비용과 인력 없이도 가상공간을 통해 인력을 충원하고 조직을 운영할 수 있으며, 허위 및 협박정보를 실시간으로 전 세계에 유포해 심리적 우위를 달성함으로써 사회적 혼란을 야기한다. 특히 사이버 심리전은 북한과 같이 열악한 경제적 여건에 처해 있는 국가들에게 상당히 효과적인 신무기 역할을 할 수 있다. 과거부터 북한은 한국이 인터넷 산업과 군사 면에서 사이버 기술에 크게 의존하고 있는 상황에서 사이버 전략을 저비용

(low-cost), 저위험(low-risk) 전략으로 생각해 왔다.[2]

이에 따라 위협 세력의 사이버 공격을 방어하는 사이버 보안의 중요성 역시 높아지고 있다. 양자컴퓨터와 인공지능(AI)을 활용한 사이버 보안 향상이 요구되고 있지만, 사이버 보안을 담당하는 인력 부족 문제를 해소하는 것은 시급한 과제로 남아 있다. 이와 같이 사이버 안보는 '공격'과 '방어'의 양 차원에서 미래전의 향방을 좌우하는 게임 체인저의 역할을 하고 있다고 평가할 수 있다.

| 사이버 안보의 주요 쟁점 |

첫째, 사이버 공간 내에서의 피아 식별 문제다. 사이버 공격과 위협은 물리적 공간을 초월해 발생하며 공격을 감행한 주체를 확인하기 어렵다. 나아가 위협의 주체가 비국가 행위자일 수도 있으며, 비군사적 영역에서도 위협이 발생할 수 있다는 점 등에서 전통 안보와는 확연히 다른 특징을 가진다.[3] 최근에는 전 세계적으로 안보 관련 첨단기술 및 기밀정보 절취 공격이 기승을 부리고 있다. 세계 각국은 백신 제조기술 등 코로나19로 촉발된 첨단기술 경쟁에서 우위를 점하기 위해 피아 구분 없이 반도체 등 초격차 기술 절취에 집중하고 있다. 따라서 국제 사회는 비록 사이버 안보 관련 양식과 규범에 대한 효과적인 거버넌스 방식을 둘러싼 치열한 대립 구도에도 불구하고, 다자 협의에 바탕을 둔 '협력 레짐' 구축을 통해 협력적 과제를 도출하려는 시도를 모색할 필요가 있다.

둘째, 비국가 행위자 통제 문제다. 2022년 우크라이나-러시아 전쟁을 통해 민간의 사이버전 개입이 본격화됐다. 우크라이나-러시아 전쟁은 비국가 행위자들이 사이버 공간에서의 군사적 활동을 전면적으로 활성화시킨 계기를 만들었다. 사이버 심리전에서도 세계의 디지털 플랫폼을 독점하고 있는 서방의 IT 기업들은 러시아의 사이버 심

---

2) 황지환, "북한의 사이버 안보 역량과 전략," 김상배 엮음, 『사이버 안보의 국가전략』(서울: 사회평론, 2017), p.293.

3) 윤정현, "4차 산업혁명과 사이버전의 진화," 김상배 엮음, 『4차 산업혁명과 신흥 군사안보』(서울: 한울, 2020), p.91.

리전 활동이 기술적으로 가능하지 않도록 원천적으로 차단하는 역할을 했다. 이렇게 비국가 행위자의 본격적인 사이버전 개입으로 인해 앞으로 사이버 교전과 관련된 국제 사회의 규범 형성 노력은 더 복잡하고 어려운 과제를 풀어야 하는 상황에 놓이게 됐다.[4]

따라서 향후 다양한 비국가 행위자들이 전면에 나서고 있는 사이버 안보 게임에서 문제의 책임을 국가 단위로 귀속시키는 기성 국제 정치의 단순한 발상은 한계가 있다. 사이버 안보의 탈영토성과 이에 관여하는 행위자들의 다양성을 고려한 새로운 규범을 모색하는 복합적인 접근이 필요하다.[5]

셋째, 사이버 안보에서 새로운 프로그램 및 기술 경쟁을 둘러싼 문제다. 북한 해커집단의 새로운 금전 갈취 수법이 등장하는 등 랜섬웨어(ransomware)[6] 공격 지능의 다변화가 나타났다. 랜섬웨어 공격은 해킹 조직들에 의해 '저비용 고효율' 공격으로 인식되며, '주문형 랜섬웨어' 등 공격 수법도 조직화 및 지능화되는 추세다. 또한 다크 웹(dark web)을 통한 랜섬웨어, '절취 개인정보' 거래 증가, 메타버스 가상 재화, NFT(Non-fungible token, 대체 불가능 토큰) 등을 노린 신종 금전 갈취 공격이 등장했다.

또한 해킹 조직은 AI·블록체인 등 최신 기술을 해킹 수법에 악용하고 있다. 해킹 조직은 미국 등 주요국의 해커 기소, 랜섬 회수 등 대응 강화에 대비해 AI·블록체인 등 최신 기술을 적극 활용하고 있다. 특히 인공지능 기술을 적용해 공격 자동화 및 생존성을 향상시키고, 악성 코드 블록체인화를 통해 공격 속도 및 추적 회피 능력을 보강해 대응하고 있다. 예를 들어 북한은 이와 같은 최신 기술을 이용해 자금을 빼내서 대북 국제 제재망 붕괴를 노린다. 이것은 북한 문제를 둘러싼 지정학 지도의 변화까지 초래할 수 있는 사항이다.

---

4) 송태은, "러시아·우크라이나 전쟁의 사이버전: 평가와 함의," 『주요 국제문제분석』(2022.7.21.), p.19.
5) 김상배, 『버추얼 창과 그물망 방패: 사이버 안보의 세계정치와 한국』(서울: 한울, 2018), p.295.
6) 랜섬웨어는 컴퓨터 시스템을 감염시켜서 접근을 제한하고 일종의 몸값(ransom)을 요구하는 악성 소프트웨어의 한 종류다.

| 사이버 안보 관련 미래 대응 준비 |

사이버 안보와 관련해서는 전문적인 인재 양성이 절대적으로 필요하다. 우크라이나-러시아 전쟁에서도 우크라이나는 질 높은 인적 자원을 디지털 분야에 배치해서 러시아의 승리를 곤란하게 만들었다. 국내에서 사이버 안보 관련 인재 부족이 심각한 상황에서 정부, 대학, 기업이 연계해 사이버 보안 교육, 전문 커리큘럼 작성 등을 통해 실천적인 경험을 쌓은 젊은 인재들을 육성하는 구조가 만들어져야 한다.

국가 안보에 중대한 위협을 끼칠 수 있는 사이버 공격을 미연에 방지할 수 있는 '능동적(active)'인 사이버 방어를 가능하게 하는 능력 향상에 힘을 기울여야 한다. 한국군 내부 체제 강화와 함께 사이버 방어의 일원적인 사령탑 조직 정비가 필요하다. 한국군이 사회 기반(인프라)을 포함한 민간기업에 대한 지원 업무를 수행할 수 있도록 해야 하는데, 비상시에는 전력과 금융 등에 대한 사이버 공격이 상정되기 때문이다. 결국에는 적국의 사이버 공격을 평상시부터 감시하고 유사시에는 사이버 공격도 할 수 있는 방향까지 검토해야 한다.

사이버 안보 협력과 동맹 관계의 관점에서 동맹국 간 집단적 사이버 방위 체제 구축 및 '역할 분담'이 필요하다. 사이버 안보와 관련해서는 단순한 '공동 대응'뿐 아니라 양자동맹 강화와 밀접한 관계를 가진다는 것이다. 예를 들어 미일동맹은 최근 일본의 국가 안전보장 전략 개정을 통해 반격 능력 보유를 인정했는데 사이버 안보 분야에서도 일본의 일정 수준 공격 능력 보유 문제가 논의될 가능성이 있다. 또한 '역할 통합' 관점에서 사이버 안보 분야에서도 다양하고 활발한 안보 협의와 같은 동맹의 '제도화'에 따른 사이버 안보의 '공격'과 '방어'의 역할 분담 및 통합이 논의되고 있다.

다음으로 사이버 공간의 안정과 보안을 세계 전략 틀 속에 통합하는 것이다. 사이버 공간의 적극적 평화 체제 구축은 국내 및 국제적으로 연계해 추진해야 한다. 또한 전통적 안보와 포괄적 안보 차원의 사이버 안보 대응 체제 수립이 필요하다. 전통적 안보 차원에서 '사이버 안보' 대응 체계를 갖추고, 포괄적 안보 차원에서 국민의 인권과 번영이 보장되는 '적극적 사이버 평화 체제' 수립이 동시에 요구된다.[7]

---

7) 홍석훈, "사이버 위협에 대응하는 사이버 글로벌 평화체제 구축," 서울대 국제문제연구소 『이슈브리핑』,

한국을 둘러싼 국제환경 변화와 함께 인도·태평양 지역 차원의 사이버 안보 협력이 필요하다. 사이버 위협이 초국적으로 가해지는 데 따른 대응이 필요한데, 특히 중국의 영향력이 인도·태평양 지역으로 심화 및 확대되는 데 대한 대응 방안이 필요하다. 사이버 공간의 특성상 일부 지역이나 국가의 대처 능력 부족이 자국의 안보를 위협함은 물론 세계 전체의 위험 요인이 된다는 인식하에 사이버 안보 능력이 부족한 국가를 지원해야 한다. 특히 아세안 지역의 사이버 안보 역량 강화 지원에 나서야 한다. 우선 전략적이고 효율적인 지원을 실시하고 효과를 극대화하기 위해 관련 정부기관 간의 긴밀한 협력 체제를 구축해야 한다. 따라서 정부 차원의 '사이버 안보 분야의 대(對)아세안 능력 구축 지원(가칭)'의 가이드라인을 설정하고, 전략적이면서 효율적인 지원을 위한 노력을 기울여야 한다.

향후 아세안 국가들의 인터넷 보급률이 확대돼 간다고 가정했을 때, 이들 국가의 취약한 사이버 안보 환경이 한국에게 리스크 요인이 될 수 있다는 계산을 할 수 있다. 따라서 대아세안 사이버 분야 능력 구축 지원은 사이버 안보 의식 계발 및 중요 인프라 방호, 사이버 범죄 대책, 사이버안보 사고대응팀(Computer Security Incident Response Team: CSIRT) 및 법집행기관의 역량 강화 등을 제시할 수 있다. 사이버범죄조약 체약국회의와 같은 다자외교에서는 사이버범죄 대책 지원을 통해 사이버 공격 등의 범죄에 대한 대처·수사 능력 향상을 통해 범죄를 억제하려는 노력을 해야 한다. 또한 사이버 공간 이용에 관한 국제적 규범 마련 및 신뢰 형성 조치에 관한 아세안의 이해와 인식 공유를 위한 노력을 기울여야 한다.

| 그랜드 국가전략: 인도·태평양 협력 모델 |

그렇다면 한국은 새로운 사이버 안보 위협에 대응하기 위한 그랜드 국가전략을 어떻게 구성해야 할 것인가? 단기적으로는 먼저 국가 차원의 사이버 안보 체계 구축을 위한 사이버전 대응 방안을 논의해야 한다. 국가전략 차원에서 사이버 공간과 사이버

No.191(2022.8.4.), p.6.

전에 대한 분명한 목표와 방법, 수단을 마련해야 한다. 한국은 사이버 강국이면서도 동시에 사이버 안보의 취약국이기도 하다. 한국은 국제 사이버 안보 환경 변화에 대비한 새로운 대응 전략을 수립하면서 국가사이버 안보 대응 체계 구축 및 관련 조직, 인력 양성 면에서 좀 더 체계적이고 세부적인 대응 조치 마련이 시급히 요구된다. 특히 민·관·군의 합동 방어 전략 및 조직 도입과 함께 유기적인 통합 방어 체계의 수립이 필요하다.

　이와 함께 사이버전을 대비한 군사 분야의 사이버 역량 강화도 추진해야 한다. 국가안보 차원에서 사이버 공격에 대한 안보 무기 체계와 기술력 확보가 요구된다. 그리고 종합적인 사이버 안보 무기와 사이버 방호 체계 구축이 필요하다. 또한 한국 정부는 한반도 유사시에 신중히 사실을 확인해서 국내외에 전파할 수 있는 정보전의 상세한 사항을 철저히 분석할 필요가 있다.

　이와 같이 국내적으로 국가전략 및 국가안보 차원에서 사이버 안보 체계를 성립한 다음에는 국제적 차원의 사이버 안보 협력 방안을 모색해야 한다. 먼저 한미동맹이라는 양자동맹 차원의 사이버 안보 체계를 구축해야 한다. 미국과 사이버 관련 정책 및 사이버 공격에 관한 정보 공유와 활용 방안을 논의하고, 사이버 사고에 대한 대응, 사이버 위협 관련 정보 공유, 공동훈련, 인적 자원 개발을 위한 협력, 군대 간 협력 강화 등을 한미동맹 차원에서 모색할 수 있다.

　장기적 관점에서는 인도·태평양 지역 협력 차원의 '인도·태평양 협력 모델'을 구상할 수 있다. 앞서 언급한 한미동맹을 중심축으로 하면서 아세안을 포함하는 인도·태평양 지역의 사이버 안보를 둘러싼 다자 협력 모델이다. 구체적으로는 사이버 안보 관련 보편적 규범을 한국이 적극적으로 선도하면서 수립하는 것이 중요하다. 그리고 중국과 북한을 비롯한 사이버 안보 위협 요인에 대해 기술 협력, 인재 육성, 공동 의식 개발 등 간접적 대응 방법으로 연대하면서 사이버 공격에 대한 공동 훈련을 통해 지역 차원의 방어 능력을 향상시키고, 보편적이고 기본적 가치관을 공유하는 지역 전략적 파트너와의 협력을 강화하는 것이 중요하다. 단, 현재 각국이 주장하고 있는 인도·태평양 전략은 중국을 배제하기보다는 '포섭'을 통해 국제 사회에 관여시키는 것을 목적으로 한다. 따라서 중국과의 사이버 안보를 둘러싼 협력을 배제해서는 안 된다.

　궁극적으로는 인도·태평양 지역 외 국가들과의 협력 역시 모색해야 한다. 인도·

태평양 지역에 관심이 많은 나토(NATO) 회원국과 사이버 안보에 강점을 가지고 있는 에스토니아를 비롯한 발트 3국과의 협력이 바로 그것이다. 현재도 한국은 영국, 나토, 에스토니아 등과 국방 당국 간 사이버 협의를 진행하고, 위협 인식과 각각의 대응 방안에 관한 의견을 교환하고 있다.

즉, 한국은 국내적으로 사이버 안보 역량 강화와 함께 민·관·학이 연계가 된 종합적이고 능동적인 사이버 안보 체제 성립과 함께 대외적으로는 한미동맹을 중심축으로 대북 및 불특정 사이버 위협 세력에 대한 억제 및 방어 체제 강화, 그리고 인도·태평양 지역을 중심으로 한 다자 협력 체제와 역외 국가들까지 망라한 글로벌 차원의 사이버 안보 협력 체제 구축에 적극적으로 나서야 한다. 그러한 가운데 미래전의 특징 중 하나라고 할 수 있는 하이브리드전과 연관된 사이버전, 정보전, 인지전 등의 새로운 전쟁 양상에 대한 대비 및 동맹국과의 협력을 동시에 추진하면서 사이버 분야의 새로운 쟁점이 되고 있는 영역을 둘러싼 국제 규범과 국제법 확립을 위한 협력에 적극적으로 나서야 한다.

글로벌 공급망 재편과 미래 국가전략

이상준

| 들어가며 |

2022년 러시아가 우크라이나를 침공하면서 국제 질서와 글로벌 경제에 미칠 파장과 변화에 많은 관심이 쏠리고 있다. 러시아의 전쟁 능력을 약화하기 위해 서방이 러시아를 제재하면서 글로벌 공급망에서 러시아가 축출됐고, 에너지와 자원을 중심으로 교역해 온 러시아가 글로벌 공급망에서 배제되면서 에너지, 식량, 광물자원의 공급 대란이 발생하게 됐다. 러시아와 우크라이나 전쟁이 가치를 중심으로 규칙에 입각한 세계 질서를 추구하는 세력과 그렇지 않은 세력의 대립으로 확대됐고, 미중 전략 경쟁과 더불어 국제 질서를 변화시키는 주요한 동력이 되면서 글로벌 공급망 재편에 대한 대응은 미래 국가 발전 방향을 결정하는 주된 요인이 되고 있다.

러시아와 우크라이나 전쟁이 장기화하면서 러시아가 수출했던 석유, 니켈, 네온가스 등 에너지와 광물자원 공급망에도 변화가 발생하고 있다. 역사적으로 글로벌 공급망이 변화하게 되면 공급망이 구축되는 주요 거점을 중심으로 생산 및 혁신 거점이 생겨나면서 글로벌 가치사슬 역시 연동했다. 따라서 글로벌 공급망의 변동은 필연적으로 글로벌 가치사슬을 바꾸고, 이에 따라 장기적으로 국가의 흥망성쇠에 영향을 끼치게 될 것이다. 더욱 우리가 주목할 점은 이러한 글로벌 공급망의 변동이 러시아가 우크라이나를 침공하기 이전부터 일어나고 있었다는 것이다. 미중 전략 경쟁으로 인해 경쟁국의 기업을 가치사슬에서 몰아내면서 이미 공급망은 재편되고 있었다. 이번 전쟁은 미중 전략 경쟁으로 불거진 공급망 재편 흐름에 러시아와 유럽이 탈동조화되면서 가속하는 계기가 되고 있을 뿐이다.

글로벌 경제에서 러시아가 차지하는 경제 규모는 2% 안쪽이지만 석유와 천연가스, 광물 및 곡물 수출에서 차지하는 비중은 큰 국가다. 전쟁터가 돼 버린 우크라이나 역시 세계 경제에서 차지하는 비중은 작지만, 밀과 옥수수의 주요 수출국이다. 또한 러시아와 우크라이나가 가치사슬을 공유하고 있는 네온가스 수출은 전 세계 수요의 80%를 차지하고 있다. 따라서 이번 전쟁은 미중 전략 경쟁으로 재편되고 있었던 글로벌 공급망을 둘러싼 변화를 더욱 확대하고 가속할 전망이다.

러시아와 우크라이나 전쟁이 장기화할 가능성이 커지고 있으며, 각국은 진영에 의해 구분될 것이고, 글로벌 시대에 누렸던 경계 없는 시장은 축소될 것이다. 경제 논리만으로 국제 협력을 추진할 수 없게 됨에 따라 대외 협력 범위와 대상, 분야 등은 급격하게 줄어들 것이다. 군비 경쟁이 치열하게 전개돼 복지예산과 사회간접자본 지출은 줄고 방위비 지출이 늘어날 것이다. 궁극적으로 글로벌 공급망 재편의 승패는 어느 진영이 글로벌 가치사슬을 효과적이고 효율적으로 재편할 수 있는지, 글로벌 에너지 및 광물자원 공급망을 안정적으로 유지할 수 있는지, 그리고 경제 발전과 기술 개발 경쟁에 필요한 자본을 공급할 수 있는 금융 체제를 가졌는지에 의해 결판날 것이다. 글로벌 공급망의 재편으로 인한 국제 질서 변화에 잘 대응하고 이를 새로운 도약의 기회로 삼는 국가는 상대적인 국력 신장을 맛볼 수 있지만 그렇지 못한 국가는 상대적으로 국력이 뒤처지는 경험을 할 것이다. 이미 코로나19 팬데믹을 잘 대처한 국가와 그렇지 않은 국가 간 상대적 국력의 순위가 바뀌는 사례도 있었다.

따라서 자원과 시장을 해외에 의존하고 있는 한국의 미래 성장은 개방적인 시장과 혁신적인 기업의 지속적인 출현, 에너지 및 자원의 수급 안정과 낮은 가격 변동성, 미래 가치에 대한 신뢰, 역외 거래자들이 자유롭게 접근할 수 있을 정도로 충분하게 개방되고 발달한 금융시장과 폭넓은 거래 네트워크가 보장되는 국제 지불 결제 체계를 잘 갖춘 국가가 되는지에 따라 결정될 것이다. 우리의 국가전략은 이러한 결정 요인들이 잘 작동할 수 있도록 준비해야 할 것이다.

그러나 민주주의와 권위주의 대립 구도에 따라 국가 간 협력이 재편되고 있지만 그간 축적한 연결성을 무 자르듯이 한순간에 나뉘지 않게 됨에 따라 연결성과 단절성이라는 중층적 구조의 해법을 찾는 일도 중요해지게 될 것이라는 점도 유념해야 한다. 여러 위기를 딛고 우리 경제가 도약할 수 있었던 것은 선진국의 첨단기술과 금융자본, 신흥국의 자원과 노동력을 균형 있게 활용한 덕분이다. 미국이 주도하는 나토(NATO), 오커스(AUKUS), 인도·태평양 경제 프레임워크(IPEF)도 러시아와 중국이 주도하는 브릭스(BRICS), 상하이협력기구(SCO)도 진영으로 나뉜 상태에서 서로의 부족함을 채울 수 없을 것이다. 안보와 경제의 복합 위기로 지정학적 리스크와 비즈니스를 분리하는 것이 어려워지면서 세계 경제는 성장과 혁신이 정체될 것을 염려하고 있다. 그래서 한국의 미래 국가전략은 우리가 당면할 수 있는 위험을 관리할 수 있는 외교적 노력으로 빛이 날 수 있도록 해야 할 것이다.

글로벌 공급망 재편 요인

미중 전략 경쟁

글로벌 공급망 재편의 가장 중요한 요인은 미중 전략 경쟁이다. 양국은 미래 성장에 도움이 될 수 있는 원천기술을 개발·확보하는 데에서 출발해 이러한 기술을 활용하는 미래 산업에서 우위를 선점하고자 상대방을 가치사슬 밖으로 몰아내거나 배제하고 있다. 미국은 반도체 동맹을 결성해 중국의 반도체 굴기를 제어하고 「인플레이션 감축법(IRA)」을 제정해 전기차에 대해 세금 공제를 제공하지만, 우려국에서 추출, 제조, 재활용된 배터리를 사용한 전기차는 제외했다. 우려국에는 중국이 포함돼 있다. 반도체와 배터리 등 미래 성장 분야에서 경쟁국의 기업과 기술을 제거하려는 시도는 미중 양자 관계를 넘어서 민주주의와 권위주의 진영 대립으로 확대돼 이제는 반대 진영에 속한 국가와의 협력이 제약받고 있다.

미중 전략 경쟁은 상호의존성이 매우 높은 상황에서 진행되고 있다는 특징을 가진다. 제2차 세계대전 직후 양 진영의 상호의존성이 높지 않은 상태에서 동서냉전이 시작됐기에 비교적 쉽게 서로를 가치사슬에서 배제할 수 있었다. 양 진영 간 가치사슬이 연계돼 있지 않아 다자 수출통제 조정위원회(Coordinating Committee for Multilateral Export Controls: COCOM) 등에 의한 전략물자 수출 금지 조치만으로도 자국에는 큰 피해가 발생하지 않게 하면서 상대방의 원천기술에 대한 접근을 차단할 수 있었다. 그러나 오늘날 4차 산업혁명과 정보통신 분야의 기술 발전으로 상호의존성이 높아진 가운데 배타적 비자유주의 질서는 필연적으로 경제적 비효율성을 유발할 수밖에 없게 됐고, 그 피해는 양 진영 모두에 발생하게 된다.

이런 상황에서도 상대방을 배제하려는 이유는 정보통신 분야의 특징에서 비롯된다. 정보통신 분야는 플랫폼을 먼저 쟁취한 행위자가 독점 이익을 얻는 효과가 크다. 미중 양국은 자국 기업이 정보통신 분야에서 첫 진입자라는 지위를 확보함으로써 경제전에서 승리하고자 한다. 그래서 경제의 효율성과는 무관하게 글로벌 가치사슬에서 상대방을 배제하고 기술에 대한 접근을 차단하는 규제를 취하고 있다. 이로써 기존의 글로벌 가치사슬이 크게 변하고 있으며, 종종 공급 대란 등 불편한 상황이 발생하고 있다.

반도체 동맹(칩 4), 『인플레이션 감축법(IRA)』의 중국산 배터리 규제 등은 한국의 차세대 먹거리인 반도체와 배터리 분야와 관련돼 있다. 미중 전략 경쟁이 던지는 협력의 메시지는 프렌드쇼어링(friendshoring)이라는 점에서 어느 한쪽과 협력 관계를 강화하지 않고 미중 양국을 모두 만족시킬 방법을 찾는 게 쉽지 않을 것이다. 경제 발전을 통해 세계적인 제조업 강국으로 성장했지만 미래 성장 동력을 확보하기 위해서는 미중 전략 경쟁으로 변화하는 질서에 적절하게 대응하는 것이 필요한 상황이다.

러시아–우크라이나 전쟁과 서방의 대러 제재

러시아가 우크라이나를 침공한 이후 미국과 유럽은 러시아 석유와 천연가스 수입 축소, 무역 제재, 금융 제재, 인적 교류 제한, 러시아와 스포츠 및 문화 행사 취소, 글로벌 주요 기업의 러시아 시장 철수 등 러시아를 제재했다. 러시아 역시 이에 대응해 제재한 국가를 비우호 국가로 지정하고 맞제재했다. 이 역시 글로벌 공급망 재편에 영향을 주고 있다.

서방의 대러 제재는 러시아를 국제 협력의 대상에서 제외하는 조치를 포괄적으로 담고 있다. 미국은 2022년 3월 8일 러시아의 석유와 천연가스 수입을 금지했다.[1] 2022년 말까지 유럽연합(EU)은 모두 9차 대러 제재 패키지를 발표했고 러시아산 천연가스 수입을 줄였다. EU가 석유의 26.9%, 석탄의 46.7%, 천연가스의 41.1%(2020년 기준)를 러시아에서 수입하고 있다는 점에서 쉬운 결정이 아니다.[2] 전쟁이 해를 넘기면서 장기화되자 EU는 2023년 2월 4일 러시아 석유 제품에 대해 가격 캡을 부과했다. 발트 3국을 비롯한 일부 유럽 국가는 러시아 에너지 수입을 전면 차단하고 있다.[3] 서방의 거듭된 제재에도 불구하고 러시아가 경제적 이득을 보게 되자, 2022년 12월 미국을 포함한 주요 7개국(G7)은 러시아산 원유와 석유 제품에 대한 가격 상한제를 시행하기 시작했고, 이를 국제적으로 확산시키려고 한다.[4] 또한 EU는 9월 9일 EU 에너지장관 회의에서 러시아산 가스에 대한 가격 상한제를 공식 제안했다.[5] 그러나 천연가스 가격 상한제에 독일 등 유럽에서도 이견이 존재함에 따라 일단 도입이 무산됐으나 우크라이나 전쟁이 전개되는 양상에 따라 다시 도입할 여지는 충분히 있다.

서방은 러시아로 전략물자 수출도 금지했다. 미국은 이중 용도 통제품목 카테고리 3(전자공학), 4(컴퓨터), 5(통신 및 정보보안), 6(센서 및 레이저), 7(운항 시스템 및 항공전자공학), 8(해양), 9(항공우주산업 및 추진체)의 57개 품목에 대해 대러 수출을 통제하고 있다.[6] 미국은 전략물자에 포함되는 미국의 SW 및 기계 장치 등을 사용했다면 외

---

1) 미국의 석유 수입에서 러시아산 석유의 비중은 약 3%이며, 석유 제품을 포함하면 약 8%다. 연합뉴스, [우크라 침공] 美, 러시아 원유 수입 금지…"푸틴에 강력한 타격," 2022.03.09.

2) 2020년 EU의 에너지원별 비중: 석유 35.9%, 천연가스 24.5%, 석탄 10.6%, 원자력 11.0%, 수력 5.5%, 재생에너지 12.5%. KIEP 세계경제 포커스, 러시아 천연가스 수출 규제 조치의 주요 내용과 시사점, 3쪽.

3) EU는 3월 15일(4차 제재) 러시아 에너지 부문에 대한 신규 투자 금지, 4월 8일(5차 제재) 러시아산 석탄 및 기타 고체연료 수입 금지, 5월 4일(6차 제재) 6개월 내 러시아산 석유 수입 90% 감축 및 2022년 말까지 러시아산 석유 제품 수입 금지, 7월 20일(7차 제재) 러시아 금 수입 금지, 9월 28일(8차 제재) 러시아산 석유 가격 상한제를 제안했다. Timeline - EU restrictive measures against Russia over Ukraine, https://www.consilium.europa.eu (검색일: 2023.02.15.).

4) G7 Sets Price Cap for Russian Oil at USD 60 Per Barrel, 2022.12.09. https://sanctionsnews.bakermckenzie.com (검색일: 2023.02.15.).

5) Reuters, EU countries agree gas price cap to contain energy crisis, 2022.12.20.

6) KOTRA · 법무법인 광장, 미국의 대러시아 수출통제 조치 해설서, KOTRA 자료 22-057. 35-47쪽.

국 기업이 해당 품목을 러시아로 수출할 수 없다는 해외 직접 생산규칙(Foreign Direct Product Rule: FDPR)을 엄격하게 적용해 미국 이외 국가의 대러 수출도 규제하고 있다. 이로써 석유 시추 및 생산장비, 드릴, 심해 처리 장치, 펌프, 압축기, 밸브, 지질측정기 및 관련 소프트웨어(SW) 등 에너지 생산 기술과 러시아의 방위산업, 항공우주 및 해양 분야 등으로 공급됐던 기계 또는 장치 등의 수출이 금지됐다. 글로벌 기업 1,000여 개 이상이 러시아 시장을 떠나기도 했다.[7]

금융 제재도 강화됐다. 미국과 유럽은 러시아의 대외 자산을 동결했고 러시아 주요 금융기관을 국제은행간통신협회(SWIFT)에서 퇴출했다.[8] 모건스탠리캐피털인터내셔널(MSCI)은 러시아를 EM(신흥국)에서 Standalone Market(독립시장)으로 강등해 국제금융 시장에서 러시아를 퇴출했고 3대 신용평가기관은 러시아의 신용 등급을 강등했다.[9]

서방의 대러 제재에 러시아는 맞제재로 대응하고 있다. 러시아 정부는 대러 제재에 참여한 48개국[10]을 비우호국으로 지정했고, 비우호국에 대한 대외채무는 루블로 결제할 수 있게 했다. 비우호국의 러시아 내 자산 압류도 가능하도록 법제화했다. 비우호국 기업의 상표권 등도 불인정하고 있다. 유럽이 수입하는 천연가스 대금을 루블화로 결제하게 하고 파이프라인을 통한 에너지 공급을 자주 중단하고 있다. 러시아는 파이프라인 점검 등을 명분으로 EU로의 에너지 공급 축소했고 노드스트림 1, 2의 파이프라인이 파괴되면서 독일로의 천연가스 수출 당분간 전면 중단됐다.[11] 러시아는 에너지 가격 상한제에 참여하는 국가에 대해 에너지 공급을 하지 않겠다고 엄포를 놓고 있다.

---

7) Over 1,000 Companies Have Curtailed Operations in Russia—But Some Remain, https://som.yale.edu/story/2022/over-1000-companies-have-curtailed-operations-russia-some-remain (검색일: 2023.02.15.)

8) An update to our message for the Swift Community, https://www.swift.com/news-events/news/message-swift-community (검색일: 2023.02.15.)

9) Russia Credit Rating, http://www.worldgovernmentbonds.com/credit-rating/russia/ (검색일: 2023.02.15.)

10) 호주, 알바니아, 영국(저지섬, 앵귈라, 영국령 버진아일랜드, 지브롤터 포함), 27개 EU 회원국, 아이슬란드, 캐나다, 리히텐슈타인, 미크로네시아, 모나코, 뉴질랜드, 노르웨이, 한국, 산마리노, 북마케도니아, 싱가포르, 미국, 대만, 우크라이나, 몬테네그로, 스위스, 일본. TASS, Russian government approves list of unfriendly countries and territories, 2022.03.07.

11) *Reuters*, Gazprom: Nord Stream leaks stop, gas supply could resume on single line, 2022.10.03.

서방이 러시아 에너지 및 광물자원 수입을 제재하고 주요 전략물자의 대러 수출을 금지하며 금융 거래가 원활하게 되지 않게 됨에 따라 글로벌 기업이 러시아를 떠나고 있으며, 러시아가 한 축을 이루고 있었던 글로벌 공급망과 가치사슬에 대한 투자가 줄어들고 있다. 이는 글로벌 공급망과 가치사슬에 변화를 주고 재편하는 요인이 되고 있다.

궁지에 몰린 러시아가 중국, 인도로 값싸게 에너지를 공급하게 됨에 따라 에너지 물류의 흐름이 빠르게 변화하고 있으며, 러시아가 글로벌 공급망에서 축출되면서 곡물 시장에서도 공급망 교란 현상이 일어나고 있다. 에너지, 광물자원. 곡물 등 인류의 삶과 문명을 지탱하는 경제안보 전반에 걸쳐 공급망이 변화하고 있는 상황이다. 러시아 광물자원은 GDP의 9~13%, 전체 수출의 16%를 차지하며 미국과 중국 다음으로 세계 3위 생산 규모를 가지고 있다. 러시아는 석탄, 철광, 니켈, 다이아몬드, 금, 백금, 팔라듐 등의 생산과 수출에서 높은 비중을 차지하고 있다. 러시아의 세계 시장 점유율은 니켈 49%, 팔라듐 42%, 다이아몬드 33%, 알루미늄 26%, 백금 13%, 철광 7% 등이다.[12] 러시아는 특히 배터리 생산에 필요한 알루미늄과 니켈의 주요 공급국이기도 하다. 2021년 기준으로 우리나라는 네온의 28%, 제논의 49.1%, 크립톤의 48%를 러시아와 우크라이나로부터 수입했고 팔라듐의 32%, 페로티타늄의 53%, 페로실리콘의 34.6%를 러시아로부터 수입했다.[13] 현재 주요 선진국은 첨단제품 생산에 필수적인 신소재를 확보하기 위해 경쟁하고 있는데, 이러한 소재를 용이하게 확보하는 국가와 그렇지 않은 국가 간 격차는 커질 수 있다. 러시아와 우크라이나가 식량 생산 대국이라는 점에서 주요 곡물의 가격도 변동성이 커지고 있다.

러시아-우크라이나 전쟁 이후 서방이 러시아에 강한 제재를 부과하면서 유럽과 러시아 간 탈동조화가 시작됐다. 유럽이 북아프리카와 중동으로부터 에너지 수입을 늘리는 등 문명의 필수재인 에너지, 광물자원, 곡물을 확보하기 위해 글로벌 공급망은 변화하고 있다. 러시아가 주로 공급했던 에너지와 광물자원 대체지로서 캐나다, 호주, 브라질에 대한 투자가 증가하고 있다. 러시아 또한 유럽으로 수출했던 에너지를 중국, 인도 등으로 공급하면서 대안을 찾고 있다.

---

12) KOTRA 해외시장뉴스, 2021 러시아 광산업 정보, 2022.01.11.
13) 조선BIZ, [우크라 사태] 2배로 뛴 네온 가격… 포스코, 희귀가스 사업 빛 보나, 2022.02.28.

글로벌 공급망의 변화는 서방이 러시아의 대외 자산을 동결하면서 기축통화로서의 달러의 지위도 약화시킬 수 있을 것이다. 러시아와 중국은 에너지 무역 결제에 달러나 유로보다는 위안화 등을 늘리고 있다. 국제 지불 준비자산으로서 달러와 유로의 비중이 당장 크게 줄어드는 것은 아니겠지만 점차 위안화의 비중이 늘어날 수 있을 것이다. 따라서 러시아-우크라이나 전쟁은 글로벌 공급망을 재편하는 중요한 요인이 되고 있다.

기후 변화

기후 변화 역시 글로벌 공급망을 변동시키는 주된 요인이 되고 있다. 기후 변화와 글로벌 공급망 변화는 첫째, 북극 등 극한 기후 지역의 자원 개발이 가능해졌고, 둘째, 기후 변화에 대응해 국제 사회가 탄소중립을 추구하면서 연관되고 있다. 북극 지역에 매장돼 있는 자원과 북반구의 주요 경제 거점을 연결하는 항해가 가능해졌다. 북극해 에너지 운송을 위한 인프라가 구축되면서 북극의 경제 가치는 증가하고 있다. 글로벌 에너지 시장이 석유에서 천연가스로, 또 천연가스 시장은 PNG에서 LNG 중심으로 바뀌고 있는데, 전통적인 천연가스 시장 지배자인 러시아와 셰일 가스 생산으로 순 수출국이 된 미국이 천연가스 시장을 놓고 경쟁이 불가피한 실정이다.

미국 지질조사국(USGS, 2008)은 북극해에 지구상 개발되지 않은 원유의 약 13%(900억 배럴), 천연가스의 30%(47조㎥), 액화천연가스의 20%(440억 배럴)가 매장돼 있다고 보고한다.[14] 이는 세계에서 알려진 기존 석유자원(누적 생산량 및 남은 매장량)의 거의 10%에 해당하며 중동에 버금가는 매장량이다. 석유 및 가스 개발과 관련된 북극의 주요 지역은 보퍼트해(캐나다의 노스 슬로프, 알래스카 및 매켄지 델타)와 러시아 북극의 북서부(바렌츠해 및 서시베리아) 지역이다.

북극 지역의 자원은 특히 러시아 권역에 더 많이 매장돼 있어 북극의 탄화수소 매장량 대부분을 보유하고 있다고 해도 과언이 아니다.[15] 러시아 북극권은 광물자원도

---

14) Circum-Arctic Resource Appraisal: Estimates of Undiscovered Oil and Gas North of the Arctic Circle, USGS Fact Sheet 2008-3049. http://pubs.usgs.gov/fs/2008/3049/

15) 러시아 천연가스의 95%와 석유의 약 70%가 북극권에 매장돼 있다. 약 200개의 석유와 천연가스 매장지가 있으며, 바렌츠해와 카라해에만 22개의 대형 매장지가 위치한다. Dobretsov & Pokhilenko, "Mineral

풍부한데 다이아몬드는 러시아 총생산량의 99%, 백금 그룹 원소의 98%, 니켈 및 코발트의 80%, 크롬 및 망간의 90%, 구리의 60%, 안티몬, 주석, 텅스텐 및 희토류의 50~90%, 금의 약 40%를 생산하고 있다.[16] 기후 변화에 따른 지구 표면의 온도가 상승하면서 북극권의 빙하가 녹아 북극항로를 통한 석유와 천연가스 운송이 가능해졌고, 또한 내빙 설계, 위치제어 시스템, 쇄빙 선박 설계와 같은 극지에서의 자원 개발 활동을 쉽게 하는 기술이 발달하게 됨에 따라 북극권에서 석유와 천연가스 개발을 진행할 수 있게 됐다.

화석연료 글로벌 공급망의 변화가 진행되는 가운데 신재생에너지 개발로 인한 공급망의 변화도 점진적으로 계속 진행될 것이다. 기후 변화 대응해 국제 사회가 기후변화협약(FCCC)을 체결하고 주요 국가들은 2050년까지 그리고 늦어도 많은 국가가 2060년까지 탄소중립을 달성하겠다는 의지를 천명했다. 중동, 아프리카, 유라시아 등 특정 지역을 중심으로 생산됐던 화석연료의 비중을 줄이고 기술력을 가진 국가들이 어디서나 신재생에너지를 활용해 에너지를 공급할 수 있게 됨에 따라 현재의 글로벌 에너지 공급망은 점차 변화될 것이다.

기후 변화로 인해 물리적인 접근에도 변화가 발생해 공급망이 바뀌게 되겠지만 기후 변화에 대응해 신재생에너지 개발 등 기술 발전으로 에너지 공급망도 바뀌게 됨에 따라 이로써 기존의 에너지 공급망은 거대한 변화를 맞이하게 될 것이다.

코로나19 팬데믹 요인

코로나19 팬데믹으로 인해 글로벌 공급망은 영향을 받았다. 코로나19 팬데믹 확산으로 셧다운이 증가하면서 제품 공급이 차질을 빚게 됐기 때문이다. 코로나19 팬데믹 이전에는 기업들은 생산 인건비와 물류 운송비 등을 반영해 전 세계 곳곳에 공장과 법인을 설립하고 비용을 최적화했다. 그러나 코로나19 팬데믹 이후 재화의 안정적인 공급이 중요하게 되자 주요 국가들은 비용 최적화보다 공급 안정성을 더 중요하게 고려

---

resources and development in the Russian Arctic," *Russian Geology and Geophysics*, 1(1): 98-111. 2010.

16) Dobretsov & Pokhilenko(2010).

하기 시작했다. 기술 발전에 따라 공장의 자동화, 지능화가 늘어나면서 저임금 노동력을 활용하기 위해 공장을 해외로 이전하는 이점이 사라지고 있었는데 코로나19 팬데믹이 발생하면서 이러한 추세를 강화했다. 미국 등 주요 선진국은 개도국으로 진출했던 자국 기업의 해외 공장을 본국으로 돌아오게 하는 리쇼어링(reshoring)을 주요 정책으로 채택했고, 주요 국가는 제조업 시대를 다시 맞이하고 있다.

한편 코로나19 팬데믹으로 인해 재화와 서비스를 비대면에 의한 물류 운송 시스템에 의존하게 됨에 따라 물류 플랫폼 기업이 디지털화 및 자동화 관련 투자를 늘리면서 생산을 통제하고, 유통을 지배하면서 지역 내 생산-판매 네트워크를 새롭게 구축하고 있다.

기술 혁신

기술 혁신은 앞서 언급한 미중 전략 경쟁, 러시아-우크라이나 전쟁과 대러 제재, 기후 변화, 코로나19 팬데믹에 의해 글로벌 공급망이 변하게 하는 기반으로서 작용한다. 미중 전략 경쟁과 러시아-우크라이나 전쟁은 규칙 기반 질서를 확고히 하면서 미래 발전 동력으로서 기술 표준을 선점하기 위한 경쟁으로 확대되고 있다. 지정학적 요인도 중요하지만 재편된 글로벌 공급망이 효율적으로 또 효과적으로 운영돼야만 지속성을 가질 수 있어 기술적인 해법은 중요하다.

에너지는 문명을 유지하는 데 필수적이지만 반드시 화석연료를 통해서만 확보할 수 있는 것은 아니다. 신재생에너지의 상당 부분은 기술 혁신으로 획득할 수 있다. 미래 성장 동력으로서 떠오르고 있는 반도체와 배터리를 살펴보면, 반도체 동맹을 형성하거나 배터리 보조금을 주는 일은 전략 경쟁이나 제재로 제약할 수 있다. 다만 이러한 조치는 반도체와 배터리 분야의 경쟁력을 갖추는 데 필요 조건일 수 있지만 충분하지 않다. 결국 필요한 반도체를 생산하기 위해서는 재료의 공급망을 확보해야 하며 장비와 소프트웨어의 기술력도 필요하다. 중국이나 러시아는 배터리와 반도체 생산에 필요한 소재를 비교적 용이하게 조달할 수 있지만 반도체 생산장비와 소프트웨어 기술력은 없다. 반면 서방은 그 반대 상황에 놓여 있다. 서로에게 부족한 부분을 메우기 위해 새로운 공급망을 구축하거나 가치사슬을 재편하게 될 것이다. 이러한 과정에서 첨단기술 혁신으로 만들어진 새로운 재화에 필요한 원자재나 소재가 달라질 수 있다. 기술 혁신에 의해 희토류는 과거 어느 때보다 절실하게 필요하다. 4차 산업혁명에 의한 기술 혁신 경쟁은 더 많고 다양한 소재를 필요로 할 것이며, 이를 안정적이고 값싸게 확보하기 위한 경쟁으로 재화의 성격에 따라 글로벌 공급망은 다양하게 재구성될 것이다.

| 글로벌 공급망 재편과 한국의 대응 전략 및 과제 |

글로벌 공급망 재편은 한편으로는 개별 국가 차원에서 세계 경제와 연계성을 재조정하는 것이며, 다른 한편으로는 다른 국가와는 국제 분업구조를 재구성하는 것이다. 글로벌 공급망이 재편되면 공급망을 구성하는 주요 거점들이 생산, 판매, 연구개발 등을 중심으로 거듭나게 되면 공급망 재편은 가치사슬 재편을 동반하게 된다.

탈냉전 시기 동북아 국가들은 가치사슬을 공유하면서 주요 선진 시장에서 경쟁력을 확보하기 위해 주요 선진국과 기술, 자본 등을 확보함으로써 개도국의 자원과 노동력을 적극 활용하는 방식으로 경쟁력을 가질 수 있었다. 또한 동북아의 한국, 중국, 일본, 대만은 동북아 역내 분업을 통해 북미, 유럽에 비해 비싼 에너지를 사용하면서도 경쟁력을 확보했다. 일본이 소재, 부품, 장비를 공급하면 한국이 반도체 등 중간재를 생산해 이를 중국으로 수출하고 중국은 이를 받아 최종적인 재화를 생산해 전 세계로 공급하는 국제 분업구조를 가졌다. 그러나 한일 무역 분쟁이 발생하고 미중 전략경쟁이 심해지면서 동북아 3국 간 분업구조에는 큰 변화가 발생하고 있다. 한국에 사드(THAAD)가 배치된 이후 중국이 한국에 취한 보복 조치로 한중 간 협력에 문제가 발생하기 시작했고, 한일 관계 역시 외교적인 갈등이 경제적인 협력에도 영향을 주어 코로나19 팬데믹 이전부터 한·중·일 분업구조에 조금씩 균열이 발생하고 있었다.

이런 상황에 코로나19 팬데믹이 주요 선진국을 중심으로 빠르게 확산되자 국제무역은 크게 줄어들었다. 글로벌 공급망이 부분적으로 마비됐는데 동북아는 더욱 취약한 모습을 보였다. 중국은 제로 코로나를 위해 대도시를 수시로 봉쇄했고, 이로써 글로벌 물류 대란이 발생했으며, 이미 균열하고 있었던 동북아 국재 분업구조는 더욱 악화했다. 결과적으로 동북아 국가들은 역내 가치사슬(regional value chain)보다는 모든 활동을 독자적으로 구축하거나 역외 주요 국가와의 협력을 우선하고 있었다. 더욱이 러시아-우크라이나 전쟁으로 한국도 대러 제재에 참여하게 됨에 따라 우리나라는 글로벌 공급망 재편에 더 많이 영향받는 국가가 됐다. 따라서 이러한 변화에 대응하는 적절한 전략적 선택이 중요해졌다. 어려움이 있겠지만 대외정책을 균형 있게 유지하면서 글로벌 공급망 변화를 견인하는 요인들에 대한 적극적인 대응책을 마련할 필요가 있다.

대외 균형 전략

글로벌 공급망 재편에 지정학적 요소가 중요한 변인이 됐다. 그런데 공급망을 통해 교환되는 재화의 성격에 따라 다소 다른 대응 방안이 필요하다는 것을 인식할 필요가 있는데, 이는 지정학적 요소를 일률적으로 적용하지 않아야 한다는 것을 의미한다.

먼저 대러 제재와 기후 변화가 결합해 에너지 공급망이 재편되고 있으며, 에너지 가격이 상승하고 연동된 제품 가격이 모두 오르고 있다. 이러한 변화로 주요국 경제는 인플레이션과 침체가 동시에 나타나는 스태그플레이션 조짐도 보인다. 에너지 자원을 전량 수입하는 우리 경제의 부담은 아주 크다. 에너지 가격 상승과 주요국 경기 침체로 무역수지 적자는 크게 늘었다. 에너지 공급망의 불안으로 생기는 부담을 줄이기 위해 우리 정부가 유류세 인하, 에너지 수요 관리, 에너지 믹스 탄력적 운영 등을 통해 에너지 가격 상승에 따른 충격을 줄이기 위해 노력하고 있지만 이는 단기적인 미봉책일 뿐이다. 장기적인 대응 방안을 마련할 필요가 있다.

미중 전략 경쟁과 러시아-우크라이나 전쟁이 만든 국제 질서 변화에 능동적으로 대응하면서도 균형적인 정책을 지향해야 한다. 자유주의 질서하에 축적된 연결성이 한순간에 나뉘기는 어려울 것이다. 그래서 우리 정부와 기업 모두에게 연결성과 단절성이라는 중층적 구조에서 합리적인 해법을 찾는 일이 중요할 것이다. 과거에도 여러 위기를 딛고 한국 경제가 계속 도약할 수 있었던 것은 선진국의 첨단기술과 금융자본, 신흥국의 자원과 노동력을 균형 있게 활용한 덕분이다. 미국이 주도하는 나토(NATO), 오커스(AUKUS), 인도·태평양 경제 프레임워크(IPEF)도 러시아와 중국이 주도하는 브릭스(BRICS), 상하이협력기구(SCO)도 양 진영으로 나뉜 상태에서 서로의 부족함을 채울 수는 없음을 주목해야 한다.

러시아-우크라이나 전쟁으로 글로벌 에너지 공급망은 재편될 것이며, 이러한 재편에 주도적인 국가와 그렇지 않은 국가 간 격차는 벌어질 것이다. 세계 경제는 팬데믹

침체를 막기 위해 풀었던 통화가 글로벌 공급망의 차질과 연관되면서 높은 인플레이션으로 이어졌으며, 이에 따라 제조업의 재고가 늘어나면서 침체가 예상되는 상황이다. 경제 안보 위기와 침체 위기가 복합적으로 진행되는 상황에서 경제 성장과 혁신이 정체될 위기에 놓여 있다.

그래서 우리 정부는 에너지 공급망 가운데 변동성이 높고 취약한 부분이 있다면 보완해야 할 것이고, 새로운 공급망 구축이 필요하다면 민관이 협력해 추가 투자를 진행해야 한다. 먼저 특정 국가에 대한 에너지 수입 의존도를 줄이는 것이 필요하다. 오늘날 한국의 경제 발전은 선진국의 자본 및 기술과 개도국의 자원 및 노동을 최적화해 조합한 결과로 제조업 강국이 된 덕분에 이뤄진 것이다. 탈냉전기 한국 경제의 협력 지평을 세계 전역으로 확장한 덕분에 경제 발전을 계속 이룰 수 있었다. 지정학적 갈등으로 진영으로 나뉘는 경제 지형이 우리에게는 부정적인 영향을 끼칠 것이다. 그래서 국제 사회에 한국이 민주주의와 시장경제의 가치를 가장 잘 실천하는 국가였다는 점을 강조하면서 동시에 한국이 대외 균형 정책을 취해야 하는 명분을 논리적으로 개발할 필요가 있다.

지정학적 요인과 비즈니스를 분리하는 것이 어려워지는 것이 현실이지만 한반도 평화와 번영의 파트너로서 러시아의 전략적 가치는 여전히 유효하다는 점을 고민할 필요가 있다. 동북아 신냉전 대결 구도는 한국의 안보와 경제 발전에도 부정적으로 작용할 것이다. 동북아에서 러시아의 대중 연대 강화와 대북 관계 밀착이 초래되고 있다. 한반도 문제를 둘러싼 '한·미·일 vs 북·중·러'의 신냉전 대결 구도 형성과 이로 인한 지정학적 단층 지대에 있는 한반도가 위험에 빠질 수 있다는 점은 한국의 지도자들에게 큰 과제다. 경제적으로는 식량과 에너지 위기, 금리 상승, 인플레이션 촉발, 신흥국 자본 유출 가능성 등 글로벌 경제 안보 위기가 심해지고 있는 가운데 이러한 위기가 한국 경제에 부정적으로 작용하지 않도록 방지하는 대응책을 모색해야 하는데, 러시아를 배제하는 것이 선택의 폭을 좁히고 경제적으로도 추가적인 비용 부담이 발생한다. 현 상황에서는 우리의 경제 안보에 필요한 협력 국가의 범위를 줄일 수밖에 없지만, 중장기적으로 안보와 경제 관점에서 균형과 전략 외교가 중요한 상황이다. 그래서 장기적인 관점에서 러시아 활용 방안을 모색하는 것이 필요하다.

한국은 러시아와 우크라이나 전쟁에 직접 관여하지 않으나 전쟁의 영향을 가장 크게 받는 국가 중 하나다. 2022년 한국의 대러 수출은 금액 기준으로 전년 대비 36.6%가 감소, 대러 수입도 14.7% 감소했다.[17] 러시아의 대유럽 에너지 수출 제한 등으로 국제 에너지 가격이 상승하면서 우리나라의 에너지 수입이 증가했고 무역수지 적자의 주요 원인이 되고 있다. 러시아에 진출한 우리 기업에 대한 부정적 영향도 나타나고 있는데, 루블화 하락과 러시아 내수 침체로 러시아에서 한국 기업제품의 수출은 감소하고 있다. 금융 제재로 러시아와의 경제 협력은 다양한 분야에서 제약받고 있다. 그렇기에 글로벌 공급망이 변화하는 과정에서 러시아와의 협력을 재개하기는 어렵다. 그렇지만 모든 가능성을 배제하지 않아야 한다. 에너지가 비탄력적 재화라는 점에서 수급이 어긋나고 있는 현재의 불안정한 상태를 오랫동안 유지하기는 어렵다. 신재생에너지 개발과 에너지 독립을 추구하는 노력을 계속해야 하지만 탄소중립에 도달하기까지 생존과 번영을 유지해야 한다. 탄소중립에 도달하기까지 화석연료는 여전히 일정 부분 요구된다. 한편 기후 변화로 많은 자원이 매장돼 있는 북극해로의 접근 가능성은 계속 커지고 있다. 또한 러시아는 형식적으로는 권위주의 체제이지만 절차적 민주주의 체제를 유지하고 있으며 시장경제다. 그렇기에 현재의 러시아 상황만을 가지고 미래의 협력을 제약하지는 않도록 해야 할 것이다.

경제 안보 이슈별 차별화 전략

글로벌 공급망 재편은 문명과 삶을 지탱하는 에너지, 식량, 각종 광물자원의 수급 불안을 만들어 문명과 삶을 유지하는 비용에 변동성을 높이기 때문이다. 에너지, 자원, 식량은 필수 재화로서 비탄력적인 성격을 가진다. 작은 공급 불안만으로도 가격 상승을 만들고 생존을 위협한다. 다만 현재 진행되고 있는 공급망 재편에서 재화의 성격에 따라 상대적인 민감도가 다르게 나타나고 있다. 서방을 한 축으로, 중국과 러시아를 다른 축으로 하고 있기에 에너지와 광물자원의 공급망은 큰 변화를 발생하고 있지만 식량은 상대적으로 대립 구도가 약하게 형성되고 있다.

우리나라가 소비하는 곡물의 95% 이상을 수입에 의존하고 있다는 점에서 식량 안보에 대한 대비책은 진영 논리에 의해 상대적으로 덜 제약을 받는다. 식량 위기가 발

---

17) 한국무역협회 해외시장뉴스, 2022년 한-러시아 교역 동향, 2023.02.28.

생한다면 단기적으로 해외에서 곡물을 안정적으로 확보하는 것이 쉽지 않다. 기존의 곡물 공급망을 대체할 공급지 개발을 위한 다각적인 노력이 요구되며 물가 안정을 위해 금융 및 세제 지원도 강화해야 한다. 그러나 이러한 노력만으로 식량 공급의 불안정성을 해결할 수는 없다. 해외 농업 투자, 곡물 기업 육성을 포함해 IT 기술을 접목한 스마트 농업 등을 통해 곡물 수급의 불확실성을 낮추는 전략적인 선택을 해야 한다. 농업과 곡물 생산을 전근대적인 산업으로만 평가하는 어리석음을 범하지 않아야 한다. 또한 에너지, 광물자원과 달리 곡물 시장에 대한 제재 혹은 무역전쟁은 비교적 약하다는 점에서 그동안 우리 기업들이 추진했던 해외 농업 투자 성과를 엄밀하게 평가해 선별적으로 지원할 필요가 있다.

글로벌 공급망 변동이 큰 에너지는 석유와 천연가스로 지정학적 갈등이 강하게 작용하고 있으며, 광물자원은 기술 발전에 따라 필요한 종류가 다양하게 늘어나고 있다. 다만 반도체와 배터리 생산에 필요한 소재와 물질에 집중돼 있다. 한국 경제의 성장과 생존을 위해서는 경제 안보 이슈로서 에너지, 광물자원, 곡물을 차별적으로 접근하는 것이 필요하다.

에너지 공급망 재편은 시장의 변화를 파악해야 제대로 이해할 수 있다. 세계 에너지 시장의 주도적인 재화는 석유에서 천연가스로 넘어가고 있으며, 천연가스의 공급은 PNG 중심에서 LNG 중심으로 변하고 있다. 이러한 변화는 미국의 셰일가스와 러시아 북극 가스전 개발 등 천연가스 개발이 본격적으로 진행된 결과다. 러시아·우크라이나 전쟁 이후 유럽과 러시아 간 에너지 탈동조화가 진행됐지만, 전쟁 이전부터 러시아는 아태지역으로 에너지 수출을 증가할 계획이었다. 러시아 에너지를 수입하기 위해 구축한 인프라가 매몰비용으로 남는 경제적 부담이 크지만, 유럽과 러시아 간 에너지 협력은 전쟁이 끝나더라고 대대적으로 복원되지 않을 것으로 판단된다. 유럽은 이미 오래전부터 신재생에너지를 개발했고, 탄소중립 달성을 적극적으로 추진했기에 러시아에 장기적으로 매력적인 시장이 아니다.

유럽이 러시아를 대체해 북미, 중동, 북아프리카, 중앙아시아에서 에너지 수입을 증가시키면서 에너지 수급 불안이 커진 측면은 있다. 그렇기에 주요국은 이러한 수급 불안을 해소하는 방안을 찾기 위해 LNG 터미널을 추가로 건설하고 유조선과 LNG 운반선을 발주해 투입하고 있다. 그러나 에너지가 가지는 재화의 특성으로 빠르게 공급망을 구축하는 것이 어렵다. 그래서 신규 투자가 본격적인 생산으로 이어질 때까지 기존의 협력 체제를 유지하려는 경향도 보인다. 대표적인 사례는 일본이다. 일본은 대러 제재에 적극적으로 참여하지만, 러시아 북극의 야말반도와 사할린 에너지 프로젝트에 계속 참여하고 있다. 특히 러시아-우크라이나 전쟁 이후 러시아가 서방에 대한 보복으로 야말 프로젝트와 사할린 에너지 개발 기업의 지분 구조를 바꿨는데 미국 기업이 철수한 것과 다르게 일본은 해당 사업의 지분을 그대로 유지했다.

우리 기업은 러시아 자원 개발 투자가 없어 지분 문제를 고민하지 않아도 됐지만, 에너지 수급 안정을 위해 러시아에서 수입하는 석유와 천연가스 물량은 유지했다. 다만 에너지는 기본적으로 장기 계약으로 수입하게 되는데 전쟁이 끝나지 않고 계속 이어진다면 러시아로부터 신규 수입 계약을 채결하는 데 부담이 커질 수 있다. 따라서 에너지 안보를 감안해 현재의 상태를 유지하면서 전쟁 이후 변화, 에너지 분야 투자 등을 고려해 에너지 공급 위기의 원인이 될 수 있는 리스크를 관리해야 한다.

파리기후변화협약에 따른 탄소중립으로의 대전환도 고려해야 하는 정책 요인이다. 기후변화협약 준수와 탄소중립을 위해 신재생에너지 비중 확대는 더 이상 변수가 아닌 상수라고 할 것이다. EU는 에너지 안보를 위해 원자력을 청정에너지로 규정하고 원전 건설을 늘리거나 일시적으로 석탄 사용 비중도 늘리고 있다. 이와 같이 기후 변화와 관련해 에너지 믹스 전략을 유연하고 탄력적으로 수용할 필요가 있다. 에너지 독립을 목표로 신재생에너지 개발과 궁극의 에너지 인공태양 개발에도 더 많은 관심을 기울여야 한다.

반도체와 배터리 생산에 필요한 광물자원과 생산 장치와 소프트웨어 등의 확보는 미래 한국의 성장과 경쟁력을 결정할 수 있는 요인이다. 리튬, 니켈, 팔라듐 등 러시아와 중국이 생산하고 수출해 온 희토류, 희귀가스 등에서 업스트림(up-stream: 원유 생산) 분야로의 가치사슬 확장을 시도해야 한다. 이를 위해 다소 많은 경제적 부담이 되겠지만 캐나다, 호주, 브라질 등 다양한 국가와의 협력을 통해 특정국에 대한 의존도를 줄이는 노력을 기울여야 한다.

| 나오며 |

글로벌 공급망 재편은 연관된 경제 활동을 다시 펼쳐 두고 목적성을 높이면서도 효율성을 추구하는 방향으로 진행될 것이다. 개방된 시장과 혁신 기업의 지속적인 출현, 에너지 및 자원의 수급 안정과 낮은 가격 변동성, 미래 가치에 대한 신뢰, 역외 거래자들이 자유롭게 접근할 수 있는 개방되고 발달한 금융시장, 폭넓은 거래 네트워크가 보장되는 국제 지급 결제 체계를 갖추고 있는 국가들의 협력이 좀 더 공급망을 안정적으로 유지할 수 있을 것이고, 상대적으로 더 많은 도약을 이뤄낼 것이다.

탈냉전 시기 우리나라는 북한의 개성공단을 포함한 세계의 모든 공간을 활용했다. 생산공장, 연구개발시설, 판매법인을 연결한 글로벌 공급망에 편승하기도 하고, 때로는 자체 공급망을 구축하면서 경제 발전을 이룩할 수 있었다. 그러나 미중 전략 경쟁, 러시아-우크라이나 전쟁, 기후 변화, 코로나19 팬데믹 등으로 글로벌 공급망이 변하고, 이에 따라 글로벌 가치사슬이 재편되는 격랑을 맞이하면서 기존의 방식을 더 이상 고수할 수 없게 됐다. 현재의 글로벌 공급망에서 최적화돼 있는 한국의 생산 시스템을 당장 바꿀 수는 없는 형편이지만 변화에 대응해 글로벌 공급망의 일정 부분을 배제할 수밖에 없는 상황에 직면할 수 있다. 이 과정에서 생겨 나는 갈등 요소가 불거지지 않도록 외교적인 노력이 요구된다.

탈냉전 시기 한국 정부는 한반도를 둘러싼 냉전적 이분법적 구도가 형성되지 않는 노력을 기울여 왔다. 이러한 노력이 현 상황에 적합하지 않을 수 있다. 물론 글로벌 공급망 재편을 두고 강대국들이 자국의 이익만을 우선시한다면 이로써 한반도를 둘러싼 지정학적 갈등이 커질 수 있다. 실제 우리나라의 지정학적 위치는 주변 강대국으로 둘러싸여 있어 언제라도 공급망이 차단될 수 있게 놓여 있다. 그래서 주변 국가와의 관계는 매우 중요하다. 삼면이 바다인 연안국이지만 대해로 나가는 데 자유로운 항행이 보장되지 않을 수 있다는 점을 우리는 종종 망각한다. 그런 의미에서 전략적으로 남방 경로 못지않게 북방 물류 역시 중요하다.

우리 정부가 자국의 이해관계에 따라 러시아와 같은 강대국이 주변국을 침범한 것을 부당하다고 규탄하는 것은 국제 사회에 책임감 있는 국가의 모습으로서 바람직하다. 그러나 러시아에 대한 국내 여론이 부정적으로 작용하는 가운데서도 전쟁 이후 형성될 국제 질서를 고려해 중장기적으로 러시아를 비롯한 주변국과 균형 외교를 지향해야 한다. 우리 무역의 1/4을 차지하고 있는 중국과의 관계 역시 다층적인 성격을 가진다. 안미경중(安美經中)과 탈중국화 사이에서 균형점을 찾는 노력을 보여 줘야 할 것이다. 한국의 경제 안보에서 망간, 마그네슘, 아연도강판, 흑연 등 중국이 차지하는 비중이 높은 분야에 대한 정부 차원의 지원책을 마련해야 한다, 중국 측에도 과거 사드 배치에 대해 중국이 과도하게 반응한 것이 한국 내 반중 여론을 자극해 결과적으로 중국의 이익을 침해했다는 점을 인식시켜 중국이 과도하게 대응할수록 한국 내 여론이 중국을 경원시하게 될 것이라는 점을 설득할 필요가 있다. 북한 핵 개발과 장거리 미사일 모라토리움 유지, 에너지 및 자원 등의 경제 안보 개선하기 위해 러시아를 포함한 모든 주변국과의 협력 가능성을 열어 둬야 한다.

냉전 시기 미국과 소련은 대립과 협력이라는 두 개의 실타래를 유지하고 관리하면서 극단적인 대립을 회피하는 요령을 터득했다. 우리나라도 중첩적인 외교 전략을 구사해야 한다. 신냉전의 구도가 만들어지더라도 에너지 수입 경로를 다변화하고 4차 산업혁명 기술에 입각한 글로벌 가치사슬 재편에 참여하는 노력을 병행해야 한다. 과거 냉전 구도하에서 성장을 이룩한 경험과 노하우를 가진 우리나라가 강대국 간 힘겨루기에 의한 신냉전적 구도하에서도 효과적으로 대응하는 국가전략을 마련한다면 이번 위기도 잘 극복할 수 있을 것이다.

뉴 스페이스 혁명과 우주 국가전략

윤대엽

| 우주 국가전략 경쟁 |

2022년 11월 윤석열 정부는 우주항공청을 설립하고 2045년까지 100조 원을 투자하는 '우주경제 로드맵'을 발표했다. 2032년 달에 착륙하고 2045년 화성 탐사를 통해 세계 5대 우주강국으로 부상하는 것은 물론 미국과의 우주동맹을 기반으로 국제 사회와 우주 안보 협력을 확대하는 비전이 포함됐다. 한국의 우주 개발 구상은 세계 주요국의 우주 국가전략(space statecrfate) 경쟁이 치열해지고 있는 가운데 발표된 것이다. 미 항공우주국(NASA)도 아폴로 계획 이후 반세기 만에 유인 우주선의 달 탐사계획인 아르테미스 계획(Artemis Program)을 추진하고 있다. 2021년 12월 무인 우주선 '오리온(Orion)'이 성공적으로 귀환하면서 2024년 유인 비행을 거쳐, 2025년 3호기가 월면 착륙을 추진하고 있다. 미국의 우주 국가전략이 재개된 것은 중국의 우주굴기(宇宙崛起) 영향이 적지 않다. 2007년 창어(嫦娥) 1호를 발사해 달 전체의 3D 지도를 제작했고, 2013년에 창어 3호는 달 앞면에 착륙했다. 2019년 창어 4호가 인류 최초로 달의 뒷면

에 착륙한데 이어, 2020년에는 화성에 톈원(天問) 1호를 착륙시켰다. 중국은 2022년 우주정거장 톈궁(天宮)을 완성하고 2030년에는 사람이 상주하는 달 연구기지 건설을 추진하고 있다. 유럽연합 22개국이 공동으로 설립한 유럽우주국(ESA)도 2021년 '유럽우주국 2025 어젠다'를 발표하고 2035년까지 달 탐사 및 화성 탐사 계획을 발표했다.

치열해지는 우주 국가전략 경쟁은 4차 산업기술 혁명이 우주공간의 상업적 이용을 확대하는 뉴 스페이스(new space) 시대가 시작됐기 때문이다. 우주공간의 상업화가 가진 특징은 세 가지다. 첫째, 센서혁명(sensor revolution)이 불러온 우주 개발의 경제성이다. 전파, 온도, 영상, 음성 등 고도화·소형화된 센서혁명이 인공위성의 소형화를 가능하게 함에 따라 우주 개발 비용을 대폭 축소시켰다. 5,000kg 이상 대형위성 제작가격이 2억 5,000만 달러 수준이었던 것에 비해 스타링크(Starlink)를 구성하는 소형 위성은 50만 달러 수준에 불과하다. 둘째, 데이터 경제의 급격한 팽창이다. 4차 산업혁명의 핵심은 빅데이터, 사물인터넷과 인공지능이 거대한 데이터 경제

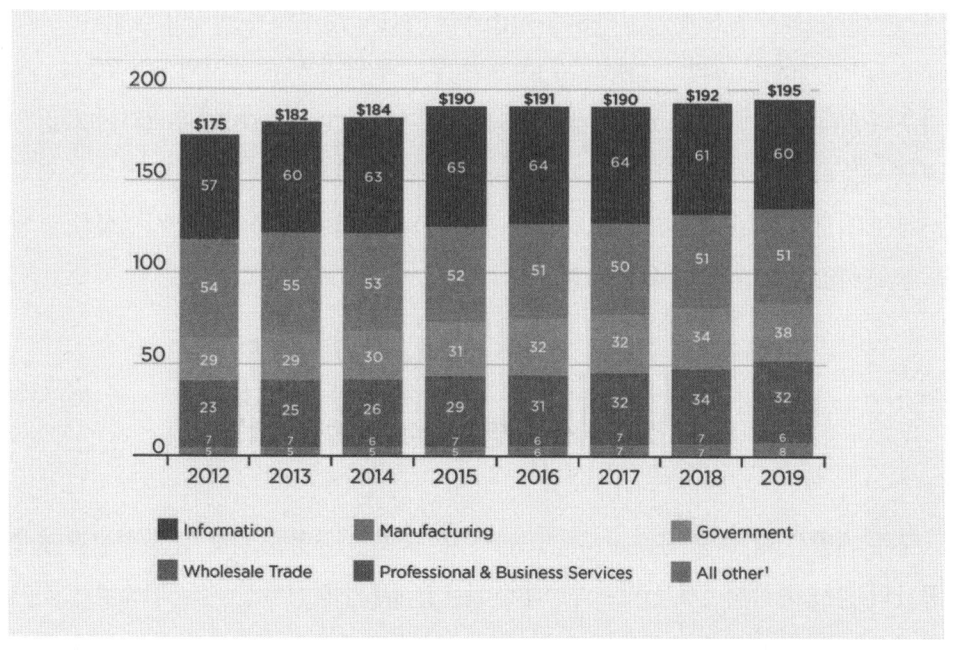

자료: Highfill, Tina et al. (2022), p. 5.

미국의 산업별 우주 경제 총매출액

를 구축한다는 것이다. 데이터 서비스가 시장화되면서 인공위성을 활용한 사물인터넷(satellite internet of things: IoT)은 공간의 제약 없이 육해공 및 사이버, 우주 등 5차원 공간의 데이터를 중계하는 것은 물론 빅데이터를 생산하는 블루오션 사업이 됐다. OECD(2022: 20)는 전 세계 우주 경제 규모가 2016년 3,500억 달러에서 2040년 2.7조억 달러로 10배 이상 커질 것으로 전망한 바 있다. 전통적인 우주 경제가 인공위성이나 우주발사체 등 우주 플랫폼에 중심을 뒀다면, 뉴 스페이스 혁명은 데이터가 그 핵심 유인이 되고 있다. 한 예로 미국의 우주 경제는 2012년 1,750억 달러에서 2019년 1,950억 달러로 11.5% 증가했다. 2019년 기준 정보서비스 산업 매출이 600억 달러로 가장 많으며, 제조업 510억 달러, 정부 투자 380억 달러 순이다.

이 때문에 우주공간의 상업화는 올드 스페이스(old space)를 주도했던 정부가 아닌 민간 부문이 투자, 기술, 혁신을 주도하고 있다. 2021년 기준 우주산업은 4,690억 달러 규모로 2020년 4,470억 달러에 비해 4.7% 성장했다. 우주 경제의 성장은 전체의 80%를 차지하는 상업 부문이 주도하고 있다. 우주발사체, 지상 플랫폼, 인공위성 등 우주 플랫폼 부분 비중은 1,372억 달러로 우주 경제의 30%를 점유한다. 민간기업이 발사하는 우주발사체 개발비용의 77.6%는 여전히 정부에서 지원하고 있다(Space Foundation, 2021). 그리고 정부의 우주 개발 투자와 달리 민간 투자의 60~70%는 저지구위성(LEO)과 데이터 서비스에 집중되고 있다(Byce Tech, 2022). 우크라이나 전쟁에서 테슬라의 '스타링크'가 제공한 인터넷 서비스와 민간위성이 제공한 정보 능력의 사례에서 보듯 민간 부문은 하드웨어 플랫폼이 아닌 데이터 서비스의 상업화를 통해 뉴 스페이스 혁명을 주도하고 있다.

| 올드 스페이스 혁명과 뉴 스페이스 혁명 |

우주 개발은 핵 혁명(nuclear revolution) 이후 공포의 균형을 위한 정보 혁신과 우주 공간의 군사화 목적에서 시작됐다. 핵이라는 절대무기를 보유한 미국과 소련은 선제공격을 억지하기 위해 상대국의 핵 위협을 파악하고 균형을 유지해야 하는 모순에 직면했다. 1954년 소련이 인공위성 발사를 위해 스푸트니크 1호를 발사하면서 감시, 정찰 목적의 인공위성 개발 경쟁이 시작됐다. 미국 역시 U-2항공정찰 프로그램(1956), 코로나(Corona) 인공위성 프로그램(1956) 등을 통해 기술정보(TECHINT) 혁신을 추진했지만, 우주발사체 개발에 먼저 성공한 것은 소련이었다(윤대엽, 2020). 스푸트니크 쇼크 이후 미소의 우주발사체 개발 경쟁은 '상호 확증 파괴(MAD)'라는 공포의 균형전략의 핵심 영역이었다. 미·소는 핵 우위를 위해 우주발사체, 인공위성, 통신 체계 등 우주 플랫폼 개발을 위해 경쟁했다. 카터 행정부는 우주 전력을 무력화하기 위해 인공위성 공격무기(ASAT)를 개발했으며, 레이건 행정부가 막대한 예산을 투자해 추진한 전략방위 구상(SDI)은 전쟁 없이 냉전을 종식시킨 군비 경쟁 전략이었다.

우주혁명의 역사적인 전환

구분	세부 특징	시장 규모
우주공간의 군사화	시기: 핵 혁명 이후 1950년대에서 1980년대 목적: 우주공간의 군사화, 우주공간의 무기화 주체: 미국과 소련	정부 투자
우주공간의 과학화	시기: 1970년대 시작, 탈냉전 이후 본격화 목적: 우주공간의 평화적 이용, 과학기술 연구 주체: 미·소 이외 유럽, 일본, 우주기술의 확산(spin-off) 활용	정부 투자 시장화
뉴 스페이스 혁명	시기: 2010년대 목적: 우주공간의 상업적 이용 주체: 국가 이외 기업 주도	우주 경제 빅뱅

냉전 시기 군사적 목적에서 시작된 우주 개발은 탈냉전 이후 과학적 목적으로 전환됐다. 탈냉전 이후 우주공간의 과학화는 두 가지 측면에서 우주 개발의 전환점이 됐다. 첫째, 우주 개발에 참여하는 국가가 큰 폭으로 증가했다. 1970년대 유럽, 일본 등은 우주공간의 군사화에 반대하며 우주공간의 평화적 이용을 위해 정부 주도의 우주정책을 시작했다. 군사기술의 상용화(spin-off)를 통해 상업 목적의 위성이 활용되면서 우주공간의 상업적 이용도 확대되기 시작했다. 이로 인해 1980년대까지 전체 인공위성 중 미국과 소련이 차지하는 비중이 압도적이었지만, 1990년대부터 미·소 이외의 국가들의 비중이 큰 폭으로 증가했으며, 2010년대 들어서는 미·소 이외 국가가 발사하는 인공위성 비중이 커졌다. 둘째, 아울러 군사적 목적에서 우주기술이 차지

하는 중요성이 더욱 커지게 됐다. 1991년 제1차 걸프전쟁을 거치면서 '우주전쟁(space warfare)' 개념이 처음 등장했다. 걸프전쟁은 1970년대 미국이 제2차 상쇄전략을 통해 개발한 통합 전장관리(C4I) 체계와 초정밀 타격 무기를 작전적, 전술적 차원에서 사용한 첫 번째 전쟁이다. 탐지, 식별, 지휘, 통신 등 C4ISR 체계의 통합적 운용 면에서 우주전략의 중요성을 인식하게 된 것이다. 또, 코소보 전쟁을 거치면서 위성항법장치(GPS) 체계의 군사적 활용을 경험했다(Bahney & Pearl, 2019).

(단위: %)

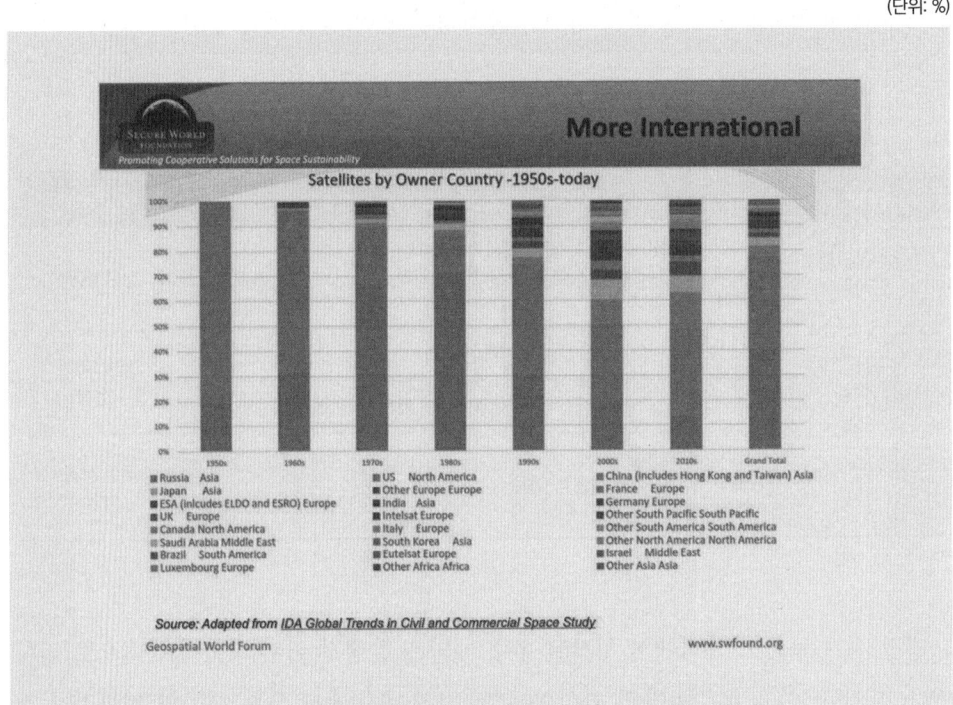

각국 보유 인공위성 비중 변화, 1950년대~2020년대

미·소가 주도하고 탈냉전 이후 세계 각국이 군사적·기술적·상업적 목적에서 경쟁하고 있는 우주력(space power)을 어떻게 평가할 것인가? 2022년 9월 현재 세계 80여 개국이 5,465개의 인공위성을 운용하고 있다. 이 중 자체적인 우주발사체 발사 능력을 보유한 국가는 16개국으로 목적별 인공위성 운용 현황은 다음 표에서 보는 바와 같다. 총 3,415개의 인공위성을 보유한 미국의 군사 목적 위성은 전체의 6.9%인 237

우주발사체 능력 보유 국가 우주력 현황

(단위: 개)

구분	우주 개발 능력			인공위성					
	발사	탐사	유인	통신	관측	GPS	기타	합계	군사
미국	○	○	○	2,682	485	34	214	3,415	237
러시아	○	○	○	87	40	28	15	170	105
중국	○	○	○	67	291	49	128	535	140
ESA	○	○		2	20	28	12	62	–
이탈리아	○	○		3	9		3	15	9
인도	○	○		19	25	8	7	59	9
일본	○	○		20	36	5	27	88	2
프랑스	○			3	16		3	22	14
한국	○			5	8		4	17	2
이스라엘	○			11	8		8	27	9
영국	–	–	–	469	6		11	486	6
독일	–	–	–	3	11	31		45	7

자료: Union of Concerned Scientists 통계자료, 저자 작성.

개에 불과하다. 러시아의 경우 전체 170개의 위성 중 105개가 군사위성이며, 중국도 전체 위성의 26.1%인 140개가 군사위성이다. 반면 발사체를 가지고 있지 않은 영국은 486개의 인공위성을 운용하고 있다. 이탈리아, 프랑스, 영국, 독일 등이 유럽우주국(ESA)을 통해 협력적인 우주 플랫폼을 구축하고 있다는 점을 고려하면 타국과의 격차는 더욱 크다. 우주공간의 상업화라는 뉴 스페이스 혁명의 특성을 고려하면 우주력은 우주발사체, 인공위성의 양적 우위가 아니라 통신, 관측, GPS 등 데이터 활용 기반이 중요해졌다.

| K-뉴 스페이스 혁명? |

군사적 목적, 과학적 목적에서 우주 플랫폼을 활용한 데이터 서비스가 뉴 스페이스 혁명의 핵심 동력이라는 점을 고려하면 한국의 우주 개발 전략을 비판적으로 검토할 필요가 있다. 2022년 한국형 발사체 누리호(KSLV-II) 발사에 성공하고, 다누리가 세계 일곱 번째로 달 탐사를 위한 대항해를 시작하면서 우주 전략에 대한 관심이 증가하고 있다. 누리호는 2022년 러시아와 협력으로 개발된 나로호(KSLV-I)의 개발 경험을 바탕으로 2011년 12월 국가우주위원회에서 추진이 확정됐다. 이후 12년간 2조 원을 투자해 연구개발에 성공한 것이다. 2022년 8월 5일 발사에 성공한 다누리가 네 달여의 대항해를 성공적으로 마치고 2022년 12월 달궤도 탐사에 성공하게 된다면, 러시아(1957), 미국(1958), 유럽연합(1965), 일본(1970), 인도(1980)에 이어 일곱 번째로 독자 발사체를 개발한 국가이자 세계 일곱 번째로 달 탐사에 성공하는 국가가 될 것이다. 한국항공우주연구원(항우연)은 2027년까지 약 7,000억 원을 투자해 누리호를 4차례 더 발사하고, 2030년 달 착륙을 목표로 차세대 한국형 발사체(KSLV-III)를 개발 중이며, 2031년까지 위성 개발과 연계해 40차례의 발사체를 발사할 예정에 있다(국가우주위원회).

연도별 위성개발계획

구분	2022	2023	2024	2025	2026	2027	2028	2029	2030	2031
정지궤도위성						2		1	1	
다목적위성	2		1			2		1		
중형위성	1	1		2	1	1		2	1	1
초소형 군집위성	1		1	7	6	26	5	8	26	13

자료: 국가우주위원회(2021), p.3 참조.

우주 경제 로드맵에서 언급된 바와 같이 우주 개발의 군사적 목표도 명시됐다. 한국의 우주 개발의 동기 역시 군사적 목적이었다. 1970년대 탄도미사일 발사체를 개발했던 백곰사업, 최초의 인공위성인 1992년 우리별 1호(KITSAT-1호) 발사를 출발점으로 정부는 1996년 4월 '우주개발 중장기 기본계획'을 확정해 추진해 왔다. 우주 개발이 국가전략으로 본격화된 것은 2005년 우주개발진흥법이 제정된 이후다. 일본의 우주개발기본법(2008)보다 먼저 제정된 한국의 우주개발진흥법은 (1) 우주 개발을 국가의 임무와 책임으로 규정하고, (2) 우주 개발 주관부처(국가우주위원회, 과학기술부)의 중장기 계획 및 예산 등의 기능을 명시했으며, (3) 주권, 영토의 개념이 부재하는 우주공간에서 국가 간의 협의와 조정 관련 근거를 제시했다. 공군도 2021년 우주작전대를 신설하고 2030년까지 대대급, 2040년에는 사령부급의 부대를 신설하는 '우주전력 발전계획'을 수립해 추진하고 있다(오혜, 2021).

윤석열 정부는 우주 국가전략을 구체화하고 우주 경제를 미래 전략산업은 물론 국가안보 전략으로 추진하는 구상을 발표했다. 우주개발진흥법을 근거로 2005년 설치된 국가우주위원회를 우주항공청으로 신설해 우주기술, 우주산업, 우주 전략을 총괄하도록 하고 있다. 과학기술 목적에서 출발한 한국의 우주 개발이 기술, 산업, 경제, 군사를 포괄하는 우주 전략으로 확대되고 있는 가운데 미래 국가전략의 게임 체인저가 되기 위한 과제는 무엇인가?

| 우주 게임 체인저의 과제 |

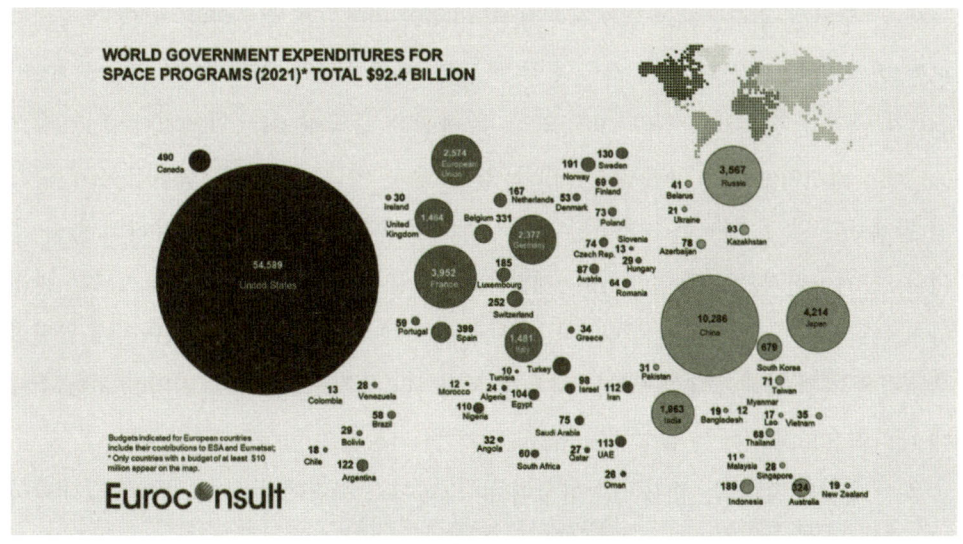

2021년 세계 각국의 우주 예산

우주공간의 상업화가 주도하는 뉴 스페이스 혁명은 기술, 경제, 산업은 물론 군사전략 등 국가 간의 협력, 경쟁, 이익이 결부돼 있는 미래 세계 질서의 경쟁 무대가 될 것이다. 그러나 우주 국가전략에는 세 가지 치명적인 리스크가 공존한다.

첫째, 남용의 리스크다. 원칙적으로 우주공간은 비배타적·비배제적 성격을 가진 '공공재(public goods)'로서 민주적·평화적으로 활용하는 것을 규범으로 한다. 그러나 이는 우주 협력의 규범일 뿐 미·소, 우주 개발 국가가 주도한 우주 경쟁은 비배제적이지만 경합적인 공유재(common goods)의 성격을 가지게 됐다. 뉴 스페이스 혁명에 따라 국가는 물론 민간 부문이 경쟁이 심화되면서 남용, 오용, 파괴를 초래하는 '공유재의 비극'이 심화될 수 있다.

둘째, 악용의 리스크 역시 중요한 쟁점이다. 기술적·군사적·상업적·전략적 측면에서 무한한 가능성을 가진 뉴 스페이스 혁명은 '리스크의 혁명'도 수반하고 있다. 우주 플랫폼(우주발사체, 인공위성, 우주비행체), 우주 스테이션(지상, 공중, 해상 등), 그리고 우주 플랫폼과 우주 스테이션을 연결하는 통신 체계 등 우주기술은 물리적·비물리적 공격에 취약하다. 미·중·러 등 세계 각국은 우주 플랫폼을 물리적으로 공격하거나 사이버, 전자적 수단으로 무력화할 수 있는 무기를 보유하고 있다. 사이버 공격을 통해 통신 체계를 무력화하거나 우주 스테이션을 파괴, 마비시키는 경우 우주 플랫폼에 의존하는 사회 기반 역시 위험해질 수 있다.

셋째, 무한한 우주공간의 경쟁적 개발은 비용의 리스크를 수반한다. 앞의 그림에서 보는 바와 같이 2021년 세계 각국의 우주 관련 예산 924억 달러 중 미국이 58.6%인 540억 달러를 점유하고 있다. 미국의 우주 예산은 중국(102억), 일본(42.1억). 프랑스(39.5억), 러시아(35.6억), ESA(25.7억). 독일(23.7억), 영국(14.6억) 등 상위 2~9개 국가의 합계보다 많다. 한국은 6.8억 달러로 세계 우주 예산의 0.73%를 점유하고 있을 뿐이다. 양적·질적으로 막대한 우주 개발 비용은 물론 기술적·전략적 리스크를 관리하기 위한 비용을 감당해야 한다. 이 때문에 뉴 스페이스 혁명이 심화되면서 우월적인 우주력을 가진 강대국이 독점하는 사유재가 되거나 특정 클럽, 또는 진영(bloc)이 주도해 배타적으로 활용하는 클럽재(club goods)가 될 가능성이 높아졌다.

우주 개발의 후발국, 중견국인 한국이 뉴 스페이스 혁명에서 국가 이익을 극대화하기 위한 전략은 세 가지 측면에서 검토할 수 있다.

첫째, 우주클럽(space club) 또는 우주 거버넌스에 참여하는 협력적 우주 국가전략을 추진할 필요가 있다. 가장 바람직한 시나리오는 우주공간이 비배제적·비경합적인 공공재로 활용되는 것이지만 이는 규범적·이상적 바람일 뿐 가능성은 높지 않다. 우주공간의 상업적·군사적·경제적 활용이 사실상 배제적인 요인으로 작동하고 있는 가운데, 미·중 또는 미·중·러의 패권 경쟁은 우주공간의 무기화를 가속화하게 될 것이다. 개발의 이익만큼 악용의 리스크가 증가하면서 전략적 이익을 공유하는 국가들이 리스크와 함께 우주공간의 개발에 필요한 재원과 기술의 분담하는 클럽화가 가속화될 것이기 때문이다. 우주 국가전략은 곧 우주공간이 전략적 이익을 공유하는 국가들의 클럽재화하는 것으로 군사, 정보, 기술, 산업 등의 이익을 공유하는 국가들과 우주 거버넌스를 구축할 필요가 있다. 1998년 북한의 대포동 발사 이후 군사적 목적의 우주 개발을 본격 추진하고 있는 일본의 경우 우주 전략에서 미일동맹 협력을 강화하고, 사실상 파이브 아이즈(five eyes)와의 정보동맹을 공식화하고 있다.

둘째, 하드웨어가 아니라 소프트웨어 중심의 우주 개발전략을 추진해야 한다. 뉴 스페이스 혁명의 본질은 우주발사체, 대형 인공위성 등 우주 플랫폼이 아니라 우주 플랫폼을 활용하는 우주 서비스의 상업화, 시장화에 있으며 우주경제에서 차지하는 비중은 계속 증가할 것이다. 이에 비하면, 우주발사체를 보유하게 된 한국이 과연 하드웨어 투자에 집중할 것인지, 아니면 우주 플랫폼을 활용한 데이터와 우주 서비스 산업에 집중할 것인지 전략이 필요하다. 유럽, 특히 영국의 경우 장기간에 걸쳐 막대한 기술적 투자가 필요한 우주발사체, 우주비행체 개발은 다자협력(ESA)에 의존하는 대신 소형 인공위성, 우주 데이터 산업에 집중 투자하고 있음을 참고할 필요가 있다. 4차 산업혁명에 수반되는 모든 것의 혁명(revolution in everything)이 가진 본질적인 원칙이 작고(small), 싸고(cheap), 많지만(many), 똑똑한(smart) 것이며, 그 기반이 소프트웨어임을 주지할 필요가 있다.

셋째, 우주경제의 혁신 생태계를 구축하는 데 민관 또는 민·관·산·학 관계가 근본적으로 혁신해야 한다. 대기업 주도 수출산업 발전의 경로에서 한국의 연구개발 투자는 큰 폭으로 증가했다. GDP 대비 연구개발 투자 비중은 OECD 국가 중 최상위를 차지하고 있으며, 기업 지출 비중도 80%가 넘는다. 그러나 대학 등 고등교육 부문이 연구개발을 주도하는 OECD 국가 및 일본과 달리 한국은 공공 부문 비중이 높다. 국가가 주도한 올드 스페이스 혁명과 달리 뉴 스페이스 혁명은 우주 플랫폼의 소용화와 함께 이를 상업화·시장화하는 혁신에 있으며, 민간 부문이 주도하고 있다. 민간 부문의 진입과 투자가 쉽지 않은 우주 플랫폼 부문에서 정부의 역할이 여전히 중요하지만, 데이터 등의 우주 서비스를 상업화하는 민간 부문의 발전을 위해서는 고등교육 투자 및 민간 주도의 산업정책 거버넌스의 전환이 수반될 필요가 있다.

보론 1
핵전략

김민성

| 핵무기는 왜 게임 체인저인가? |

    핵무기와 핵 억제를 통한 '핵 질서'는 냉전과 탈냉전 시기를 지나며 국제 안보·군사·외교환경의 핵심 변수이자 게임 체인저(game changer)로 자리 잡아 왔다. 핵무기의 압도적인 파괴력은 사회를 넘어 국가 차원에서 막대한 피해를 야기할 수 있으며, 핵무기 사용으로 인한 방사능 발생 등은 기후 변화를 포함해 인간과 생물체의 생존에 영향을 미칠 수 있다. 즉, 핵무기의 파괴력이 결국 인류 사회에 재앙적 상황으로 연결될 수 있다는 것은 이미 널리 알려진 사실이다. 그렇기 때문에, 핵무기는 핵을 가진 나라와 가지지 못한 나라 간의 생존의 방식뿐 아니라 국제 질서에도 영향을 미쳤다. 브로디(Bernard Brodie)는 핵을 '절대무기(absolute weapon)'로 정의하며, 핵무기의 압도적 파괴력은 핵보유 자체가 전쟁 승리를 보장한다며 '핵불가용론'을 주장했다.[1] 이와

---

[1] Bernard Brodie, *The Absolute Weapon: Atomic Power and World Order* (Harcourt: Yale University,

반대로 칸(Herman Kahn)은 상호 억제에 대해 적군에 의한 억제가 가능하다고 인정하는 순간, 이는 자국의 약세를 인정하는 것이며, 이에 핵무기 사용 가능성을 열어 둬야 한다는 '핵가용론'을 주장하기도 했다.[2]

냉전 시기부터 현재에 이르기까지 주요 강대국들은 이러한 핵무기의 특징을 활용하면서 운용 체계뿐 아니라 미사일을 비롯한 투발 수단의 발전을 위해서도 다양한 노력을 기울여 왔다. 중요한 점은 핵무기의 전략적 가치가 핵보유국에는 군사적 역량뿐 아니라 국제적 지위를 확립하는 데 영향을 미쳤는데, 이러한 부분은 비핵보유국들이 핵무기에 대한 가치를 평가하면서, 핵보유국으로서의 도약 목표를 다지는 계기가 되기도 했다는 것이다.[3] 특히 제2차 세계대전 직후 주요 강대국에서 지역 국가들 순으로 핵실험을 단행한 바 있다. 첫 핵실험의 경우, 미국이 1945년(총 1,030회), 소련이 1949년(총 715회), 영국 1952년(총 45회), 프랑스는 1960년(총 210회), 중국은 1964년(총 43회)에 각각 핵실험을 단행했으며, 이후 인도가 1974년(총 3회), 파키스탄이 1998년(총 2회),[4] 그리고 북한이 2006년 첫 실험을 시작으로 21세기에 들어 유일하게 핵실험을 총 6차례 진행한 것으로 나타났다.[5]

1960년대 중국도 핵실험에 성공하면서 핵개발 계획을 세운 국가들이 증가함에 따라 핵보유국 수가 급격하게 증가할 수 있다는 위기감이 팽배했고, 이에 국제 사회는 1970년 핵비확산조약(Treaty on the Non-Proliferation of Nuclear Weapons: NPT)을 출범시킨 바 있다. 냉전기 국제 사회는 핵보유국 핵무기의 질적·양적 증가라는 '수직적 핵확산 방지'를 위해 군비통제(arms control)와 군축(disarmament)에 초점을 맞춰 왔으며,

---

Institute of International Studies, 1946).

2) Herman Kahn, *On Thermonuclear War*(Princeton: Princeton University Press, 1960). p. 287.

3) 김민성·임현지. "파키스탄 및 북한의 핵전략 연구: 비핀 나랑의 비대칭 확전 태세'의 접근과 한계를 중심으로," 『통일정책연구』, 31(1): 107-141. 2022.

4) 인도와 파키스탄의 경우, 하루에 단행한 여러 차례의 실험은 1회로 계산했다. 인도의 경우 1974년 5월 18일에 첫 핵실험을 하고, 1998년 5월 11일, 13일에 각각 세 차례씩 핵실험을 단행함으로써 총 7회의 핵실험으로 계산하기도 한다. 파키스탄 역시 1998년 5월 28일과 30일 각각 핵실험을 진행했는데, 이 중 28일 하루에 다섯 차례 실험함으로써, 총 6회라고 계산하기도 한다. 각국의 핵실험 연대와 횟수는 미 군비통제협회 (Arms Control Association(https://www.armscontrol.org/factsheets/nucleartesttally) 자료 참조.

5) Atomic Archive.(https://www.atomicarchive.com/almanac/test-sites/testing-chronology.html) 자료 참조.

탈냉전 시기에는 새로운 핵보유국 등장을 방지하기 위해 비확산(nonproliferation)이나 핵안보(nuclear security) 등을 통한 '수평적 핵확산 방지'를 위해 노력해 왔다.[6] 특히 브래큰(Paul Bracken)은 P5(중국, 프랑스, 러시아, 영국 및 미국, 5개 유엔 안보리 상임 이사국)라는 주요 강대국 중심이었던 제1차 핵시대와 달리, 새로운 핵보유국의 등장은 '제2차 핵시대'로 명명할 수 있는데, 특히 인도, 파키스탄, 이스라엘, 북한 등 대부분 아시아 지역에 있어, '아시아 핵시대(Asian Nuclear Age)'가 될 수 있다고 평가했다.[7] 양적으로 급격한 확산 가능성이 대두됐던 냉전 시기나 현재 북한을 제외하고 핵보유국의 수가 8개국 정도로 인식되는 것을 감안하면, NPT 체제는 성공적이라고 평가할 수 있다.[8]

그러나 이러한 국제 사회의 핵 질서는 최근 들어 다시 변곡점을 맞은 듯하다. 냉전기와는 다른 양상의 핵보유 강대국 간의 경쟁 심화, 지역 국가들의 공세적 핵 개발 및 핵기술의 확산 증가 등 새로운 특징을 나타내는 제3차 핵시대(Third Nuclear Age)의 도래 가능성이 제기되기 때문이다.[9] 예를 들어, 중국은 미국에 비해 아직 핵전력 면에서 열세를 보이고 있다. 그러나 미국은 중국이 2035년까지 1,500개의 핵탄두를 보유할 것으로 추정하며, 중국의 핵전력이 빠른 속도로 '증가하고 있는 양상'에 주목하고 이에 대한 대응을 강조하고 있다.[10] 이와 함께 미국은 동맹국 간의 연대도 강화하고 있다. 특히 미국은 쿼드(Quad)와 함께 미국의 인도·태평양전략의 핵심 체제 중 하나인 미·영·호 간 오커스(AUKUS)를 통해 2021년 호주의 핵잠수함 개발을 지원하기로 합의하기도 하면서, NPT 체제에의 영향이 대두되기도 했다. 무엇보다 2022년 2월 러시아의 우크라이나 침공과 전술핵 사용에 대한 위협에 따라 전 세계는 '새로운 핵 질

---

6) Andrew Futter 지음, 고봉준 옮김, 『핵무기의 정치』(서울: 명인문화사, 2016), pp. 175-176; 외교부, 『군축·비확산 편람 2021』(서울: 외교부 군축비확산담당관실), p.29.

7) Paul Bracken, *The Second Nuclear Age: Strategy, Danger, and the New Power Politics*(Basingstoke: Macmillan, 2012).

8) 외교부, 『군축·비확산 편람 2021』(서울: 외교부 군축비확산담당관실), p.30

9) Jenny L. Naylor, "The Third Nuclear Age," *Comparative Strategy*, 38(4): 276-288, 2019.

10) Department of Defense, "Military and Security Developments Involving the People's Republic of China 2021," https://media.defense.gov/2021/Nov/03/2002885874/-1/-1/0/2021-CMPR-FINAL.PDF 내용 참조. 2022월 10월 발간된 바이든 행정부의 핵태세검토보고서(NPR)에서는 2030년 기준, 중국이 1,000여 개의 핵탄두를 보유할 것이라고 추정하기도 했다.

서'에 들어섰다고 평가되기도 한다.[11] 특히 러시아의 핵무기 사용 가능성에 대해 나토(NATO)는 "러시아에 심각한 결과를 초래"할 것, "러시아군을 전멸시킬 것" 등 강도 높게 경고한 바 있다.[12]

한반도에서도 북한의 일련의 행보로 인해 불안정한 상황이 지속되고 있다. 북한은 2022년 장거리탄도미사일(ICBM)을 포함해 전례 없이 많은 횟수의 미사일 발사 실험을 감행했다. 또한, 핵 선제 공격 가능성을 시사하는 핵무력 정책 법제화를 단행하고, 2023년 1월에는 핵탄두를 기하급수적으로 증가하겠다고 발표하는 등 핵보유 의지를 강화해 나가고 있다. 이에 한국은 미국과의 확장 억제 강화를 위해 한·미 연합훈련 재개, 고위급 확장억제전략협의체(Extended Deterrence Strategy and Consultation Group: EDSCG) 재가동, 그리고 2023년에는 북한의 핵 사용을 가정한 확장 억제 수단 운용 연습의 실시도 고려하는 등 다각적인 차원에서 확장 억제 강화 방안을 강구하고 있다. 이와 함께 북한 핵문제를 둘러싸고 한·미·일 3자 협력이 강화되고, 이에 대해 중국과 러시아가 불편한 기색을 드러내는 등 역내 국가 간의 긴장과 대립 역시 나타나고 있는 상황이다.[13]

결국 핵무기를 둘러싸고 미·중 경쟁의 심화, 갈등하는 강대국들과 지역 핵보유국 간 연계, 이들 간의 연합, 그리고 연합 간의 갈등이 복잡하게 얽혀 각국의 핵전략에 영향을 미치고 있다. 포괄안보 시대, 다양한 안보 위협 요인들이 등장하고 있지만, 핵무기에 대한 전략적인 중요성은 여전하고 영향력도 크다고 할 수 있다. 자국의 방어를 위한 억제(deterrence) 능력 강화는 주변국의 안보를 불안하게 하는 안보 딜레마(security dilemma)를 일으킨다. 특정 국가의 핵전력과 운용 전략 등에 대해 주변국은 관계, 인식, 평가에 따라 적극적·공격적인 대응을 할 수 있다. 이는 다시 관련국 간

---

11) *The Economist*, "A New Nuclear Era," June 2022. https://www.economist.com/leaders/2022/06/02/a-new-nuclear-era.

12) VOA, "백악관 "러시아 핵무기 사용 시 단호히 대응… 살라미 자르지 않을 것" 대대적 응징 경고," 2022.10.17.

13) 2023년 4월 한·미 정상회담을 통해 양국은 정상 차원에서 확장 억제의 획기적 강화를 명시한 '워싱턴 선언'을 발표했으며, 이에 따라 7월 18일 한·미 핵협의그룹(Nuclear Consultative Group: NCG)이 출범했다. 또한 8월 18일 한·미·일 3국 정상은 미 캠프데이비드에서 정상회의를 개최하고, 3국간 협력의 새로운 이정표를 마련했다.

저강도-고강도 군사적 도발, 재래식 무기를 통한 대응뿐 아니라 핵무기 개발 경쟁과 핵 사용 위협의 악순환으로 이어질 수 있다. 불신(distrust)을 통해 오인(misperception)과 오해(misunderstanding)로 인한 상황의 확전(escalation) 가능성 역시 완전히 배제하기 어렵다. 여전히 핵무기와 기술 개발, 배치, 운용에 대한 각국의 핵전략은 국제 안보환경의 주요 게임 체인저로 작용하고 있다는 점을 염두에 둬야 하는 이유다.

전 세계 핵무기 보유 동향과 주요국의 핵전략 평가

전 세계 핵무기 보유 동향

국제 사회의 핵 질서와 각국의 핵전략 평가를 위해, 전 세계 핵무기 보유 동향을 살펴보는 것은 의미 있는 1차 자료가 될 수 있다. 미 군비통제협회(Arms Control Association) 홈페이지에 게시된 자료를 기준으로 2016년과 2021년, 5년 사이의 전 세계 및 국가별 핵무기 보유량을 비교해 봤다. 이를 통해 몇 가지 표면적 함의를 도출할 수 있다.

첫째, 5년 사이에 전 세계 핵무기 보유량은 약 15,500개에서 13,000개 정도로 줄었는데, 이는 대부분 러시아와 미국이 줄인 것이며, 그럼에도 불구하고 러시아와 미국이 여타 국가들에 비해 핵무기의 압도적인 수를 유지하고 있다는 것이다. 둘째, 러시아와 미국을 제외한 P5 국가 중 영국과 프랑스의 증감량은 비교적 적으나, 중국의 경우 핵무기 보유 수 증가가 두드러진다. 특히 전체 국가 중 가장 큰 증가세를 보인다. 셋째, P5(중국, 미국, 영국, 프랑스, 러시아 등 유엔 안전보장이사회 상임 이사국 5개국) 외의 국가들, 즉 인도, 파키스탄, 이스라엘 그리고 북한은 일제히 증가세를 나타내고 있다는 것이다.

이러한 최근의 핵무기 보유량 변화는 제2차 핵시대, 즉 지역 국가들의 핵보유 의지와 이들이 아시아 지역에 쏠려 있다는 점을 다시 한번 상기하게 한다. 무엇보다 인도, 파키스탄, 이스라엘, 북한의 핵무기 증가세는 주변국 및 동맹-협력국 간의 역학에도 영향을 미칠 수 있으며, 이 지역의 안보 불안을 초래하는 데 직간접적으로 영향을 미치고 있으므로, 더욱 면밀한 관찰이 필요하다.

2016년 대 2021년 기준, 전 세계의 핵무기 보유량 추정치 비교

국가명	상태	2016년	2021년	증감(+/−)
러시아	퇴역(retired)	2800	1760	−1,040
러시아	군사 전략상 보유*(military strategic)	4500	4497	−3
러시아	보유량 중 전략적* 배치(strategic deployed)	1735	1458	−277
러시아	총계	7300	6257	−1,043
미국	퇴역	2500	1800	−700
미국	군사 전략상 보유	4571	3750	−821
미국	보유량 중 전략적 배치	1481	1389	−92
미국	총계	7100	5550	−1,550
프랑스	퇴역	−	−	−
프랑스	군사 전략상 보유	300	290	−10
프랑스	보유량 중 전략적 배치	−	−	−
프랑스	총계	300	290	−10
중국	퇴역	−	−	−
중국	군사 전략상 보유	260	350	+90
중국	보유량 중 전략적 배치	−	−	−
중국	총계	260	350	+90
영국	퇴역	−	−	−
영국	군사 전략상 보유	215	225	+10
영국	보유량 중 전략적 배치	−	−	−
영국	총계	215	225	+10
파키스탄	퇴역	−	−	−
파키스탄	군사 전략상 보유	120	165	+45
파키스탄	보유량 중 전략적 배치	−	−	−
파키스탄	총계	120	165	+45
인도	퇴역	−	−	−
인도	군사 전략상 보유	110	156	46
인도	보유량 중 전략적 배치	−	−	−
인도	총계	110	156	+46

이스라엘	퇴역	–	–	–
	군사 전략상 보유	80	90	+10
	보유량 중 전략적 배치	–	–	–
	총계	80	90	+10
북한	퇴역	–	–	–
	군사 전략상 보유	8	40~50	+32~42
	보유량 중 전략적 배치	–	–	–
	총계	8	40~50	+32~42
전 세계 기준 추정치		약 15,500	약 13,000	–2,500

* 영문 표기는 2021년 기준이며, 2016년 자료에서는 'stockpiled'로 표기됨.
** 영문 표기는 2021년 기준이며, 2016년 자료에는 'deployed'로 표기됨.
※ 미국의 군비통제협회(The Arms Control Association) 홈페이지 (https://www.armscontrol.org/factsheets/nucleartesttally)의 2016년 및 2021년 자료 저자 비교, 정리함.

이러한 동향과 함께 주요 국가의 핵전략은 지역 안보 정세뿐 아니라 국제 비확산 체제에 다양한 함의를 제공하고 있다. 2022년에는 러시아의 우크라이나 침공, 대만해협에서의 긴장 고조뿐 아니라 북한의 지속적인 도발 행태, 이란 핵 협상의 난항 및 이란의 60% 고농축 우라늄 생산 시작[14] 등 유럽과 중동 그리고 인도·태평양 지역까지 핵보유국 및 잠재적 핵보유국 등이 얽혀 있는 굵직한 사안들이 불거진 바 있다. 특히 주요 핵 강대국이자 동시에 한반도 안보환경에 영향을 미치고 있는 지역 국가인 미·중·러와 북한의 핵전략은 한국의 외교안보 전략 면에서 핵심 고려 사항이다.

미국의 핵전략

미국은 냉전 이후 핵무기에 역할 감소에 대한 방향성을 유지해 오고 있으나, 큰 틀에서 여전히 핵은 중요한 군사 및 안보전략의 핵심으로 작용해 오고 있으며, 이러한 인식은 미국의 핵전략에 반영돼 있다. 일례로 2018년 트럼프 행정부의 핵태세검토보고서(Nuclear Posture Review: NPR)에서도 핵무기에 대한 역할 축소를 거론하고 있으

---

14) 이란 핵합의(JCPOA)에서 제시했던 농축 수준은 3.67%이며, 합의 이전에 이란이 농축한 수준은 20% 였다.

나, 핵무기의 양적 감소는 추구하되 핵 억제, 전략이나 전술핵 사용 등에서는 제한적으로 표현하고 있었고, 특히 전략 및 전술핵의 현대화를 통한 전력 증강을 언급함으로써 핵의 전략적 중요성에 대해서는 여전한 인식을 보여 줬다.[15] 이러한 부분은 2022년 10월 발간된 바이든 정부의 NPR에서도 등장했다.

무엇보다 2018년에 이어 2022년에도 핵 외의 재래식 공격에 대한 억제에도 핵을 사용할 수 있음을 언급하고 있다. 즉, 핵 위협이나 공격이 없어도 "극단적 상황(extreme circumstances)"이라는 조건에서는 핵무기 사용을 고려할 것을 명시한 것이다.[16] 이는 "핵공격 시에만 핵무기로 대응"한다는 단일 목적(sole purpose)뿐 아니라 선제 불사용(No First Use) 기조를 드러내지 않음으로써 동맹국과의 확장 억제 신뢰성을 제고하고자 한 것으로 평가된다. 이와 함께 미국은 중국, 러시아, 북한을 핵 위협 국가로 명시하고 이들에 대한 억제 능력을 강화해 나갈 것임을 강조했다. 미국은 러시아와 중국, 북한에 대해 '맞춤형 억제 전략(tailored nuclear deterrence strategy)'을 강조했는데, 특히 F-35A와 같은 이중 용도 전투기(dual-capable fighter aircraft: DCA), B61-12 저위력 핵탄두, W76-2 저위력 잠수함 발사 핵탄두 등과 같이 전술 핵무기 개발, 배치 및 운용에 대해 명시하면서, 특히 유연성(flexibility)을 강조함으로써 실제 사용 가능성을 시사했다.[17] 무엇보다 미국은 중국을 미국 안보의 가장 심각한 도전으로 규정하고, 핵능력 증강에 대해 주시하고 있음을 강조했다. 이에 중국은 "미국은 세계 최대의 핵무기 보유국"이며 중국을 겨냥한 맞춤형 억제 능력 강화 기조를 강하게 비판함으로써,[18] 미국의 핵전략에 대중 견제 부분에 대한 민감도를 드러냈다.

중국의 핵전략

중국은 1964년 핵실험 이후 1970~80년대에는 핵무기의 양적 증가를 목표로 삼았으나, 1980년대 중반 이후에는 질적 발전을 꾀하면서 3원 체계 구축을 통한 '최소 억

---

15) Department of Defense, *Nuclear Posture Review*, February 2018.

16) Department of Defense, *Nuclear Posture Review*, October 2022.

17) Department of Defense, *Nuclear Posture Review*, October 2022. pp. 11-12.

18) 연합뉴스, "중국, 미국 핵태세보고서 비난…"대중 맞춤형 전략"," 2022.10.30. https://www.yna.co.kr/view/AKR20221030028400083

제'라는 방향성을 목표로 한 것으로 평가된다. 최소 억제(minimum deterrence)는 소수의 핵탄두 보유를 통해 2차 보복 공격을 통한 핵위협으로 억제 능력을 달성하는 것이었는데, 중국이 1980년대 말~1990년대부터 기술 개발을 통한 핵무기의 현대화에 박차를 가함으로써 냉전기 최소 억제에서 '제한적 억제(limited deterrence)' 전략으로 변화했다는 평가도 있다.[19] 제한적 억제란 최소 억제의 '소수'가 아닌 '상당수'의 핵탄두 수를 보유하고 다양한 위협과 확전 가능성을 억지하기 위해, 제한적 목적의 핵 사용을 추구하는 전략이다.

중국의 핵전략이 '제한적 억제' 특징을 포함함으로써 좀 더 공세적으로 변모하고 있다는 평가에는 여러 가지 근거가 제시되고 있다. 우선 앞의 표와 같이 세계적으로 감소 추세인 것에 반해 최근 중국의 핵탄두 보유 수는 꾸준하게 증가하고 있다는 점이다. 1990년대에 들어서 양적 증가율이 감소했다고 하지만, 오히려 지금은 양적 증가와 기술의 현대화가 동시에 이뤄지고 있다. 또한, 중국이 오랜 기간 명시해 온 '핵 선제 불사용' 원칙이 시진핑 체제 이후 2013년 국방백서에서 삭제됐다가 2015년 다시 등장하는 점으로 미뤄,[20] 원칙 변경 가능성 또는 변형된 형태의 원칙 등장 등이 중국 국내적으로 논의될 수 있다는 우려를 배제하기 어렵다. 무엇보다 중국의 핵전략이 핵전력, 배치 및 운영이나 핵사용 임계점 등에서 전략적 모호성을 유지해 왔기 때문에, 중국의 명확한 의도 파악이 어렵다고 평가된다.[21]

더욱 중요한 것은 현재의 핵 질서에 대한 중국의 인식이다. 즉, 중국은 심화하는 전략 경쟁의 대상인 미국에 비해 여전히 핵무기의 질적·양적 수준이 크게 미치지 못하고, 특히 2차 보복 능력의 신뢰성이 낮아, 미·중 간 전략적 불균형이 발생하고 있다고 인식하고 있다. 2021년 11월 환구시보 사설에 따르면, "중국이 스스로 할 일을 잘해서 본국 핵 억제력을 강화해야 한다"면서 "중국이 핵 선제 불사용을 선포한 유일한 핵 대국으로, 2차 타격 능력을 발전시키는 것이 특히 중요하다"고 언급함으로써 핵무

---

[19] 유지용, "중국의 핵·미사일 전력 증강 추세와 미중 경쟁," 『주간국방논단』(한국국방연구원), 2015. 1. 26. pp. 3-5.; 이강경·설현주, "중국 핵전략 변화의 군사적 고찰," 『통일전략』, 19(4), 2019.

[20] 신성호, "미중 핵 군사 전략 경쟁," EAI 국가안보패널 연구보고서(동아시아연구원), 2017.

[21] Fiona Cunningham & M. Taylor Fravel (2015). "Assuring Assured Retaliation: China's Nuclear Posture and U.S.-China Strategic Stability." *International Security*, 40(2): 7-50.

기 수의 증가와 핵전력 강화를 강조한 바 있다.[22] 왜냐하면, 2차 보복 공격을 위해서는 1차 공격 이후 생존하는 핵무기가 남아 있어야 하는 바, 열세한 핵전력일 경우 2차 보복 능력을 장담하기 어려운 것이다. 이러한 점을 극복하기 위해 일례로 중국은 전략자산 보호를 위한 터널 및 지하시설 네트워크를 구축해 왔으며, 이를 통해 '핵전력의 생존성' 역시 추구해 온 것으로 평가된다.[23] 결국 중국은 미 패권에 대한 효과적인 대응을 위해 제한 억제 특징을 기반으로 의도적인 모호성을 유지하면서 핵무기 보유 수와 핵전력의 현대화를 추진하며 핵전략을 구사하고자 할 것으로 예상된다. 현재의 단계에서 아직 미·중 간 핵 균형을 논하기는 어렵다. 그러나 핵무기 수의 감소와 핵무기에 대한 의존도를 줄여 가려는 미국과 핵무기의 수와 기술 개발에 박차를 가하는 중국의 추진 동향으로 미뤄 볼 때 일각에서 제기되는 냉전기 미·소 간 공포의 균형(balance of fear)에 기반을 둔 상호 확증 파괴(Mutually Assured Destruction: MAD)와 같은 양상이 미·중 사이에도 나타날 수 있을지 귀추가 주목된다.

러시아의 핵전략

러시아는 냉전기 소련 시절 핵전략과 관련, 핵 선제 불사용 원칙을 선언한 바 있으나, 냉전 직후 1993년 이를 철회했으며, 특히 핵뿐 아니라 재래식 공격에 대해서도 자국의 핵무기 사용 의지를 밝혔다. 당시 냉전 후 바르샤바조약기구(Warsaw Pact) 국가들의 나토(NATO) 가입과 이로 인한 나토의 확대와 동진에 대한 위기감이 있었고, 군사적으로 체첸, 그루지아 등의 분쟁을 통해 재래식 무기 사용 면에서 열세를 보이자 핵무기에 대한 의존도를 강화한 것으로 보인다. 특히 러시아는 핵전력 균형을 위해 '제한적 핵무기 사용' 전략을 세웠는데 이는 다양한 강도의 핵무기 사용 가능성을 열어 둠으로써 위협 수위를 높이면서, 결국 '확전을 통한 분쟁 완화(escalate to de-escalate)'를 염두에 둔 전략이다.[24] 이러한 러시아의 기조는 반드시 핵 선제 사용을 의미하지는

---

22) KBS, "중국 핵전략 '최소 억지'에서 'MAD'로 가나," 2021.11.07.(https://news.kbs.co.kr/news/view.do?ncd=5318906).

23) 박병찬, "중국의 핵전략 변화와 한국의 안보정책 방향," 『전략연구』, 통권 83호(2021.3), pp. 90-92.

24) Nikolai N. Sokov, "Why Russia Calls a Limited Nuclear Strike 'De-escalation'," *The Bulletin of Atomic Scientists*, 2014; Emma Ashford & Matthew Kroenig, "Would Putin Use Nuclear

않지만, 러시아 안보에 심각한 위협이 있을 때, 선제적 사용 가능성을 열어 둔 것으로 평가할 수 있다.

2000년 이후에도 러시아의 핵무기에 대한 인식 그리고 의존도는 점차 높아졌다. 특히 러시아는 미국의 재래식 군사력과 미사일 방어 체계(missile Defense: MD)에 대응하기 위해 핵 능력을 중시했으며, 현대화 사업을 통해 다양한 핵 투발 수단을 개발, 발전시키고자 했다. 이러한 기조는 2018년 3월 푸틴은 연례 연설에서 신형 첨단 전략무기를 과시하며, "미국의 방어 체계로는 방어가 불가능한 새로운 핵·미사일 능력을 개발했다"고 발표한 것이나 2020년 6월 발표한 러시아의 「핵 억제에 대한 러시아 정책의 기본 원칙」에서 확인할 수 있다.[25]

2014년 크림반도 분쟁을 비롯해 2022년 우크라이나 침공까지 러시아의 핵무기 사용에 대한 위협 등을 통해 러시아의 핵전력과 의도에 대해 다시 한번 평가하게 할 수 있는 계기가 있었다. 특히 러시아의 전술 핵무기 사용 가능성에 대한 언급이나, 핵전쟁 훈련 등은 한편으로는 현재의 안보 상황 속에서 자국의 기제를 적극 활용하고자 하는 것으로 보인다. 그러나 러시아의 전략적 사고가 냉전기처럼 강대국 간의 핵을 통한 힘의 대결로 평가하는 인식이 여전히 존재할 경우, 이는 중장기적으로 국제 비확산 체제나 군축 협상의 결과에 부정적 영향을 미치는 위협으로 작용할 수 있다. 그리고 북한을 비롯한 잠재적 핵보유국에는 향후 핵 개발 경로를 답습하게 하는 영향을 미칠 가능성이 있다.

북한의 핵전략

북한이 김정은 시기에 들어와 핵 능력 고도화에 박차를 가해 온 것은 주지의 사실이다. 북한은 핵탄두 보유 수를 늘리며, 핵무기 활용을 위한 투발 수단의 다양화 및 현대화에도 역량을 집중함으로써 핵전력을 강화해 왔다. 2022년에는 유례없이 많은 미사일 발사 실험을 단행했으며, 핵무력 법제화를 통해 전술핵무기 사용과 선제 핵 사용과

Weapons?," *Foreign Policy*, March 11, 2022.

[25] Ankit Panda, "What's in Russia's New Nuclear Deterrence 'Basic Principles'?" *The Diplomat*, June 9, 2020. (https://thediplomat.com/2020/06/whats-in-russias-new-nuclear-deterrence-basic-principles/).

같은 좀 더 공세적인 핵전략을 구사할 것임을 천명했다. 이러한 상황에서 2022년 12월 북한은 당 중앙위원회 전원회의에서 한국을 '명백한 적'으로 규정했다.[26] 동시에 공세적 핵 사용 의지를 재확인하며, 전술 핵무기 대량생산의 중요성과 필요성, 그리고 핵탄두 보유량을 기하급수적으로 늘릴 것임을 강조했다. 2023년 1월 발간된 한국국방연구원의 「북한의 핵탄두 수량 추계와 전망」 보고서는 현재 북한이 보유한 핵탄두를 80~90기로 추정하기도 했다.[27]

북한은 2000년대 들어 지속적으로 핵국가로서의 목표를 다져왔다. 특히 북한이 2013년의 「핵보유국법」을 통해 핵국가로서의 지위를 공고히 하고자 했다면, 이에 만족하지 않고 2022년 9월 「핵무력법」을 통해 핵 사용에 대한 가능성을 제기하며 좀 더 공세적으로 변모하고 있다. 예를 들어, 2013년 핵보유국법에서는 (1) 핵보유국 지위 천명, (2) 핵은 정당한 방위 수단, (3) 선제 불사용(NFU) 채택, (4) 지휘통제는 중앙(최고사령관의 최종 명령), (5) 핵 사용 조건은 침략 및 공격을 억제하고 격퇴하기 위해서 그리고 보복 타격, (6) 이를 위해 핵 능력의 질량적 강화를 목표로 한다고 천명했다.

그러나 2022년 발표한 핵무력정책법은 (1) 핵무기 사용 전략 천명, (2) 핵은 전쟁 억제 및 결정적 승리 목표를 위한 것, (3) NFU 미 채택, 비핵 국가에 대한 핵 사용 가능성 언급, (4) 지휘통제는 국무위원장의 유일적 지휘, 국가핵무력지휘기구의 보좌 및 제한적 위임 가능, (5) 핵무력 태세 평가, 핵무력의 질량적 갱신 강화, 사용 전략의 정기적 갱신 등을 유지정책으로 제시했다. 특히 두 가지 부분이 두드러지는데, 우선 핵무력법을 통해 2016년 이후 채택돼 온 선제 불사용(NFU) 원칙이 채택이 안 된 것으로, 법제화를 통해 핵무기의 선제적 사용 가능성을 시사하고 있다는 점이다. 그리고 핵 사용에 관해 구체적인 사용 조건을 명시한 부분들이 눈에 띄는데, "핵 및 대량살상무기 공격 또는 임박 시"부터 "불가피한 상황 조성 시"까지 언급함으로써 실질적으로 재래식 공격에도 핵으로 대응할 수 있다는 가능성을 열어 뒀다.[28]

---

[26] VOA, "김정은 "한국 명백한 적, 전술핵무력 강화할 것"…북 지도부 위기감 표출 진단," 2023.1.1.(https://www.voakorea.com/a/6899807.html).

[27] 박용한·이상규. "북한의 핵탄두 수량 추계와 전망," 동북아안보정세분석(NASA), (한국국방연구원), 2023. 1.23.(https://www.kida.re.kr/images/skin/doc.html?fn=015f8fea9371e264985f13b64cfdc7b4&rs=/images/convert).

[28] 양욱, "북한의 핵전력 운용 능력 평가: 핵무력정책의 변화와 최근 미사일 도발의 함의," 『이슈브리프』(아

이러한 북한의 공세적 핵전략에 대한 평가는 대부분 한반도 긴장 고조 및 안보 불안 증가로 귀결된다. 그러나 이러한 북한의 행보는 평시에 핵무기 운용 가능 상태의 유지 관리와 연결되는데 이는 지속적인 비용을 소요하는 바, 김정은 체제의 내구성에 타격을 입힐 수 있다는 평가도 있다.[29] 또한, 북한의 공세적 핵전략은 한국의 국방력 및 한미동맹 차원에서의 확장 억제 강화뿐 아니라 지역 안보 차원에서 일본을 비롯한 주요 국가의 국방력 강화 그리고 군사안보 협력의 계기를 제공해 주고 있다. 물론 주변국의 국내적 핵무장 여론에도 영향을 미치고 있다. 이러한 상황에서 북한의 의도적 혹은 오인·오해로 인한 저강도·고강도 도발, 이에 대한 한국 및 한·미 양국의 공동 대응, 북한의 재도발 등의 악순환은 이어질 수 있고, 확전 가능성도 배제하기 어렵다. 그리고 이러한 과정에서 중국 및 러시아의 입장 역시 우리에게는 우호적인 변수로 작용하기 어렵다는 점 역시 염두에 둬야 할 것이다.

한국의 미래 전략에의 함의

핵무기는 국가, 지역 및 국제 사회 수준에서 여전한 게임 체인저로서의 영향력을 가지고 있다. 몇 가지 특징을 정리하면, 강대국 및 지역의 사실상 핵보유국(de facto nuclear state)은 자국의 생존과 안보, 이해관계에 따라 핵전략 기조를 유지하거나 변화해 오고 있다. 중요한 것은 주요 핵 강대국뿐 아니라 지역 핵국가 대부분이 좀 더 유연하고, 역동적이며, 공세적인 핵전략을 추구함으로써 자국이 처한 또는 잠재적으로 맞닥뜨릴 상황에 대한 태세를 강화하고 핵보유국으로서의 입지를 공고히 하고자 한다는 것이다. 둘째, 수직적-수평적 핵 확산은 여전히 진행 중이며 이는 궁극적으로 NPT 체제에 영향을 미칠 수 있다. 핵무기 보유량은 전 세계적으로 줄어들고 있지만, 이는 압도적인 숫자의 미국과 러시아에 해당하는 사항으로, 여타 국가, 특히 P5 국가

산정책연구원) 2022.12.21.; 전봉근, "북한 '핵보유국법'과 '핵무력정책법'의 비교 평가와 한국의 대응책 모색," 주요 국제문제분석 2022-28(외교안보연구소). 2022.10.24.

29) 김보미, "북한의 새로운 핵독트린: 최고인민회의법령 "조선민주주의인민공화국 핵무력정책에 대하여" 분석," 『이슈브리프』, 387호(국가안보전략연구원). 2022.9.13.

중 중국과 지역 핵국가들의 핵무기 보유 수 증가는 두드러진다. 이에 더해 추가적인 핵보유국의 등장 가능성 역시 배제하기 어렵다. 또한, NPT의 공고함을 강조하면서도 주요 강대국의 우방 및 동맹국에 대한 기술 지원이나, 지역 핵국가 간 핵기술에 대한 확산 행위가 일어나고 있어, 이 역시 NPT 체제에 대한 다양한 논의를 야기하고 있다. 셋째, 핵전력 강화를 위해 핵보유국은 핵무기 현대화에 매진하고 있다. 특히 첨단기술과의 접목을 통해 한 차원 높은 단계로 진입할 수 있기 때문에, 국가들은 극초음속 미사일, 스텔스 무인기와 같은 다양한 하이테크 기반의 기술을 보유하고자 경쟁하고 있다. 이러한 첨단기술 기반의 핵전력은 파괴력뿐 아니라 핵 위협의 수준과 범위가 더욱 다양해질 수 있음을 보여 준다.

한국은 비핵국가로서, 북한의 비핵화와 지역 및 국제 사회의 안정과 평화를 도모해 왔다. 또한, NPT 체제의 책임 있는 일원으로서 그 입장을 공고히 해 왔으며, 이는 한국의 외교안보 전략에서 주요한 원칙으로 작용한다. 그러나 근거리에서 맞닥뜨리고 있는 북한의 핵능력 고도화와 핵보유국으로 발돋움하겠다는 의지는 한국의 대응 전략에 대한 다양한 고민을 안겨 주고 있다.

이에 따라 한국의 핵심 정책적 고려 사항으로 첫째, 한국은 한·미 확장 억제의 실질적 강화, 한·미·일 간 진전된 협력 도모, 지역 및 국제기구와의 협의·협력을 통해 북한 비핵화를 위한 노력을 지속해 나가면서 북한의 핵 능력과 공세적 핵전략에 대응해 나가야 할 것이다. 둘째, 북한 핵문제를 다루는 데 미·중을 비롯한 주변국 간의 복합적인 관계는 한국에 다양한 외교안보 정책 마련이 중요함을 강조한다. 특히 중국과 러시아와 같이 한국의 동맹국인 미국과는 첨예한 견해 차를 보이면서, 북한에 우호적인 국가들의 핵전략은 많은 함의를 제공한다. 핵무기의 본질과 주요국들의 핵전략 이해를 통해 지역 및 국제 사회의 핵 질서를 평가하고 한국의 안보와 생존을 위한 실질적인 대응 전략을 마련해 나가야 할 것이다. 마지막으로 핵이론에 기반한 학문적 연구뿐 아니라 정책적 차원에서 한국이 고려할 수 있는 다양한 핵 선택지에 대해 논의 역시 필요할 것으로 판단된다. 이러한 과정은 핵문제에 대한 한국의 원칙적 입장 변화 가능성에 대한 대비일 수도 있지만, 현재의 북한 비핵화 및 NPT 체제 준수라는 입장을 공고히 하는 데도 역할을 할 수 있을 것이다.

인권: 국제 질서와 정의, 그리고 한일 관계

인권의 발전은 국제 관계의 게임 체인저가 될 수 있는가?

윤석정

| 들어가며 |

한일 관계는 과거사 문제로 오랜 갈등을 겪고 있다. 1965년 한일 국교정상화 과정에서 청구권 협정의 "완전하고 최종적인 해결"으로 봉합했던 과거사 문제는 냉전이 종식되고 한국이 민주화를 달성한 이후 외교 현안으로 다시 떠올랐다. 그중 강제징용과 일본군 '위안부' 문제는 가장 대표적인 과거사 현안이다. 2010년 이후 한일 과거사 갈등은 한국의 사법 체계 속에서 진행되고 있다. 2018년 10월 한국 대법원은 일본의 식민지 지배로 인한 반인도적 불법행위에 대한 손해배상권이 1965년의 청구권 협정에는 포함되지 않았기 때문에 강제징용 피해자들의 위자료 청구권이 존재한다고 인정했다.[1] 그리고 2021년 1월에 서울중앙지방법원 제34민사부는 일본군 '위안부' 문제는 반인도적 범죄행위로 강행규범을 위반한 것이기 때문에 일본 정부에는 국가 면제를 적

---

1) 대법원 2018.10.30., 선고, 2013다61381, 전원합의체 판결.

용할 수 없으며, 피해자들이 입은 고통을 배상할 의무가 있다고 판결했다.[2] 이처럼 작금의 한일 과거사 갈등은 피해자들의 요구가 청구권 협정이 명시한 "완전하고 최종적인 해결"에 포함되는지 전쟁 및 식민지 지배에 대한 일본 정부의 책임이 청구권 협정으로 충족됐는지를 따지는 문제다.

두 판결은 인권의 관점에서 정부 간 합의에 대한 시정(是正, redress)을 시도하는 움직임이다. 피해자들은 국가 간의 기존 합의가 자신들의 존엄을 회복하는 데 충분하지 못하다며 국가 간 합의의 정당성을 문제시하고 있다. 그렇다면 인권 문제가 정부 정책과 국가 관계에 어떠한 영향을 미치는가? 나아가 인권 침해를 회복과 '약속은 지켜져야 한다(pacta sunt sevanda)'는 신의 성실의 문제 간에 충돌이 일어날 경우 국가의 대외 정책은 어떻게 전개돼야 하는가?

이러한 문제의식에 따라 이 글은 국제 질서와 정의(正義) 간의 관계, 인권 문제가 국제 관계의 게임 체인저가 될 수 있을지에 대해 고찰함으로써, 한일 과거사 갈등에 대한 시사점을 찾고자 한다. 이러한 과정을 통해 한일 청구권 협정을 비롯한 1965년 체제가 직면한 위기와 한일 관계의 현황을 이해하는 데 많은 시사점을 얻을 수 있을 것이라 생각된다.

| 국제 질서와 정의의 관계 |

국제정치학자인 키신저(Henry A. Kissinger)는 국제 질서란 국가 간에 널리 받아들여지는 정통성(legitimacy)에 의해 도출된다고 주장한다. 키신저가 말하는 정통성이란 정의와는 다르다. 정통성이란 협정의 성격, 외교적 목표, 정책의 수단에 대한 국제적 합의를 뜻한다. 국가 간의 관계에 정통성이 형성돼 있다면 분쟁의 정도와 범위가 제한된다. 즉, 무력의 행사를 제한해 이견을 조절하는 전통적 의미의 외교는 정통 질서(legitimate order)에서만 가능하다. 여기서 도출된 국가 간 합의는 정통 질서를 재확인

---

2) 서울중앙지방법원 제34민사부 2016가합505092 손해배상(기), 2021.1.8.

함으로써 체제 차원의 안정성을 가져온다.3)

이러한 현실주의자들에게 정의는 국제 질서와는 상충되는 것으로 간주됐다. 불(Hedley Bull)은 "주권국가 시스템과 주권국가에 의해 구성된 사회에 의해 만들어지는 질서와 세계 정치에서 발생하는 정의에 대한 열망 간에는 고유의 긴장 상태가 존재한다"고 주장한다. 그리고 현실주의자들에게 안정된 국제 질서는 정의의 전제 조건이지 그 역순이 아니다. 정의라는 고도의 2차적 목표가 확보되는 것은 사회가 폭력에 대한 안전, 합의 준수, 소유의 안정과 같은 사회의 기본적인 목표가 유지될 수 있는 행동 양식이 존재하는 곳에서만 가능한 것이다.4)

인권은 개인적 또는 인간적 정의로 권리와 의무를 개개의 인간에게 부여하는 도덕적 규칙을 뜻한다. 국제 질서와 정의의 관계에서 봤을 때 인권은 국제 체제의 안정을 훼손하는 위협 요인으로 간주됐다. 인권 문제의 보편적 성격은 주권적 관할권의 상호 승인을 전제로 하는 국가 체제와 상충하는 요소가 있기 때문이었다. 또한 무엇이 인권인지, 다른 가치와의 우선순위를 두고 뚜렷한 합의가 부재하는 경우도 있다.5)

따라서 현실주의자들에게 인권 문제는 안정된 국제 질서를 형성하는 데 고려해야 할 사안이 아니다. 키신저는 "자유와 폭정 사이에 미국은 중립을 취할 수 없다"면서도 국제 평화와 안정을 위해서는 도덕적 목표는 지양해야 한다고 주장했다.6) 소련과의 긴장 완화를 통해 냉전의 양극 체제를 안정적으로 관리하는 것을 최우선했던 키신저에게 소련의 세력권에서 일어나는 부정의(不正義)를 시정하는 것은 정책적 목표가 될 수 없었다.

냉전 시대의 사례를 보면 인권은 목적이 아니라 강대국의 이해관계에 좌우됐다. 1945년 유엔헌장에서 유엔의 목적 중에 하나로 "모든 인간의 인권과 기본적 자유의 존중을 증진하기 위한 국제 협력 달성"을 제시했지만 극심한 미·소 갈등 속에 인권은 국제 정치무대에서 주요 어젠다로 다뤄지지 않았다. 1970년대 후반 미국의 카터

---

3) Henry A. Kissinger, *A World Restored: Metternich, Castlereagh and the Problem of Peace 1812-1822*(Boston: Moughton Mifflin Co, 1957), pp. 1-2.
4) ヘドリ・ブル 著・臼杵英一 訳, 『国際社会論―アナーキカル・ソサイエティ』(東京: 岩波書店, 2009), p. 109.
5) ヘドリ・ブル(2009), pp. 185-186.
6) 피터 딕슨 지음, 강성학 옮김, 『키신저 박사와 역사적 의미』(서울: 박영사, 1985), pp. 25-26.

(James Carter) 정부는 인권외교를 중시했지만 이에 관한 면밀한 연구들은 카터 정부의 인권 외교가 훼손된 미국의 대외 이미지를 개선하기 위한 수단이었다는 점을 밝히고 있다.[7] 또한 소련은 헬싱키 조약 서명 이후 인권 문제로 수세에 몰리자 자국의 인권운동가들을 더욱 탄압했다. 이러한 소련의 조치는 데탕트를 약화시켜 미·소 간의 갈등 국면을 가져왔다.[8]

상술한 인권 문제의 위상은 국제법의 전통적 해석 속에 성립돼 있었다. 국제법의 전통적인 관점에서 개인은 타국 정부를 상대로 권리를 보장받을 수 있는 행위자가 아니다. 오펜하임(Lassa F. L. Openheim)은 "국제법은 오로지 국가 간의 법"이며, "국제법상으로 개인에게 직접 권리와 의무를 부여할 수 없다"고 말한 바 있다.[9] 또한 주권 면제의 논리에 따라 외국의 정부는 타국의 재판 관할권으로부터 면제됐다. 국제법상 주권 국가들은 대등한 존재이기 때문에 타국 법원의 절차에 따라 제소될 수 없기 때문이었다. 국가 간의 법적 논쟁은 대상 국가의 민사가 아닌 국제사법재판소를 통해서만 가능한 것이었다.[10]

물론 국가는 이른바 '외교적 보호권' 개념에 따라 외국을 상대로 자국민을 대신해서 국제 법규가 준수되도록 요구할 권리를 가지고 있다.[11] 그럼에도 불구하고 국제법의 전통적인 관점에 따르면, 인권 피해의 회복은 전적으로 소속 국가의 외교적 보호권 및 국가 간의 외교적 합의에 의존하게 된다. 이러한 상황은 몇 가지 질문을 가져온다. 국가가 자국민의 권리를 어디까지 대신해서 처분할 수 있는가? 외교적 현실과 정치적 고려에 좌우되는 정부 간의 협상으로 진정 인권 문제를 해결할 수 있는가? 외교적 보호권에 의존하는 피해자 개인은 결국 주변인으로 머무르게 되는 것 아닌가?

---

7) 이주영, "1970년대 미국 인권정치의 등장," 『미국사연구』, 제46집(2017), pp. 250-251.

8) 이주영, "국제 인권정치와 냉전의 균열: 트랜스내셔널 인권단체들의 활동을 중심으로," 『서양사론』, 제135호(2017), pp. 98-99.

9) 이주영·백범석, "국제인권법상 피해자의 권리와 피해자 중심적 접근(victim-centered approach)," 『국제법학회논총』, 제63권 제1호(2018), p. 167에서 발췌.

10) 정인섭, 『신국제법강의』(제11판)(서울: 박영사, 2021), pp. 251-254.

11) 이진규, "국제법상 개인의 권리의 발전과 외교적 보호에 대한 관점의 변화," 『동아법학』, 제61호(2013), pp. 418-419.

| 시정 문화와 인권 관련 국제법의 발전 |

인권정치는 냉전이 종식된 이후 다시 수면 위로 떠오를 기회를 맞이했다. 탈냉전을 배경으로 그간 냉전 논리에 따라 억눌려 있던 인권 침해의 피해자들이 목소리를 내기 시작했다. 특히 냉전 기간에는 같은 진영에 있었던 국가 간의 관계에서 인권 문제가 나타났다는 점에 주목을 요한다. 이러한 움직임은 과거의 전쟁과 식민지 피해를 다룬 조약들이 냉전 논리를 우선한 나머지 개인의 인권 회복이라는 정의를 실현하는 데 충분치 않았다는 점을 말해 준다. 피해자들의 목소리는 과거의 전쟁과 식민지 지배의 기억을 둘러싼 공론을 일으키며 기존 조약의 정당성을 문제시했다. 이 같은 시정(redress) 문화는 국경을 뛰어넘는 초국가적 문화의 양상을 띠었다.[12]

이와 함께 탈냉전기의 국제법 세계에서는 인권 피해자의 권리와 의무가 구체화됐다. 2005년 12월 16일 유엔총회에서 채택된 "피해자 권리 기본 원칙"은 인권 피해자의 권리로 다음의 세 가지를 제시한다. 첫째, 정의에 대한 권리다. 피해자들이 사법적 구제에 대해 평등하게 접근할 수 있는 권리를 기본으로 한다. 여기에는 행정적 구제 및 국내법 절차들을 포함한다. 둘째, 배상에 대한 권리다. 완전하고 실효성 있는 배상 조치의 조건으로 원상 회복, 금전적 배상, 재활, 만족, 재발 방지를 제시한다. 셋째, 진실에 대한 권리다. 피해자들과 그 대리인들이 정보를 추구, 획득하고 진실을 알 수 있는 권리가 포함된다. 피해자의 권리장전이라 불리는 이 세 가지 원칙은 피해자 중심적 접근의 이론적 토대를 제시하고 있다.[13]

시정 문화와 "피해자 권리 기본 원칙"은 인권 문제가 수단이 아니라 목적으로서 정립돼 가는 과정이라 할 수 있다. 상술했듯이 냉전 시대에 인권 문제는 강대국의 이해관계에 따라 정책 수단으로서 활용됐다. 그런데 탈냉전기에 들어와 인권 문제가 점차

---

12) 리사 요네야마, "국민사와 냉전: 범아시적, 범태평양적 비평으로," 『아시아리뷰』, 제6권 제1호(2016).

13) 이주영·백범석(2018), pp. 186-190. "피해자 권리 기본 원칙"의 전문은 UN General Assembly, "Basic Principles and Guidelines on the Right to a Remedy and Reparation for Victims of Gross Violations of International Human Rights Law and Serious Violations of International Humanitarian Law, (2015.12.16.), www.ohchr.org/en/instruments-mechanisms/instruments/basic-principles-and-guidelines-right-remedy-and-reparation (검색일: 2022.12.15.).

보편적 가치를 지닌 규범으로서 독자적인 영역과 역학을 확보하게 된 것이다.

이러한 움직임은 강행규범의 재조명 및 실현으로 드러나고 있다. 1980년 1월에 발효된 조약법에 관한 비엔나 협약에 따르면, 강행규범이란 "전체로서 국제 공동사회가 수락하고 인정하는 규범"이며, "일반 국제법의 절대규범은 그 이탈이 허용되지 않는다." 이에 대해 국제재판소와 학계 연구에서는 강행규범의 예로 노예 노동 금지, 반인도범죄 금지, 고문 금지를 거론하고 있다. 나아가 비엔나 협약은 조약 체결 당시에 일반 국제법의 절대규범과 충돌하는 경우에 무효가 되며, 일반 국제법의 새 절대규범이 출현할 경우 현행 조약이 새로운 강행규범과 충돌할 경우 조약의 효력이 무효가 된다고 돼 있다.14)

강행규범은 인권 피해자 개인을 국제법의 권리 주체로 설정하고 있다. 또한 제64조의 경우 신의성실의 원칙과 사후법 금지 원칙을 초월하고 있다. 정리하면, 인권 피해자 개인은 새롭게 형성된 강행규범을 가지고 강행규범 이전에 형성된 국가 간 합의의 정당성을 비판할 수 있는 것이다.

강행규범의 개념이 적용된 가장 대표적인 사례로 이탈리아의 페리니 판결이 있다. 이탈리아인 루이제 페리니(Luigi Ferini)는 1944년 8월 나치 독일군에게 강제로 끌려가 독일의 군수공장에서 강제노동을 했고, 이에 대해 1998년 이탈리아 법원에서 독일 정부를 상대로 배상을 청구했다. 그리고 소송전의 끝에 2004년 3월 11일 이탈리아 대법원은 나치 독일 기업의 강제 징용을 강행규범 위반으로 규정하고, 독일 정부의 배상 책임이 있다는 판결을 내렸다. 이탈리아 대법원의 논리는 강행규범의 위반행위에 대해 모든 국가가 보편적 민사 관할권을 행사할 수 있으며, 강행규범이 국가 면제보다 상위의 효력을 갖기 때문에 독일 정부에 배상 책임이 있다는 것이었다.15) 이 사건에 관여한 이탈리아의 파올로 팔케티(Paolo Palchetti) 교수는 "이탈리아 대법원이 적어도 반인권, 반인도주의 범죄의 경우 국가 면제 뒤에 숨을 수 없다"는 분명한 메시지를 던

---

14) 국가법령정보센터, "조약법에 관한 비엔나 협약(Vienna Convention on the Law of Treaties)," (1980. 1.17), www.law.go.kr/조약/조약법에 관한 비엔나협약(검색일: 2022.12.18.).

15) Italian Court of Cassation, "Ferrini vs. Germany, Appeal Decision, no 5044/4,"(2004.3.11.), www.documents.law.yale.edu/sites/default/files/ferrini_v._germany_-_italy_-_2004.pdf (검색일: 2022.12.19.).

졌다고 평가한다.[16]

페리니 사건의 의의에도 불구하고 국제법의 전통적인 해석은 여전히 견고했다. 독일 정부는 이탈리아 대법원의 판결을 국가 면제 위반이라며 제소했고, 2012년 국제사법재판소는 중대한 인권 침해가 있더라도 강행규범은 실체법이고 국가 면제는 절차의 문제로 분리해서 봐야 한다는 판결을 내렸다. 국제사법재판소의 주장에 따르면, 나치 독일에 의한 강제 징용의 피해는 심각한 인권 침해이지만 그것을 해결하는 절차로서 독일 정부가 이탈리아 법원의 재판 관할권에 속하는 것은 국가 면제 논리에 어긋난다는 것이었다.[17] 국제사법재판소의 판결을 보면 강행규범을 이유로 국가 면제의 적용을 배제하는 것은 아직 보편적인 해석이라 할 수 없다.

이를 고려하면 인권 문제가 국제 관계의 게임 체인저가 될 정도의 위상을 확보했다고는 평가하기 어렵다고 할 수 있다. 그러나 인권 개념의 발전과 피해자들의 목소리가 국가 중심의 국제 관계에 일부 균열을 내고 있다는 점을 간과해서는 안 된다. 이탈리아 헌법재판소는 국제사법재판소의 판결에 대해 이탈리아의 헌법 정신과 인권법에 저촉될 수 있기 때문에 이 판결이 이탈리아 법체계로 편입될 수 없다고 판시했다. 즉, 페리니 사건은 이탈리아 국내에서 법적 정당성을 확보하고 있다.[18] 국제사법재판소 또한 "페리니 사건은 독일, 이탈리아 양국의 추가 협상 대상이 될 수 있다"며, 독일 정부에 대한 주권 면제는 인정하되 인권 피해를 회복하기 위한 정부 간의 협상이 필요하다고 제시하고 있다.[19] 즉, 국제법도 기존의 국가 중심 논리를 유지하되, 피해 구제의 필요성에 정당성을 부여하고 있는 것이다.

현실주의자들의 관점에서 보면 인권 문제가 부상함으로써 국제 질서는 상시적으로

---

16) 파올로 팔케티 교수와 한겨레신문과의 전자우편 인터뷰 내용이다. "반인권 범죄, 국가면제 뒤에 숨을 수 없어," 『한겨레신문』(2019.12.28.), www.hani.co.kr/arti/politics/diplomacy/922407.html (검색일: 2023.2.11.).

17) International Court of Justice, "Jurisdictional Immunities of the State (Germany v. Italy: Greece intervening)," (2012), www.icj-cij.org/en/case/143 (검색일: 2022.12.23.).

18) Italian Constitutional Court, "Judgement No. 238," 2014.10.22., www.cortecostituzionale.it/documenti/download/doc/recent_judgments/S238_2013_en.pdf (검색일: 2022.12.23.).

19) 각주 16)과 동일.

불안정해질 것이라고 볼 수 있다. 그러나 인권 문제가 자체적인 규범과 힘을 가진 이슈로서 자리 잡고 있는 것이 지금의 '현실'이다. 인권 문제가 국가 중심의 국제정치에 균열을 가져오고 있는 이러한 새로운 '현실' 속에 국가 관계의 안정을 모색하는 것이 '현실주의자'들이 취해야 할 자세일 것이다.

| 나오며: 한일 관계에 대한 함의 |

지금까지 서술한 국제 질서와 정의, 인권 문제가 한일 관계가 제시하는 함의를 고찰하는 것으로 결론을 대신하고자 한다.

한일 관계에서도 국가 간의 합의로 형성된 질서와 정의 간에는 긴장 관계에 놓여 있다. 인권의 관점에서 정의로운 한일 관계를 추구하는 움직임은 과거사 문제를 둘러싼 정부 간의 기존 합의에 동요를 가져오고 있다. 냉전구조의 해체 이후 식민지 지배의 피해자들은 1965년의 청구권 협정으로 일본이 저지른 반인도적 전쟁범죄와 인권 침해가 해결되지 않았다며 협정의 정당성을 문제시했다. 이에 대해 한국의 대법원은 2018년 10월 강제징용 피고 일본 기업의 배상 책임을 인정하고, 기업 자산의 현금화 절차를 진행하고 있다. 일본군 '위안부' 문제의 경우 2015년의 정부 간 합의가 존재하지만 한국 사법은 일본군 '위안부' 문제는 강행규범 위반이며, 따라서 일본 정부에 배상 책임이 있다는 판결을 내렸다.

현재 강제 징용 문제는 한국 정부가 현금화 문제의 해결법으로 제3자 변제를 제시하면서 문제 해결을 향한 첫발을 내딛었다. 이에 대해 일본 정부는 기존 역사 인식의 계승을 표명했다. 한국 정부는 한국 대법원의 판결에 따라 일본 기업의 자산이 매각된다면 청구권 협정이 깨질 것이라는 판단에 제3자 변제를 제시했다. 그리고 일본 정부는 청구권 협정으로 자신들의 법적 책임은 종료됐다는 해석을 전제로 식민지 지배에 대한 역대 내각의 반성, 사죄 표명을 계승한 것이었다. 이는 한일 관계를 규정해 온 정부 간의 합의가 여전히 힘을 발휘하고 있다는 점을 말해 준다. 그렇다면 앞으로의 한일 관계도 1965년 체제가 규정하는 힘에 의해 움직일 것이다. 이를 고려하면 한일 관계에서도 인권 문제가 게임 체인저가 됐다고 평가하기에는 이르다고 할 수 있다.

그러나 제3자 변제는 청구권 협정을 위반하지 않고 현금화 문제를 해결하는 방안일 뿐이다. 즉, 제3자 변제로 현금화 문제가 해결돼도 강제 징용이 반인도적 불법행위였다는 문제의식은 해소되지 않고 남을 것이다. 그렇게 된다면 청구권 협정의 정당성 또한 지속적으로 문제시될 것이다. 또한 일본 정부가 식민지 지배에 관한 기존의 역사 인식을 계승했지만 피해자 개개인에 대한 사죄, 반성의 요구는 지속될 것이다. 일본군 '위안부' 문제에 대해서도 2015년 합의를 준수하는 것도 중요하지만, 합의가 전쟁 범죄의 피해를 해결하는 데 충분했는지를 두고 피해자들의 문제 제기는 지속될 것이다.

즉, 기존 한일 간의 합의를 재확인하는 것만으로는 안정된 양국 관계를 만들 수 없다. 국가 관계의 안정이라는 명목 아래 인권이라는 개인적 정의를 간과하는 것이 오히려 불안정을 유발할 것이다. 그렇다고 정의로운 한일 관계를 위해 기존의 합의를 형해화시킨다면 양국 관계가 1965년 체제의 한계를 극복하고 다음 단계로 넘어갈 수 있을 것인가? 오히려 한일 관계가 무협정의 상황에 빠지면서 불확실성의 시대에 돌입할 수 있다. 그리고 과거사 갈등이 낳은 협정의 공백 상황은 한일 현 세대들 간의 불신과 미래의 갈등으로 채워질지 모른다.

그렇다면 문제 해결의 요는 앞으로 한국과 일본이 '정의로운 1965년 체제'를 구축하는 것이라 할 수 있을 것이다. 청구권 협정 등 기존 국가 간의 합의를 준수하는 것은 대외 정책의 일관성 및 국가 관계의 예측 가능성을 가져올 것이다. 이와 동시에 한일은 기존 합의가 인권을 비롯한 정의의 문제와 공존 가능하도록 1965년 체제를 재구성해 나가야 할 것이다.

한국 정부는 강제 징용 문제에 관해 제3자 변제 방안을 제시하면서 "문제 해결의 끝이 아닌 시작"이라고 강조했다. 한일 관계 개선을 위한 움직임은 제3자 변제와 일본 정부의 역사 인식 계승으로 종료된 것이 아니라 아직은 결말이 열려 있다. 과연 한국과 일본이 질서와 정의 간에 공존 가능한 최적 조합을 찾아 '정의로운 1965년 체제'를 만들 수 있을 것인가? 이를 위해 양국 정부와 민간 차원의 대화 및 노력이 필요한 시점이다.

for
Future National
Strategy

각국의 게임 체인저와 대응

제2부

게임 체인저와
미래 국가전략

복합경쟁 시대 미국의 대응

차두현

바이든(Joseph R. Biden, Jr.) 행정부가 2022년 10월 발표한 『국가안보전략서(National Security Strategy: NSS)』는 미국에 가해지는 도전을 주요국 간의 경쟁과 함께 기후 변화, 식량 불안, 감염병, 테러, 에너지 부족, 인플레이션 등 국경을 초월한 공유된 위협에서 찾고 있다. 바이든 행정부는 미국이 자유롭고 개방적이며 번성하는, 그리고 안정적인 국제 질서를 원하며, 이를 위해 미국의 힘과 영향력을 보장하는 자원과 도구에 투자하고, 공통의 도전을 해결할 수 있는 강력한 국가 간 연합을 형성하며, 군사 능력을 현대화하고 강화해야 한다고 선언하고 있다. NSS는 이를 바탕으로 일곱 가지의 전략적 접근을 제시하고 있는데, (1) 대외정책과 국내 정책의 연계, (2) 동맹 및 우방국들과의 협력 강화, (3) 중국이 제기하는 지정학적 도전에 대한 인식, (4) 각 지역별 특성에 맞는 평화와 안보 그리고 번영의 실현, (5) 세계화의 수혜와 그의 조정 필요성에 대한 동시 인식, (6) 미국과 비전을 공유하는 모든 국가와의 협력 의지 등이 그것이다. 전반적으로 복합경쟁 시대를 헤쳐 나가는 미국의 대응은 크게 세 가지 방향으로 이뤄지고 있다고 할 수 있다.

핵심 기술경쟁력의 유지와 공급망 재편

2000년 '미국 국가이익위원회(The Commission on America's National Interests)'는 21세기를 맞아 『미국의 국가 이익(America's National Interests)』을 발간하면서 매우 중요한 이익(extremely important)의 하나로 "정보 시스템을 비롯, 군사 부문 및 전략 부문과 관련된 핵심 기술의 선도적 지위 유지(Maintain a lead in key military-related and other strategic technologies, particularly information system)"를 꼽았다. 이러한 시각은 2022년 NSS에서도 그대로 유지돼 핵심 기술 영역에서 전개되는 주요국 간 경쟁의 현실을 강조하고, 미국의 경쟁력을 키워야 한다는 점을 역설하고 있다. 미국은 21세기에 진입한 이후 주요 기술에서의 격차를 줄여 온 핵심적인 경쟁자로 중국을 의식하고 있고, 실제로 중국은 인공지능(AI), 5G, 로봇 기술, 양자컴퓨터(quantum computer) 등 미래 성장 동력으로 꼽히는 동시에 군사 과학기술 첨단화를 이끄는 분야에서 베이징(北京)의 꾸준한 추격을 경험해 왔다. 미국은 이에 대응하기 위해 중국의 도전을 직시하고, 세계화가 불러온 개방성에 적절한 통제를 가하는 방법, 즉 기술의 도용이나 유출을 막고 미국 자체의 경쟁력을 높이기 위한 노력에 박차를 가하기 시작했다. 2019년 트럼프 행정부 시절부터 시작된 화웨이에 대한 제재는 바로 이러한 미국의 인식을 반영한 것이라고 할 수 있다. 2020년 5월 트럼프(Donald J. Trump) 행정부는 지식 도용 문제로 조사를 받고 있던 중국 '화웨이(华为)'에 대한 반도체 수출 규제 조치를 발동했고, 8월에는 「수출관리규정(Export Administration Regulations: EAR)」 재개정을 통해 화웨이에 대한 규제를 더욱 강화했다. 물론, 중국 기업들이 공격적 인수합병이나 불법적 기술 취득을 통해 중국의 기술경쟁력을 높이려는 시도에 대한 견제는 이미 트럼프 행정부 출범기인 2017년부터 본격화되고 있었지만, 화웨이에 대한 제재는 더 이상 미국이 중국의 과학기술 분야에서의 추격을 인정하지 않겠다는 강한 의지의 표현이기도 했다. 이 기조는 바이든 행정부 들어서도 그대로 지속되고 있다. 바이든 대통령은 취임 직후인 2021년 2월 반도체, 배터리, 희토류, 바이오의약품 등 4개 항목에 대한 공급망 훼손 행위를 조사하고 이를 차단하는 내용을 골자로 하는 「미국 공급망에 대한 행정명령 14017(Executive Order 14017 on America's Supply Chains)」을 발표했고, 그 주요 표적은 중국 기업들에 맞춰져 있었다. 이러한 움직임은 그해 6월 미국의 안보를 위협하는 중국 민간기업 및 방위산업 업체 등 59개 단체를 블랙리스트에 등재하고 이들에 대한 자국민의 투자를 금지하는 추가 행정명령 발표로 이어졌다.

비슷한 움직임이 통신 분야에서도 나타났다. 2020년 4월 폼페이오(Michael R. Pompeo) 미 국무장관은 미국의 모든 재외공관에서 5G 통신망을 사용할 때, 신뢰할 수 있는 통신사 회선만을 이용하도록 할 계획이라고 밝혔으며, 신뢰할 수 있는 통신사를 '클린 통신사(Clean Telcos)'로 명명했다. 이른바, '신뢰할 수 없는 'IT 잡상인(Untrusted IT Vendors)'을 배제하겠다는 '클린 네트워크'의 출발이었다. 그해 6월, 미국은 인도 등 여타 국가의 통신사들에 대해서도 신뢰할 수 없는 기업과의 거래를 끊도록 권유하고 나섰다. 2020년 9월부터는 중국계 자본이 설립한 SNS 앱인 '틱톡(TikTok)'과 '위챗(WeChat)'의 미국 내 사용을 금지를 발표하기도 했다. 결국, '신뢰할 수 없는 기업'은 사실상 중국 기업이었다. AI 분야에서도 중국 등 추격(catch-up) 국가들에 대한 견제는 강화되고 있다. 2019년 2월 11일 미 트럼프 행정부는 연방정부 기관이 AI 연구 및 개발 투자를 확대하는 '미국 AI 이니셔티브(American AI Initiative)'라고 명명한 행정명령에 서명했는데, 이는 연방정부 기관이 AI 연구 및 개발에 투자에 우선순위를 두고, 예산을 운용하도록 지시하는 동시에 연구개발자들이 더 많은 정부 데이터와 모델을 활용할 수 있도록 하는 내용을 골자로 하고 있으며, 연방정부 기관은 근로자들에게 AI 관련 기술을 획득할 수 있도록 보조금과 직업교육을 제공한다. 트럼프 행정부는 이와 함께 2019년의 「국방수권법(National Defense Authorization Act: NDAA)」에 의거, 백악관 산하의 '인공지능 국가안보위원회(National Security Commission on Artificial Intelligence: NSCAI)'를 설립했고, 2020년 1월에는 미 의회가 「2020 국가 AI 이니셔티브 법(The National AI Initiative Act of 2020)」을 제정했는데, 이 법은 미국의 AI 기술 우위 선점을 위한 역량과 인프라를 계속 확보하는 것을 목적으로 한다.

이같이, 미래 과학기술 및 핵심 소재 분야에서 중국 등 경쟁국들의 추격을 허용하지 않겠다는 기조는 미 행정부 변화에 관계없이, 그리고 행정부와 의회 간의 큰 이견 없이 지속되고 있다. 문제는 중국 역시 이러한 미국의 견제 움직임을 잘 알고 있다는 점이다. 중국은 고도 경제 성장을 통해 축적된 자금력을 바탕으로 인수합병, 합작사업, 고급 인력 유인, 매수 등 합법과 불법을 넘나드는 다양한 방법을 구사해 왔으며, 미국과 협력 관계에 있는 국가들에 대해서는 경제 보복을 위협해 왔다. 또한, 중국이 가진

방대한 시장과 공급 능력을 바탕으로 미국의 견제력에 대항했다. 이러한 상황하에서 미국의 중국 견제 구상은 비교적 명확하게 집약될 수 있다. (1) 아직 일반 상품과는 달리 중국 상품의 시장 지배력이 크지 않은 분야에서 중국의 영향력 확대를 차단하고, (2) 특히 이른바 '4차 산업혁명'과 밀접한 관련이 있는 분야에서는 중국을 배제하는 미국 중심의 기술 동맹을 구축하며, (3) 이러한 기술 동맹의 확장을 통해 중국의 추격을 사전에 차단하겠다는 것이다. 얼핏 이러한 구상은 위험해 보이기도 하고, 실현 가능성 면에서 의문이 제기되기도 한다. 이미 세계의 공장인 동시에 시장으로 자리 잡은 중국을 배제한 가운데 각종 산업의 성장과 활성화가 이뤄질 수 있을지가 의문이고, 미국과 협력 국가들 역시 적지 않은 손해를 감수할 각오가 돼 있어야 한다.

근래 진행되고 있는 글로벌 공급망 재편은 중국과의 첨단기술 및 소재 경쟁을 위한 미국의 구상과도 밀접히 연계돼 있다. 전면적인 단절이 없이도 필요에 따라 적절히 공급망 내 진입을 통제할 수 있는 반(半)투과형 체제가 구축될 수 있다면 중국을 견제할 수 있을 것이기 때문이다. 미국이 최근 반도체의 공급망 재편을 서두르고 있는 점도 이러한 고려에 기초한 것으로 볼 수 있다. 미국은 트럼프 행정부 시절인 2020년 5월 앞서 거론한 「수출관리규정(EAR)」을 발표했는데, 이는 대만 반도체 제조기업인 TSMC(Taiwan Semiconductor Manufacturing Co.)와 화웨이 간 연결고리를 제거하는 목적을 띠고 있었다. 그해 11월 중국 반도체 기업인 SMIC(Semiconductor Manufacturing International Corporation)를 블랙리스트에 포함시켜 미국 기업들의 투자 및 거래를 차단한 것 역시 같은 맥락에서 이해될 수 있다. 미국은 바이든 행정부 들어서서 2022년 3월 반도체 생산과 유통 면에서 한국, 일본, 대만과 함께 4자 협력 체계를 구축하겠다는 'Chip 4' 구상을 발표했으며, 그해 9월에는 첫 예비회의를 개최했다. 현재 미국이 취하고 있는 조치는 모든 반도체 시장의 중국 배제를 의미하는 것이 아니라, 미국 반도체의 중국 시장 진출을 차단하지도 않는다. 다만, 일정 수준 이상의 기술력이 요구되는 반도체에서는 중국 및 그에 동조하는 국가의 기술 및 핵심 제조 장비에 대한 접근이 까다롭거나 불가능하게 만들겠다는 것뿐이다. 이 경우 중국에는 그 체제를 받아들여 거래 관계(무역)를 유지하거나, 혹은 자체 기술력과 상품만으로 승부하는 것 이외의 선택지가 불가능해진다. 중국이 순응할 경우 미국의 주도권이 유지되며, 별도 제조와 유통을 고수한다 해도 기술 추격(catch-up)이 차단된다. 미국의 입장에서도 승부수를 던진 것이다.

미국이 반도체 분야를 과학기술 경쟁의 주요 전장(戰場)으로 택한 이유는 이 분야가 미국의 확실한 기술 우위와 국제적 상호의존성이 맞닥뜨리는 경계 선상에 있기 때문이다. 즉, 국제적인 무역 체제를 무너뜨리지 않으면서도 미국의 기술 우위를 보장할 수 있는 주요한 길목을 차지하고 있는 것이 반도체 분야이며, 반도체는 5G, AI, 무인 장비 등 미래 첨단산업의 발전에 필수불가결의 존재이기 때문이다. 더욱이 첨단 반도체는 기술이자 핵심 소재이며, 결국 미래 국방력과 연결된다. 즉, 민간 분야에서의 경쟁력 하락과 추격 허용은 미래 중국이 군사력 면에서도 미국의 우위에 서는 악몽으로 이어질 수 있기 때문이다.

| 동맹/우방 네트워크의 확장과 심화 |

다양한 소다자 협력 체제의 시도

경쟁국의 도전을 뿌리치고 미국의 우위를 확보하는 것은 결코 손쉬운 일이 아니며, 미국 역시 이를 잘 알고 있기에 동맹 및 우방국들을 적극 활용하려 하고 있다. 미국이 국제 질서를 유지하는 데 동맹 및 우방국들의 부담 분담과 기여 확대를 요구해 온 것은 어제오늘의 일은 아니고, 이미 1990년대 중후반부터의 추세이기도 하지만, 이는 근래 들어 더욱 강조되고 있다. '미국 우선주의(America First)'를 앞세우고 동맹/우방국들의 부담 증가와 출혈까지를 요구했던 트럼프와 동맹 결속을 강조하는 바이든의 접근은 방법론 면에서 다르기는 하지만, 기본적으로는 같은 목표를 겨냥하고 있다. 흔히 트럼프의 대외정책을 '고립주의'로 묘사하기도 하지만, 트럼프는 미국의 주도적 지위를 포기한 적이 없고, 정말 그랬다면 "미국을 다시 위대하게(Make America Great Again: MAGA)라는 구호 역시 나올 수 없었다. 트럼프는 그 주도적 지위를 동맹과 우방국들의 돈을 통해 확인하고 싶었을 뿐이다. 트럼프가 북대서양조약기구(NATO) 회원국들에게 강도 높게 요구했던 GDP 대비 2% 수준의 방위비 책정은 바이든 행정부 시절에도 그대로 유효하다는 것이 그 대표적 사례다.[1]

---

1) 러시아의 우크라이나 침공으로 인해 NATO 회원국들의 GDP 대비 방위비 2%는 오히려 예정보다 빨리 달성

이러한 측면에서 미국은 우선, 기존 동맹국들 간의 상호연계성을 강화하기 위해 노력하고 있으며, 그 중심 모델은 NATO라 할 수 있다. 미국이 NATO를 오늘날도 미국 동맹 네트워크의 핵심축으로 생각하는 이유는 이들이 같은 서구 문화권에 속해 있다는 친근성도 있지만, 무엇보다 NATO 형태의 다자동맹이 가지는 이점 때문일 것이다. 미국이 동맹 및 우방국들을 하나로 묶는 다자적 협력을 선호하는 것은 이들 간의 상호 결속을 통해 (1) 미국을 중심으로 다수의 양자 관계를 결합함으로써 신속한 정책결정과 일사불란한 대응을 가능하게 하고, (2) 회원국 간의 결합을 통해 단순한 양자 관계의 총합 이상의 시너지 효과 발휘가 가능하며, (3) 결과적으로 미국의 부담을 줄일 수 있기 때문이다. 실제로, 미국은 NATO 결속 이후 아시아 및 중근동 지역에서 SEATO(South East Asia Treaty Organization), CENTO(Central Treaty Organization) 등의 다양한 실험을 해 봤지만 모두 실패로 끝났고, 호주와 뉴질랜드를 연계한 ANZUS 역시 미국과 호주 간의 양자 동맹으로 변화했다. 특히, 아시아의 경우 공동의 위협 인식이나 다자적 협력 습관의 부재, 기독교적 문화·가치와 같은 결속자산의 부재 등으로 인해 다자동맹은 물론, 다자 안보 협력체의 출범 역시 제약받아 왔다.

미국은 이러한 점을 감안해 인도·태평양 지역에서는 소다자(小多者, minilateral) 중심의 협력체를 구성하는 다양한 실험을 해 왔고, 그 결과 쿼드(Quad)나 오커스(AUKUS) 등 3자 혹은 4자의 협력 관계를 강화하는 움직임으로 연결됐다. 미국은 이와 함께 동북아시아 지역에서 한국과 미국 그리고 일본 간의 3자 안보 협력을 강화하는 데에도 꾸준히 공을 들여왔다. 물론, 이 모든 움직임이 동맹의 구성으로 이어지는 것을 지향하지는 않는 것으로 판단된다. 대표적인 존재가 미국과의 협력 관계를 강화하면서도 안보 협력에서는 일정한 선을 긋고 있는 인도다.[2] 미국은 쿼드(Quad) 구성에도 불구하고 안보 협력에 관해서는 미국-일본-호주 간의 3각 안보 대화만을 운용하고 있고, 인도에 일정한 운신의 폭을 부여하고 있다. 1992년부터 인도와의 연례적

될 전망이다.

[2] 미국과의 협력 움직임 강화와는 별개로 인도는 2022년 3월 UN 특별총회에서 러시아의 우크라이나 침공에 대한 비난 결의안에 기권한 35개 국가 중의 하나였다. 인도는 러시아에 대한 경제 제재에도 참가하지 않는 등 중국 견제의 심리는 공유하지만 미국과 인도 간의 협력이 '동맹' 관계로 발전되기에는 여전히 많은 제약이 있다.

인 해상합동훈련으로 말라바르 훈련(Malabar naval exercise)을 실시하는 것을 비롯해 다양한 합동훈련을 실시해 왔고, 인도에 대한 무기 판매 역시 증가하고 있는 추세지만 아직은 이를 본격적 동맹관계로 보기에는 이르다. 이같이, 미국은 인도·태평양 지역에서의 소다자 협력 실험을 지속함으로써 중국을 견제하는 한편, 중근동 지역에서는 '아브라함 협정(Abraham Accord)' 등을 통해 전통적인 우방국 이스라엘과 아랍권 동맹/우방국들 간의 관계를 증진함으로써 자신들의 영향력으로 인한 공백을 메우는 등의 시도를 계속하고 있다.

공통의 체제와 가치의 강조

바이든 행정부 시대에 들어와 강조되는 구도의 하나가 '민주주의 대(對) 권위주의'의 대립 구도다. 이러한 구도의 형성은 미국을 중심으로 한 국제 질서 유지의 정당성을 강화하는 근거인 동시에, 미국의 우방 및 동맹국들을 공통의 대의(大義)하에 묶어 두려는 포석의 일환으로 볼 수 있다. 즉, 미국의 입장에서는 우방 및 동맹국들에 대해 자신들이 공동운명체이고 같은 대응을 할 수밖에 없는 존재하는 점을 강화함으로써 동맹 및 우방국들의 확대된 지원을 이끌어 내려 하고 있는 것이다. 물론, '민주주의' 체제들 간의 연대는 바이든 행정부 시대에 들어 주로 부각되고 있는 것이지만, 이것이 민주당이나 바이든 대통령의 전유물이라고 보기는 힘들다. 미·중 전략 경쟁이 본격화된 트럼프 행정부 시대에도 이미 미국은 중국의 '수정주의(revisionist)'적 행태를 비판하면서 중국의 정치 체제가 그 행태의 원인임을 지적했기 때문이다.

따라서, 표현과 강도에 차이가 있을 뿐 동맹과 우방국들에 대해 민주주의와 인권, 국제규범 등의 가치와 체제의 공유를 내세우는 미국의 정책은 앞으로도 지속될 가능성이 크다. 미국은 이를 바탕으로 지역을 넘어선 미국의 우방 및 동맹국들 간의 연계 역시 더욱 적극적으로 시도해 나갈 것으로 전망된다. 대표적인 것이 나토(NATO)의 역할 확장이다. 냉전 시절 유럽 지역에서의 공산 세력 팽창을 저지한다는 목적으로 출범한 나토는 1990년대의 탈(脫)냉전 시대에 들어 테러 등의 새로운 도전에도 역할을 할 수 있도록 변모했고, 2000년대 들어서는 유럽 역외라 할 수 있는 중근동 지역으로까지 활동 범위를 확장했다. 이러한 점에서 2020년대에 들어 프랑스와 영국 등 나토 회원국들이 인도·태평양 지역에서 미국이 주도하는 합동 해상훈련에 참가하기 시작했다는 점은 시사하는 바가 적지 않다. 나토 회원국들과 인도·태평양의 주요 동맹국들, 특히 한국, 일본, 호주 등은 미국의 입장에서는 모두 자신들과 가치와 체제를 공유한다고 간주할 수 있는 국가들이다. 이들의 연대를 통해 각 지역 동맹국들의 협력 범위를 글로벌한 차원으로 확대하는 것이 미군 전력의 통합적 활용과 표준화(standardization), 그리고 동맹 네트워크 간 시너지 효과를 발휘하는 데 유리하다는 것이 미국의 판단일 것이다.

물론, 그렇다고 해서 나토가 유럽을 벗어나 본격적으로 인도·태평양 지역으로 진출할 가능성은 여전히 제한적이다. 그러나 인도·태평양 지역의 주요 동맹국들이 대서양 동맹국들과의 관계를 강화해 나가기를 미국은 바랄 것이고, 군사적 측면은 아니라고 하더라도 외교적 연대는 더욱 강조될 가능성이 있다.

연대 관계의 확장과 '경제 안보'의 강조

미국은 주요국들을 대상으로 한 전략 경쟁 및 세계적 공급망 재편과 함께, 가능한 다양한 국가들을 미국 주도의 협력 네트워크 안에 끌어들이기 위한 노력을 기울여 왔다. 이는 결국 미국의 우방 및 동맹국들의 구성 및 협력 범위가 종래의 외교·안보 분야를 넘어 다른 영역으로까지 확장될 수 있음을 의미한다. 2022년 5월 21일 미국은 도쿄(東京)에서 한국, 일본 외에 호주와 뉴질랜드, 브루나이, 인도, 인도네시아, 말레이시아, 필리핀, 싱가포르, 태국, 베트남이 참여하는 '인도·태평양 경제 프레임워크(Indo-Pacific Economic Framework: IPEF)'를 공식 출범시켰다. IPEF는 세계적인 공급망 재편을 둘러싼 탈(脫)동조화(decoupling) 현상의 시작을 알리는 동시에 미국이 우방 및 동맹국들의 범위를 꾸준히 확장해 나갈 것임을 알리는 서막으로 해석해야 할 것이다.

경제 분야로의 협력 관계 확장은 기존 우방 및 동맹국들에게는 심화를 동반한다. 2022년 5월 미국은 한국과 일본 등의 인도·태평양 동맹들과 정상회담을 개최하면서 잇단 공동성명을 발표했는데, 이에 공통적으로 포함되는 내용이 '경제 안보(economic security)'였다. 이제는 외교·안보 중심의 협력 관계에서 경제에서의 협력을 통해 동맹과 우방국들의 결속이 확인되는 시대를 예고한 것이다. 물론, 이러한 경제 안보의 강조는 호혜성이 바탕이 될 것이지만, 반드시 그렇지 않을 수도 있으며, 그 대표적인 것이 미국이 추구하는 「인플레이션 감축법(Inflation Reduction Act: IRA)」이다. 미국은 IRA의 시행이 중장기적으로는 동맹 및 우방국들에게도 도움이 될 것이라고 이야기하지만, IRA가 경제 분야에서 미국의 이익을 위한 동맹국들의 양보를 은근히 요청하고 있는 것은 부인할 수 없는 현실이다.

그렇기에 '경제 안보'의 부각은 우방 및 동맹국들의 입장에서는 기회 요인 못지않은 도전 요인이기도 하다. 과거 미국은 무역에서 우방 및 동맹국들이 큰 도움이 되지 않더라도 안보상의 협력 관계를 위해 양보를 감수했다. 이제는 그 역(逆)의 시대가 도래하고 있다. 과거 미국이 안보상의 필요를 위해 경제상의 부담을 감수했다면, 이제 미국의 산업경쟁력을 키워 주기 위한 것이 동맹국들의 의무처럼 간주되고, 이에 대해 얼마만큼 기여하고 호응하는가에 따라 안보 공약의 정도가 좌우될 수 있는 시대가 오고 있는 것이다.

| 군비 경쟁과 선도적 운용 개념의 강화 |

앞서 지적한 바와 같이, 미국이 주요국 간의 경쟁에서 최후의 보루로 생각하고 있는 것이 군사 분야다. 군사력은 경쟁이 격화돼 갈등 관계가 되고, 갈등이 물리적 충돌로 연결될 때 그 승패를 결정할 수 있는 핵심 요인이기 때문이다. 미국이 첨단기술 및 소재에 대해 경쟁국들의 추격을 저지하고, 동맹 및 우방국들의 결속을 다지는 것 역시 결국 군사 분야에서의 우위를 빼앗기지 않기 위한 방안일 것이다.

기술 면에서는 미·중, 능력 면에서는 미·러

군사적 우위의 유지 혹은 추격은 필연적으로 군비 경쟁을 유발하고, 현재 이 중심에 서 있는 것이 미국과 중국 그리고 러시아다. 미국의 경우 '3차 상쇄전략(Third Offset Strategy)'에 입각한 군사력 건설 방향이 동북아에도 그대로 적용되고 있다. 3차 상쇄전략은 스텔스성(stealth性)의 강화와 무인전투 체계의 발전 등 첨단 과학기술을 군사 분야에 적용해 다른 경쟁국들이 따라오기 힘든 우위를 확보하는 것을 골자로 한다. 핵심은 우리말로 '상쇄(相殺)'로 불리는 미국의 전략이 결코 상대방의 우위에 대응하기 위한 소극적인 개념이 아니라는 것이다. 미국이 추구하는 상쇄는 결국 미국과 경쟁국들 간의 군사기술 및 군사력 격차가 그대로 유지되도록 만드는 것이다. 그렇기에 굳이 '상쇄'를 우리에게 익숙한 개념대로 해석하자면 이는 미국과 경쟁국들 간 군사력 격차의 상쇄가 아니고 추격에 대한 상쇄다. 즉, 경쟁국들이 군사력 증강을 통해 미국과의 격차를 좁히더라도 이것이 기술적 우위에 의해 '상쇄'된다면 미국의 우위는 유지되고 추격은 어려워진다. 미국은 이러한 상쇄의 개념을 중국과 러시아에 대해 그대로 적용하려 노력해 왔다.

미국은 전통적으로 군사 과학기술과 이를 뒷받침할 수 있는 능력을 동시에 갖춘 국가다. 인도·태평양 차원에서 미국에 필적할 만한 군비 경쟁력을 갖춘 것은 분명 중국이다. 2019 중국 국방백서는 중국의 군사전략의 핵심을 적극적 방어(active defense)라고 정의하고 있다. "공격받지 않으면 공격하지 않을 것이나 공격을 받으면 반드시 반격할 것"이라는 원칙이 핵심이다.[3] 이를 실현할 수 있는 능력을 뒷받침하기 위해 중국은 현재 진행되고 있는 4차 산업혁명 기술을 강조하며 군사기술 현대화에 큰 방점을 두고 있다. 미 국방부는 중국의 군사 능력 면에서 (1) 첨단 선박 건조 능력, (2) 지상 기반 탄도미사일 및 순항미사일 능력, (3) 통합 방공 체계, (4) 개입 대처 및 전력 투사 능력, (5) 핵 억제 능력 등이 급속히 발전되고 있음을 지적한 바 있다.[4] 그러나, 여전히 군사 과학기술 분야에서 미국과 직접 경쟁할 만한 국가는 중국보다는 러시아에 가깝다. 미국이 최근 들어 경계의 눈초리를 보내고 있는 극초음속 무기 체계 등에서 미국에 필적하는 개발 실적을 기록한 것은 러시아였다. 2000년대 이후 러시아는 상하이협력기구(SCO)를 통한 중국과의 전략적 연대를 추진하는 한편, 중국에 대한 무기 판매 역시 증대해 왔지만, 최첨단무기에 대한 기술 공유에는 유보적이었다. 중국의 팽창하는 경제력과 이에 비해 상대적으로 위축돼 가는 러시아의 능력을 고려할 때, 중국과

---

3) 중국 국방백서의 내용은 The State Council Information Office of the People's Republic of China, *China's National Defense in the New Era*(Beijing: Foreign Language Press Co., 2019)를 참조한 것이다. 물론, 동중국해와 남중국해에서 중국이 보여 주고 있는 행태를 감안하면, 이 "공격받는"다는 개념은 다분히 주관적인 판단이 개입될 수 있다.

4) U.S. Department of Defense, Military and Security Developments involving the People's Republic of China 2020(Washington D.C.: U.S. Dod, 2020).

러시아의 군사기술 협력 가능성은 2021년에도 여전히 제한적일 것이다. 다만, 더 장기적인 미래에도 러시아가 이러한 자세를 견지할 수 있을지에 대해서는 의문의 여지가 있다. 미국은 이러한 점에서 중국에 대한 기술 우위, 러시아에 대한 능력 우위의 유지를 앞으로도 군비 경쟁 분야에 적용할 것이다.

상대방의 약점 공략

2010년대 이후 지역에서 전개돼 온 군비 경쟁의 핵심은 중국이 추진해 온 '반(反)접근/지역거부(Anti Access/Area Denial: A2AD)' 전략과 이를 무력화할 수 있는 미국의 군사 대비 태세 건설이었다. 앞으로 중국의 군사력 증강 방향 역시 '4차 산업혁명'의 국방 분야 투영이나 'A2AD 능력의 향상'을 보여 줄 수 있는 부분에 초점이 맞춰질 것이다. 이와 함께, 중국 군사력의 세계적 영향력을 보여 준다는 점에서 아시아 지역을 벗어난 지역에서의 군사 협력과 해외 군사기지 확보에 나설 가능성도 있다.[5] 미국의 입장에서는 이러한 중국의 군사력 증강은 여전히 미국의 군사 능력에 대한 '추격(catch-up)'의 입장이지만, 인도·태평양 지역에서는 또 다른 의미를 지닌다. 전 세계적인 관점에서는 여전히 미국의 군사력이 우위지만, 중국이 중점을 두는 아시아·태평양 지역에만 국한할 경우 확실한 우위를 보장하기가 힘들며, 이는 중국의 A2AD로 인해 더욱 심해질 수 있기 때문이다. 이러한 점을 고려할 때, 미국은 2025년으로 예정된 3차 상쇄전략을 반영하는 '신형 함대'(무인화, 스텔스화를 기반으로 하는)의 배치계획에 박차를 가할 것이며, 러시아와의 새로운 전략무기 제한협정(New START)을 추진하면서도, 중국을 연계하려는 노력 역시 지속할 것이다. 미국이 선택할 수 있는 또 하나의 상쇄전략은 기존 핵전력에서의 우위를 확보하는 것이다. 미국의 핵전력에서의 주도권 추구는 이미 1990년대 후반의 미사일 방어(MD) 체제에서 가시화됐고, 트럼프 행정부는 출범 직후부터 핵전력의 업그레이드를 시도해 왔다. 밥 우드워드(Bob Woodward)의 『격노(Rage)』에서 암시된 바 있지만, 트럼프 행정부는 기존에 비해 진보된 새로운 종류의 핵무기를 확보하는 작업에도 매달려 온 것으로 판단되며, 실제로 2022년의 『핵태세 검토보고서(Nuclear Posture Review: NPR)』는 미국의 억제 전략 실현을 위한 자산

---

[5] 실제로 중국은 이미 2020년 지부티에서의 군사기지 건설에 착수한 바 있다.

이 과거에 비해 축소됨에도 불구하고, 신형 SLCM(Submarine Launched Cruise Missile) 등의 신형 저위력 핵무기(Low-yield Nuclear Weapon)들이 획득될 것임을 밝힌 바 있다.

개념 발전에서의 선도

군사적 강점은 첨단기술이나 무기 체계의 확보로만 달성될 수 있는 것이 아니다. 군사력을 어떻게 운용할 것인가, 육·해·공 전력을 어떻게 통합해 활용함으로써 전력의 승수 효과를 극대화할 것인가를 개념화(conceptualization)하는 것 역시 군사적 우위를 달성하는 데 중요한 요소다. 미국의 경우, 네트워크 중심전(Network-centric Warfare: NCW), 효과기반 작전(Effectiveness Based Operations: EBO), 다(多)영역 작전(Multi-domain Operations: MDO) 등 1990년대 중·후반 이후의 주요 군사적 개념들을 선도해 왔고, 이를 통해 잠재적 경쟁자에 대한 우위를 점해 왔다. 우크라이나에서 러시아가 고전하는 이유의 하나는 러시아의 군사 과학기술에 끼어 있던 거품의 문제도 있지만, '첨단'이 항상 좋은 것만은 아니라는 교훈도 동시에 제시한다. 각 작전 상황, 그리고 작전 지역에 따라서는 고성능의 무기가 제대로 위력을 발휘하는 곳도 있지만, 아닌 지역도 상당수 있다. 따라서 각 지역 특성에 맞게 다양한 수준의 전력을 동원할 수 있는 적정 혼합 배치(high-low mix)의 비율을 찾아내는 것이 매우 중요한데, 이 역시 운용 개념과 밀접한 관련이 있다.

개념화의 중요성은 무기 체계의 개발 및 설계와도 연관된다. 가령 최근 첨단 항공기라면 필수적으로 갖추어야 할 것으로 거론되는 스텔스 기술(stealth technology)은 그 자체가 목적이 아니고, 은밀한 침투 및 적에 대한 선제 식별, 적시 공격, 그리고 이를 통한 기체와 조종사의 보호를 위해 고안됐다. 스텔스 기능 자체를 목적으로만 하다 보면 다른 기술의 개발은 등한시된다. 그러나 기체와 조종사의 보호, 그리고 효과적 작전이라는 취지에 중점을 주면 무인(無人) 기술이라는 또 다른 선택지가 생긴다. 이와 같이 무기 체계를 원래의 목적과 전장 환경에 맞게 개발해 나가는 데도 개념화가 필요하며, 이러한 개념화를 선도하지 못하는 국가들은 추격 이상의 효과를 달성하기 힘들다.

개념의 선도는 미래 전장 영역을 어떻게 설정하는가에서도 발휘된다. 우주공간이 군사작전을 위한 새로운 영역이라는 인식은 2000년대에 들어 더욱 확대됐으며, 미국을 비롯한 주요 국가들의 경우 '우주력(space power)'의 개념 발전에 몰입해 왔다. 미국은 2019년 12월 기존의 육·해·공군 및 해병대와 독립된 병종(兵種)으로 '우주군(U.S. Space Force)'을 창설했다. 프랑스 역시 2019년 7월 13일 프랑스대혁명 기념일을 맞아 우주군 창설계획을 선언했으며, 중국과 일본, 영국 등도 역시 우주군 창설계획을 밝힌 바 있다. 그러나 이들 국가의 '우주군'이 미국과 같이 독립된 병종으로서의 '우주군'에 해당할지 아닐지는 분명하지 않으며, 우주군을 기존의 군과 구별되는 계급·인사 체계로 운영하고 있는 국가는 미국이 유일하다. 이는 미래 전장 운영의 측면에서 중요한 함축성을 지닌다. 우주공간은 각종 위성의 존재로 인해 첨단 정보감시 체계(위성 등)가 이미 존재하는 지역이고, 각종 탄도미사일의 활동공간이기도 하며, 상대방을 무력화시킬 수 있는 새로운 무기 체계의 잠재적 배치지이기도 하다. 이러한 면에서 우주공간에 대한 활용 개념화의 면에서도 미국은 우위를 발휘하고 있고, 2020년 5월 '창어 5호(嫦娥五号)'를 통해 달 탐사 능력을 과시한 중국이 우주에서도 미국과 경쟁하기 위해서는 무기 체계 이상으로 개념 발전 능력을 함양해야 한다.

중국의 게임 체인저: 페트로 위안화? 중국 위안화 국제화의 숨은 전략

이창주

| 들어가며 |

중국 위안화(인민폐)가 달러의 기축통화 패권적 지위를 대체할 수 있을까. 가능성은 거의 없다. 페트로 달러(petro-dollar) 체제가 페트로 위안화(petro-yuan) 체제로 '완전히' 대체하는 시대가 열릴까. 불가능까지는 아니어도 중국의 장기적 전략 목표로서 고려될 사안일 것이다. 그렇다면 중국의 게임 체인저는 무엇일까. 그래도 여전히 중국 위안화의 국제화 전략이다.

물론, 코로나19, 러시아-우크라이나 전쟁 등 장기화되고 있는 국제 이슈와 기존 관례를 깨고 진행 중인 시진핑 정권의 3연임을 포함한 국내 이슈 등이 어떤 변수로 작용하느냐에 따라 이는 게임 체인저가 될 수도 있고, 아니면 찻잔 속의 태풍이 될 수도 있다. 그러나 인민폐 국제화가 어느 정도 진전이 있고, 이는 글로벌 사회에 어떤 영향을 미칠 수 있을 것인지를 살펴보는 것은 분명히 의미가 있을 것이다.

그렇다면 중국 위안화가 미국 달러의 지위를 대체할 가능성은 사실상 제로에 수렴

하는데 어떻게 게임 체인저의 주체가 될 수 있는 것일까. 이는 중국 공산당의 전통적인 전략을 상기해 볼 필요가 있다. 1924년 중국의 제1차 국공 합작 당시에도 중국 공산당은 국민당 내 세력을 확장해 갔고, 1934년부터 진행된 중국 공산당의 대장정은 결국 국민당의 포화 속에서도 농촌을 중심으로 그 불씨를 확장해 갔다. 다시 말해, 커다란 세력 속에 집을 만들어 가는 것이 그 전략의 핵심이다. 중국이 2001년 12월 세계무역기구(WTO)에 가입했던 것도 미국 중심의 세계 무역 질서 속에 들어갔던 것이고, 이에 편승해 제2의 경제대국으로 자리매김할 수 있었다. 이와 같은 관점에서 미국 달러 패권 지위 체제 속에서 중국은 기축통화의 다원화를 지지하면서 그 세력권 내 중국 위안화의 지위를 상승시키는 장기적 전략으로 위안화 국제화를 진행하고 있다.

중국의 이런 위안화 국제화 과정은 최근 미국의 셰일혁명, 미국-사우디아라비아 관계 악화, 중국의 원유 수입·소비 증대, 미중 전략 경쟁이라는 글로벌 구조와 맞물리면서 일종의 기회와 위기를 동시에 직면하고 있다. 중국은 지속 가능한 국가 이익 창출과 미국발 금융 제재의 회피 전략 모색이라는 목표로 일대일로 전략과 함께 위안화의 국제화를 진행하고 있다. 이를 좀 더 입체적으로 이해하기 위해 기축통화의 의미와 페트로 달러 체제의 개념을 살펴보고, 이를 토대로 위안화 국제화 배경, 현황, 그리고 전망 등에 대해 서술한다.

| 배경: 기축통화, 페트로 달러 |

화폐는 가치를 담은 종이다. 화폐는 발행한 중앙은행이 보증하는 가치를 저장하고 있다. 그 가치에 따라 계산의 단위가 결정되고, 그 화폐는 교환의 매개체가 된다. 결국 화폐에서 중요한 것은 발행 주체의 신용이다. 세계적으로 기축통화를 통해 이런 신용을 감당할 수 있는 국가는 물론 미국이다.

미국 달러가 기축통화로 자리매김할 수 있는 이유는 미국의 외교 안보 분야를 포함한 종합 국력, 압도적 금 보유량, 세계 전체를 커버하며 무역 적자를 감당 가능한 달러 공급력, 세계 범위 내 달러 유동성을 확보할 수 있는 선진 금융 시스템, 미국 자체의 높은 국가신용도 등을 들 수 있다. 그리고 여기에 더 추가한다면, 미 달러에 의한 무역

거래 시스템(원유, 천연가스 등 전략물자 포함)이 있다.[1]

역사적으로도 보면, 1944년 브레튼우즈 체제(달러 금본위제)를 시작으로 달러 패권 시대가 열릴 수 있었던 것은 양차 세계대전을 통한 미국 부(富)의 축적, 미국의 제조업 능력, 세계 80%에 육박한 미국의 금 보유량 등이 달러 패권 체제 신용을 뒷받침해 줬기 때문이다. 그러나 미국의 무역적자, 재정적자는 달러의 금본위제 위기를 배태하고 있었고, 1960년대 베트남 전쟁은 브레튼우즈 체제 종식의 촉진제 역할을 했다.

1971년 8월 15일, 당시 닉슨 미 대통령은 달러의 금태환을 중지하겠다고 전격 선언하면서 브레튼우즈 체제의 종식을 선언했다. 이때 달러의 신용이 추락했고, 미 달러의 글로벌 수요 역시 급감하게 되는데 이를 극적으로 기사회생시킨 것이 바로 페트로 달러다.

페트로 달러 체제의 내용을 살펴보면, 다음과 같다. 제1차 오일쇼크 직후인 1974년 키신저(Henry A. Kissinger)는 사우디아라비아의 파이잘(Faisal bin Abdulaziz Al Saud) 국왕과 여러 차례의 담판을 통해 사우디아라비아의 원유 수출은 미 달러로만 거래한다는 협상에 성공한다. 이에 관한 조건은 사우디아라비아는 미 달러를 다시 미 국채에 재투자할 것, 그리고 미국은 사우디아라비아의 왕가 및 국가의 군사적 보호를 보장하며 미국은 미국 건설회사를 통해 사우디아라비아의 인프라 건설에 도움을 준다는 것이었다. 사우디아라비아와의 협상으로 페트로 달러 결제 범위는 1975년 당시 석유수출국기구(OPEC) 회원국으로 확대됐다.[2]

페트로 달러 체제는 원유, 천연가스 등 에너지 자원 분야에서 미 달러의 입지를 확보해 줬을 뿐만 아니라, 원유 관련 선물 및 현물시장을 통한 가격 결정권 확보, 원유 관련 금융시장의 활성화, 그리고 다른 원자재 대종 상품 및 무역 거래에서 달러 사용의 범위를 더 확대하는 효과를 낳았다. 사우디아라비아에 유입된 달러는 다시 미 국채 매입으로 미국으로 회수(recycle)할 수 있었고, 미 달러의 지위가 더 공고해졌다. 산업 발전에 필수불가결한 원유 거래가 미 달러 결제로 단일화되면서 세계 각국 정부는 달

---

1) 조세일보, "달러의 기축통화는 언제까지 가능할까," 2022.10.21., https://www.joseilbo.com/news/htmls/2022/10/20221021469160.html.

2) Willem Middlekoop, *The Big Reset: War on Gold and the Financial Endgame*, Amsterdam University Press. 2016, p.36.

러 중심의 외환보유고를 구성할 수밖에 없었고, 글로벌 범위의 무역 및 금융 거래, 투자 등에서 달러의 영향력을 피할 수 없게 됐다. 미국은 페트로 달러 체제를 유지하기 위해 군사력 사용을 공개적으로 발표하기도 했고(카터 독트린), 이런 달러의 영향력을 이용해 적성국이나 현상 변경국에게 금융 제재를 부과하기도 했다.

| 전환의 시작: 미국-사우디아라비아 관계 |

2012년 2월 23일, 오바마(Barack H. Obama) 미 대통령은 "우리가 중동이나 세계 다른 지역 내 혼란을 피하려면, 우리는 미국 에너지의 모든 가용 자원을 개발하는 지속 가능한 전략을 가져야 한다. (중략) 우리는 우리 자신이 세계 석유시장의 흥망성쇠에 인질이 되도록 그냥 둘 수 없다. 우리는 계속 새로운 에너지원을 개발해야 한다"라고 말했다.[3] 미국은 2000년대 중반부터 '셰일혁명'을 토대로 빠른 속도로 중동에 대한 의존도를 탈피했다. 오바마 대통령의 말대로, 미국은 중동의 불안정성에 흔들리지 않을 지속 가능한 에너지 전략 구축이 가능해진 것이다.

미국, 세계 주요 에너지 수입국에서 산유국으로

암석에 갇혀 있던 원유와 천연가스를 채굴할 수 있는 기술을 개발함으로써 미국은 세계 최대 원유 소비국 지위를 유지하면서 세계 최대 산유국이 됐다. 1980년 카터 대통령이 전쟁을 감내해서라도 원유 공급 라인인 중동을 수호하겠다고 했는데, 미국 자체가 최대 산유국이 되면서 미국-중동 간 상호 의존 관계는 흔들렸다. 오히려 미국은 중동의 새로운 경쟁자로서 석유시장에 등장했다. 미국의 중동 지역에 대한 지원 및 개입(engagement)은 축소됐고, 대신 중동에 대한 직언은 높아져 갔다.

다음 왼쪽 그림처럼 미국의 원유 생산량은 2000년대 중반부터 셰일혁명의 시작으로 세계적 산유국인 사우디아라비아의 원유량을 역전했다. 2021년 기준으로 미국

---

[3] The White House President Barack Obama, "Remarks by the President on Energy," February 23 2012, https://obamawhitehouse.archives.gov/the-press-office/2012/02/23/remarks-president-energy.

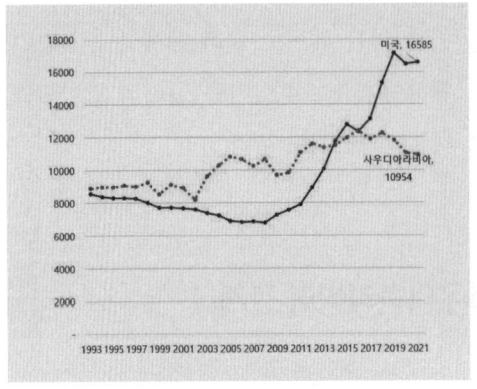
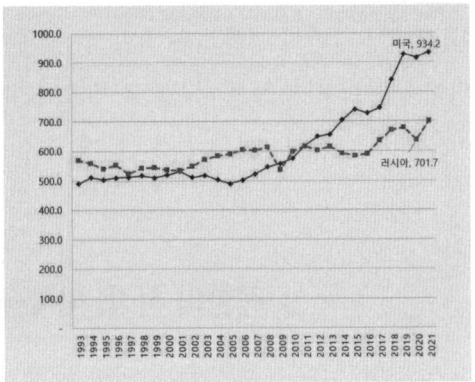

미국-사우디아라비아 원유(셰일 포함) 　　　　미국-러시아 천연가스 생산량 추이
생산량 추이(1993~2021) 　　　　　　　　　　(1993~2021)

자료: BP, 저자 정리.

의 원유 생산량은 12.2%의 비중(1,658.5만 배럴/일), 사우디아라비아는 12.2%의 비중(1,095.4만 배럴/일)을 보이고 있다. 미국은 2008년(678.3만 배럴/일) 대비 2021년 오일 생산량이 144.5% 폭증하는 모습을 보이며 세계 최대 산유국이 됐다. 위의 오른쪽 그림은 미국의 천연가스 생산량이 2007년부터 러시아의 생산량을 초과하기 시작하는 것을 보여 준다. 2021년 기준 미국은 세계 전체의 23.1%(934.2bcm) 비중을 차지하면서 러시아는 17.4%(701.7bcm)를 초과해 세계 최대 천연가스 생산국이 됐다.

　미국의 입장에서 보면, 중동의 매력이 떨어지면서 글로벌 전략자산 재배치가 진행됐다. 미국은 중동에서 힘을 빼고 아시아·태평양 지역으로 힘을 집중하기 시작했다. 환태평양 지역에서 미국의 도전국으로 급부상한 중국을 견제하기 위해 오바마 정부부터 '아시아 중시 정책(Pivot to Asia)'을 전개했다. 현재는 미중 전략 경쟁 시기로 미국의 가장 중점 견제 대상은 중국이다.

　더 이상 중동의 에너지자원을 생명줄로 생각할 필요가 없게 된 미국 입장에서 사우디아라비아를 포함한 중동 국가에 대한 의존도가 줄었다. 대신, 중동 지역의 안정을 위해 이란 핵 협정, 아브라함 협정 논의를 본격화하고, 중동에 있던 미국 전략자산을 축소하는 과정에서 아프가니스탄 전격 철수, 사우디아라비아에 제공하던 방공 자산 철수 등을 결정하게 된다. 중동 내 '힘의 공백' 상황이 발생하기 시작한 것이다.

사우디아라비아에 대한 안보 이슈 및 인권 이슈 부각

이 모든 조치는 사우디아라비아의 불안 요소로 작용했다. 페트로 달러(petro dollar)의 기본 조건은 원유 거래 시 달러로 표시한다는 것과 사우디아라비아의 왕실과 국가 안보를 미국이 보장한다는 것이었는데, 최대 산유국이 된 미국의 행보는 기존의 체제를 흔들기 시작했다.

2015년부터 시작된 미국의 이란 핵 협정은 비록 협상 과정에 부침은 있었지만 이란(시아파)과 라이벌 국가인 사우디아라비아(수니파)에 큰 위협 요소로 작용했다. 특히, 사우디아라비아에 위협 세력인 예멘 반군 후티(시아파 계열)에 이란이 연계된 상황에서 미국의 대(對)이란 접근은 사우디아라비아 입장에서는 악재였다.

좀 더 구체적으로 살펴보면, 2020년 6월, 이란의 지원을 받은 예멘의 후티 반군이 사우디아라비아의 리야드, 나자란, 자잔 지방 등 인구 밀집 도시에 공격을 가하는 동안 미국은 방공 자산을 페르시안 걸프에서 철수하기도 했다. 2022년 3월 25일에는 사우디아라비아 아람코 원유 저장고에 드론과 로켓포로 공격하는 상황이 발생하기도 했다. 이런 일련의 상황은 사실상 1980년 1월에 발표한 카터 독트린의 종식을 의미했다.[4]

설상가상으로 사우디아라비아 왕실을 위협하는 인권 이슈도 발생했다. 2018년 10월 2일, 사우디아라비아 출신 언론인 자말 카슈끄지(Jamal Khashoggi)가 터키 주재 사우디아라비아 총영사관 내 살해된 사건이 발생했다. 카슈끄지는 미국 워싱턴포스트 칼럼리스트로 활동하며 사우디아라비아의 실력자인 무함마드 빈 살만(Mohammed bin Salman) 왕세자를 비판해 왔던 인물이다. 미국 CIA에서 카슈끄지 암살사건의 배후에 빈 살만 왕세자가 있다고 보고서를 작성하면서 미국과 사우디아라비아의 관계는 악화 일로를 걷게 된다.[5]

바이든 미 대통령은 대통령 후보 시절 관련 보고서를 인용하며 빈 살만 왕세자의 책임을 물어 왕세자에서 '천민(賤民, pariah)'으로 끌어내리겠다고 발언했다. 2022년 7월

---

4) *Forein Policy*, Biden Should Revive the Carter Doctrine for the Middle East, 2022.7.12. https://foreignpolicy.com/2022/07/12/biden-middle-east-carter-doctrine-israel-saudi-arabia-uae-gulf-iran/.

5) BBC NEWS 코리아, "자말 카슈끄지: '사우디 왕세자가 카슈끄지 살해 승인'…미국 기밀보고서 공개," 2021.2.27., https://www.bbc.com/korean/international-56220801.

에는 바이든 대통령이 고유가 및 인플레이션 문제 해소를 위해 사우디아라비아에 직접 방문해 빈 살만 왕세자와 회담했으나 회담장에서 카슈끄지 암살 사건을 직접 언급했다. 이에 빈 살만 왕세자는 본인과 관계 없는 일이라며 오히려 미국의 이라크 아부 그라이브 교도소(Abu Ghraib Prison)의 인권 유린을 언급하며 미국의 인권 문제를 역공했다.[6] 이는 페트로 달러의 중요한 축인 '사우디아라비아 왕실과 국가의 안전 보장'이 사실상 붕괴했다는 상징적인 외교 현장으로 기록될 만했다.

| 전환의 시작: 중국-사우디아라비아 관계 |

중동 지역 내 미국의 공백은 중국의 공략 대상이 됐다. 중동 역내 국가들은 원유나 천연가스 산업에 높은 의존도를 보였고, 산업의 다원화에 대한 전략적 수요가 있다. 이를 위해 중동 역내 국가들은 원유 및 천연가스 수출량은 높이고, 산업 다원화를 위한 각종 인프라 건설, 기술 협력, 투자 유치는 확대해야 하는 상황이다. 사우디아라비아의 경우 '국가비전2030'이 대표적인 예다.

중국은 달러 중심의 높은 외환보유고의 다원화를 추진하며 중국 기업의 해외 진출을 지원했고, 실크로드 연선 국가를 주축으로 하는 '일대일로(一帶一路)' 사업을 전개했다. 중국은 일대일로 사업을 통해 에너지자원 확보, 해외 인프라 건설, 중국 주도의 공급사슬 및 가치사슬 연계 등을 추진해 왔다. 중국은 제2의 경제대국, 제2의 원유 소비국, 제1의 원유 및 천연가스 수입국으로서 안정적으로 에너지자원을 수입하며 해외 진출 및 해외 투자를 원했다. 중국과 중동의 상호 전략적 수요가 맞아떨어진 것이다.

미중 전략 경쟁이 본격화됨에 따라 중국은 중동이 있는 서쪽에 무게추를 둘 수밖에 없고, 미국이 세계 최대 산유국이 됨에 따라 중동은 중국이 있는 동쪽에 무게추를 둘 수밖에 없는 글로벌 구조가 형성됐다. 인권 이슈에도 중국은 미국과 달랐다. 중국은 내정 불간섭 원칙을 앞세웠다. 중국과 중동은 동병상련의 상황이었는데, 미국은 중국

---

6) 한경, "사우디 왕세자, 바이든 '카슈끄지 거론'에 美 인권문제로 역공," 2022.7.16. https://www.hankyung.com/international/article/202207162920Y.

에 신장위구르자치구의 인권 이슈를 비판했고, 사우디아라비아에는 카슈끄지 암살 사건에 대한 인권 이슈를 비판했기 때문이다. 중국은 카슈끄지 암살 사건은 사우디아라비아의 내정이라 선을 그으며 중동 지역에 한 걸음 더 다가갔다.

원유 수입을 원하는 중국, 원유 수출을 원하는 사우디아라비아

(단위: 천 배럴/일)

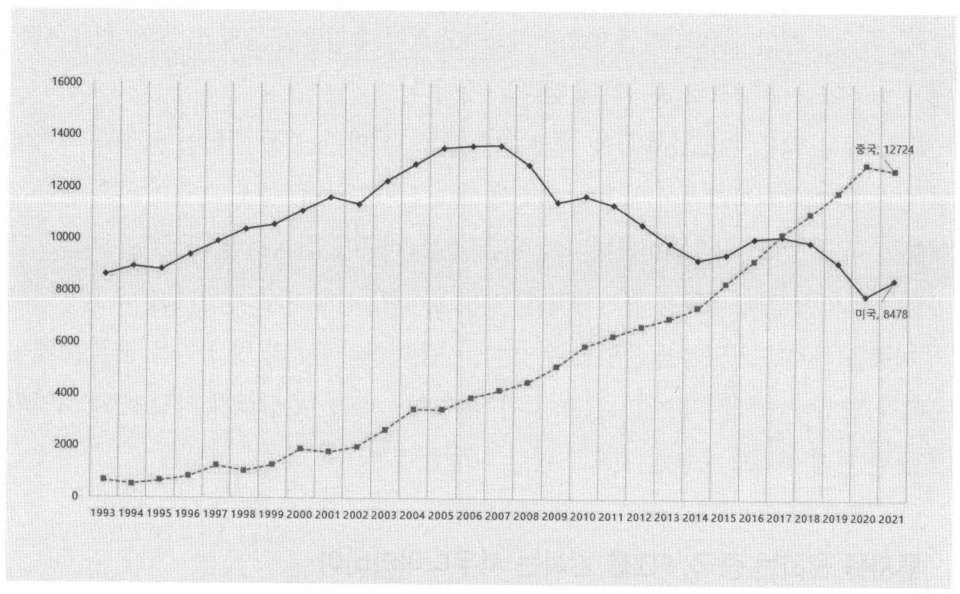

미국-중국 원유 수입량 변화 추이(1993~2021)

자료: BP.

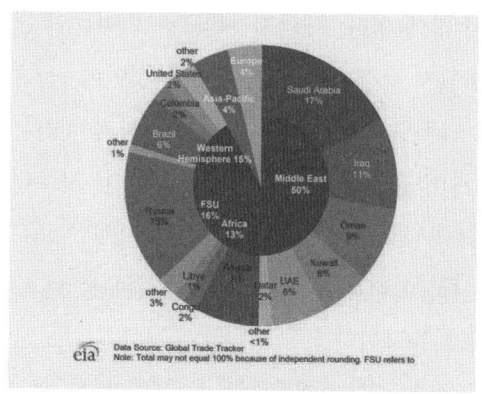

중국 원유 수입원(2021)

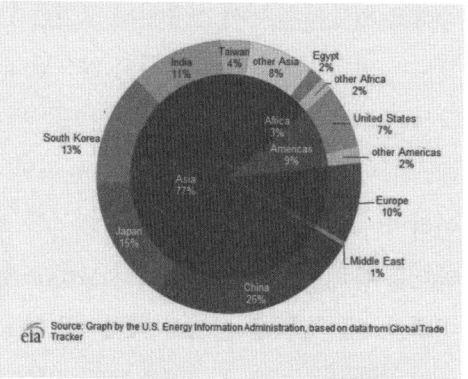

사우디아라비아 원유 수출 대상국(2020)

자료: EIA.

중국은 안정적인 원유 공급처를 원했고, 사우디아라비아는 안정적인 원유 수입처를 원했다. 앞의 그림처럼, 2017년부터 중국의 원유 수입량은 미국의 수입량을 상회하기 시작했다. 2021년 기준 중국의 원유 수입 세계 비중은 19%(1,272.4만 배럴/일)로 미국의 12.7%(874.8만 배럴/일)를 추월해 단일 국가 기준 최고 수입량을 보였다. 원유 소비량을 살펴보면, 2021년 기준으로 미국이 1,868.4 배럴/일로 세계 19.9% 비중, 중국이 1,544.2 배럴/일로 세계 16.4% 비중을 보이면서 중국이 제2의 소비량을 보였다. 다시 말해, 미국은 셰일 원유의 자급자족이 가능해지면서 수입량이 줄었고, 국제 원유 시장에서 중국이 큰 손님으로 등극하게 됐다는 뜻이다.

대(對)중국 원유 주요 수출국을 살펴보면, 2021년 기준 중동 지역이 50%를 차지하고 있으며, 사우디아라비아가 전체 총액의 50%를 차지하며, 중국의 주요 원유 공급처 역할을 하고 있다. 사우디아라비아의 원유 수출 비중을 살펴보면, 2020년 기준으로 아시아 지역이 77% 비중을 차지하고 있으며, 중국이 전체 비중의 26%로 약 1/4 이상의 비중을 차지하고 있음을 확인할 수 있다. 사우디아라비아의 빈 공간을 중국이 채워 들어갈 명분이 있다는 것이고, 상호 전략적 수요에 따라 미 달러가 아닌 중국 위안화를 통한 거래 조건도 충분한 것으로 판단 가능한 부분이다.

투자를 원하는 중국, FDI를 원하는 사우디아라비아

산유국의 공통된 특징은 원유나 천연가스 산업에 대한 의존도가 높다는 것이다. 원유 매장량이 무제한일 수는 없고, 각국이 탄소중립화 목표를 제시하며 기후 변화에 대응하고 있다는 점에서 산유국의 고민은 클 수밖에 없다. 에너지자원으로 벌어들인 돈으로 산업의 다각화를 실현하지 않으면 도태될지 모른다는 고민이 있는 것이다. 산유국들은 역설적이게도 산업의 다원화를 위해 의존도 높은 원유산업을 부흥시켜야 하는데, 이는 결국 오일머니로 산업 다원화의 시드머니를 확보해야 하기 때문이다. 사우디아라비아의 경우 네옴시티(Neom City)를 포함한 '국가비전 2030'이라는 국가개발 프로젝트를 통해 산업의 다원화를 시도하고 있는데, 이런 사우디아라비아에 원유를 더 수입하고 관련 투자를 진행하겠다는 국가가 바로 중국이다.

시진핑(習近平) 중국 국가주석은 2013년에 '실크로드 경제벨트'와 '21세기 해상 실크로드' 공동 건설을 주장하며 '일대일로(一帶一路)' 사업을 본격화했다. 일대일로는 중국 당국의 정책 및 금융 지원을 토대로 에너지·광물·인프라 건설 분야 국유기업의 해외 진출을 돕는 플랫폼 역할도 주로 담당했다. 중국은 특히 에너지 자원 확보를 위해 일대일로를 기치로 아랍 국가들과의 협력을 확대해 오고 있다. 2016년 1월, 중국 정부는 '중국의 대(對)아랍 국가 정책 문건'을 발표하고, 중국은 22개 아랍 국가들과 관계를 유지해 왔는데 문건의 내용은 구체적이다. 핵심 내용은 '1+2+3 협력 방안'으로 1(에너지자원)+2(인프라 건설, 무역편리화)+3(신에너지, 항공우주, 원자력 협력), 과학, 교육, 방송미디어, 지역안보, 문화, 금융 분야에서 중국-아랍권 국가들 간의 협력을 확대하겠다는 것이다.[7]

2022년 12월 9일, 시진핑 중국 국가주석이 사우디아라비아를 직접 방문하며 발표한 공동성명의 내용에서 "양측은 일대일로 공동 건설 중 공동 협력을 심화시킬 것을 강조했다. 사우디아라비아 유관 기관에서 '일대일로' 에너지자원 및 투자 파트너 관계에 가입하는 것을 환영하며, 사우디아라비아가 중국 기업의 에너지 상품 생산 및 수출의 핵심 지위를 강화할 것"이라고 말했다.[8] 그 다음날에는 중국과 걸프협력회의(Gulf Cooperation Union: GCC) 국가들 간의 회의에서 시진핑 주석은 "중국이 원유와 액화천연가스의 수입을 지속적으로 대량 수입하고 그 수입량을 확대하겠다"면서 "중국은 GCC 국가들과 금융 감독관리 협력을 확대하길 희망하며, 양측의 지역화폐를 통한 거래, 디지털화폐 분야 협력 심화, 다자간 중앙은행 전자화폐 추진을 원한다"는 발언으로 페트로 위안화를 향한 포석을 뒀다.[9]

---

7) 백승훈·이창주, "중국과 중동의 연계 강화: 세계 에너지 구조 변환 속의 지경학," SNUAC, https://diverseasia.snu.ac.kr/?p=3111.

8) 中国外交部, "中华人民共和国和沙特阿拉伯王国联合声明," 2022.12.9. http://switzerlandemb.fmprc.gov.cn/web/zyxw/202212/t20221209_10988250.shtml.

9) 新华社, "习近平在中国-海湾阿拉伯国家合作委员会峰会上的主旨讲话," 2022.12.10. http://www.gov.cn/xinwen/2022-12/10/content_5731130.htm.

| 위안화 국제화, 페트로 위안화의 시동 |

현재 미국의 셰일혁명에 따른 구조 전환이 발생하고 있어 '페트로 위안화'에 대한 이슈에 대한 관심이 증폭되고 있다. 중국 측의 많은 분석 자료를 살펴보면, 위안화가 미 달러를 전격 대체하는 것은 요원한 목표라고 보고 있다. 그러나 중국 주도의 원유 선물거래소 구축 및 위안화 국제화에 대한 움직임은 오래전부터 준비해 왔다.

1993년, 중국은 첫 국내 원유 선물거래 계약을 냈는데, 에너지시장 발전이 성숙돼 있지 않아 1년 내 문을 닫았다. 중국은 2008년 미국발 세계 금융위기를 계기로 위안화 국제화를 위한 조치를 준비했다. 중국은 세계 금융위기로 미 달러 기축통화에 의한 단일화된 국제 화폐 체제의 폐단이 드러났다고 판단했는데, 대표적인 이유가 당시 세계 최대의 중국 외환보유액 중 미 달러가 대부분이었기에 달러 가치의 하락은 곧 중국 자산의 하락을 의미하는 것이었기 때문이다. 중국은 2009년부터 본격적으로 위안화를 통한 대종 상품 가격 결정 및 계산에 사용하게 됐고, 2013년에는 중국이 새로운 원유 선물시장을 출시할 것이라 밝혔다. 2018년 초, 중국은 상하이선물거래소를 통해 시험 거래해 본 후 상하이국제능원교역중심(INE)을 출시하게 됐다.[10]

위안화 국제화를 위한 중국 측의 움직임은 2018년 전에도 다양하게 존재했다. 2009년 4월, 중국 국무원은 상하이, 광저우, 선전, 주하이, 동관 등 도시에서 국제무역에서 위안화 계산 시범 지역을 운영했고, 2011년 8월 23일에는 "국제무역 위안화 계산 지역 확대에 관한 통지"라는 문서를 통해 국제무역 거래 시 위안화를 사용할 수 있는 지역을 중국 전역으로 확대했다. 국제무역 위안화 거래는 2009년 35.8억 위안에서 2017년 43,547억 위안으로 확대됐다.[11]

중국의 위안화 국제 거래 확대에는 복잡한 계산이 숨어 있다. 중국은 원유 및 천연가스를 포함한 원자재 최대 수입국이고, 지속 가능한 경제 발전을 위해서는 국제 거래의 확대가 불가피했다. 여기에 대부분의 대종 상품의 가격 결정, 결산, 지불, 투자, 외환 보유 등이 대부분 미 달러에 의해 진행되고 있다는 점은 중국에 늘 리스크로 작용

---

10) 钟红, "'石油人民币'助力我国石油安全和人民币国际化," 『国际金融』, 2018-03, p.9.
11) 韩群群 · 秦扬, "石油天然气人民币战略的实施路径探索," 『西南石油大学学报』, 第21卷 第6期, 2019, p.11.

했다. 미국의 화폐정책에 국제 교역이 직접 영향을 받을 수 있고, 무엇보다 미국이 국제은행 간 통신협정(SWIFT) 국제 결산 체제를 이용해 금융 제재를 무기화할 수 있으며 환율 조작국을 지정할 수 있는 등의 국제 금융 패권은 중국에 불리한 요소로 작용했다. 오바마 정부를 기점으로 미중 전략 경쟁 시기가 심화되고 있는 시점에서 무역전쟁-기술전쟁 등의 흐름은 결국 금융전쟁으로 격화될 수 있다는 점에서 중국은 위안화 국제화를 정밀히 설계했다.

대표적인 예가 CIPS(Cross-Border Interbank Payment System) 시스템이다. 미국 중심의 SWIFT 체제는 달러를 통한 무역 및 투자 같은 국가 간 거래에서 반드시 경유해야 하는 플랫폼이다. 미국은 SWIFT 거래에서 특정 은행이나 개인의 계좌를 동결하는 방식으로 달러 거래를 차단함으로써 제재를 진행했고, 미 달러를 계좌에서 동결해 거래하지 못하는 국가, 기업, 개인 등은 경제적 리스크를 감당해야 했다. 중국은 2015년에 CIPS 시스템을 구축하면서 위안화를 통한 국제 거래 플랫폼을 구축하게 된 것이다. 다시 말하면, SWIFT 체제에서 제재를 받는 국가, 기업, 개인 등은 위안화로 거래를 할 수 있다는 것을 의미한다. 2021년 기준으로 CIPS가 누적 처리한 위안화 업무는 334.1만 차례로, 금액은 79.6조 위안에 달한다. 이는 각각 동기 대비 51.6%, 75.8%에 달하는 성장세다. 2015년 10월에는 겨우 56개의 중국 국내외 기구가 참여했는데, 2021년 말 기준 1,259개 기구가 직간접적인 방식으로 CIPS에 참여하고 있다. 2015년 10월 한 달 기준 1,000억 위안을 넘어서던 거래액은 2021년 12월에는 3,800억 달러에 못 미치는 거래가 진행돼 그 규모가 크게 증가하고 있음을 이해할 수 있다.[12] 우크라이나 전쟁 기간 러시아가 직접 제재를 받고 있는 상황에서, 중국은 2020년 기준 러시아의 전체의 32% 원유, 17%의 액화가스를 수입했는데 이는 위안화-루블화 직거래로 CIPS를 통한 거래로 볼 수 있다.[13]

중국인민은행은 중국 외환 거래에서 일본 엔화, 영국 파운드, 뉴질랜드 달러, 스위스 프랑, 말레이시아 링깃, 남아프리카공화국 랜드, UAE 드르함, 헝가리 포린트, 덴마크 크로네, 노르웨이 크로네, 멕시코 페소 등에 위안화 직거래 유동성을 제공하며

---

12) 中国人民银行, 『2022 年人民币国际化报告』.

13) The Economist, "Will China offer Russia financial help?," March 12th, 2022.

미 달러 구매 없이 직거래를 시작했다.14) 이와 동시에, 중국인민은행은 2021년 기준으로 이미 40여 개 국가 당국의 중앙은행 혹은 화폐 당국과 양자간 통화 스와프(swap)를 체결했고, 총금액은 4.02조 위안을 넘어섰다.15) 중국은 제2의 세계 경제대국이기도 했지만, 이미 120개 넘는 국가 및 지역에는 최대의 무역 대상국이기도 했다.16) 이런 국제적 지위로 중국은 위안화를 통한 직거래의 수준도 높여 가고 있었던 것이다.

중국은 위안화 국제화를 위한 시스템과 화폐 직거래를 발전시키면서 원유나 천연가스 위안화 계산을 위한 조치를 강화해 갔다. 현재 이란, 나이지리아, 베네수엘라, 수단 등의 국가는 이미 원유 계산 화폐 다원화의 일환으로 위안화 거래를 진행 중이고, 러시아 역시 2012년 APEC 정상회담 기간 동안에 중국 위안화 거래를 허용했다.17)

중국은 여기에 한 발 더 나아가 원유-천연가스 거래에서 위안화를 통한 가격 발언권을 확대하기 위해 2018년에 상하이국제능원교역중심(INE)을 설립했다. 중국이 신중히 준비해 온 INE는 일종의 게임 체인저가 되기 위한 백업 시스템이 하나 있는데, 원유 수출국이 교역 중 획득한 위안화를 상하이황금교역소에서 황금으로 태환이 가능하다는 것이다.18) 다시 말해, 미국으로부터 제재를 받고 있는 러시아, 이란, 베네수엘라와 같은 국가들도 중국과 원유를 위안화로 거래하고 황금으로 태환할 수 있는 시스템이 상하이에 마련돼 있는 것이다.19) 제재를 회피하고 싶은 국가들에게도 INE 시스템의 혜택이 존재하지만, 미 달러를 미 국채를 구매해야 했던 중동 국가들에도 위안화-금 태환제는 매력적일 수 있다. 시진핑 국가주석이 2022년 12월 10일 "GCC 정상들과 상하이석유천연가스교역중심을 이용해 원유 및 천연가스 무역을 위안화로 계산하

---

14) CSIS, "Sanctions, SWIFT, and China's Cross-Border Interbank Payments System," CSIS Briefs, May 20 2022. https://www.csis.org/analysis/sanctions-swift-and-chinas-cross-border-interbank-payments-system.

15) 中国人民银行,『2022 年人民币国际化报告』.

16) 中国新闻网, "中国成120多个国家地区最大贸易伙伴 持续吸引全球投资者," 2021年 03月 19日, https://www.chinanews.com.cn/gn/2021/03-19/9435646.shtml.

17) 胡杨. 韩晓宇, "石油人民币战略与人民币国际化,"『中国金融』, 2019年 12期, p.91.

18) 钟红, "'石油人民币'助力我国石油安全和人民币国际化,"『国际金融』, 2018-03, p.11.

19) Nikkei Asia, "China aims for dollar-free oil trade", September 14 2017, https://asia.nikkei.com/Economy/China-aims-for-dollar-free-oil-trade.

자"[20]는 발언 역시 위의 플랫폼을 이미 구축했기 때문에 그 발언의 무게가 실릴 수 있었던 것이다.

위안화 국제화, 게임 체인저가 될 수 있을까

페트로 위안화의 한계

중국이 지금 당장 페트로 위안화를 실시한다고 해도 위안화가 미 달러의 기축통화 체제를 완전 대체한다는 것은 사실상 불가능에 가깝다. 먼저, 미 달러의 유동성을 위안화가 대체하기에 차이가 크다. 국제통화기금(IMF) 자료에 따르면, 2016년 4분기에 중국 위안화가 SDR(특별인출권; Special Drawing Rights) 버스켓에 가입한 시점에서 세계 외환보유고에 미 달러의 비중은 65.4%, 유로화는 19.1%, 파운드화는 4.41%, 일본 엔화는 3.95%, 위안화는 1.08%였다. 가장 최근 자료인 2022년 3분기에는 미 달러가 59.8%, 유로화가 19.7%, 일본 엔화가 5.25%, 파운드화가 4.62%, 위안화가 2.75%를 차지했다. 비록 미 달러의 비중이 5.6%p 하락하고, 위안화는 1.83%p 상승했다고 해도 이미 미 달러의 유동성을 위안화가 대체하는 것에는 큰 간극이 있다.

다음으로, 미국의 선진화된 금융 시스템에 비해 중국의 금융 시스템은 상대적으로 폐쇄적이고 중국의 당·국가 체제에 따른 당국의 개입이 빈번하다. 대표적인 예로, 중국의 중앙은행인 중국인민은행은 중국 국무원 소속이고, 중국 국무원에는 중국 공산당 소조가 있어 당의 지침을 받는다. 중국의 거시경제, 통화정책 등은 이렇듯 당·국가 체제의 통제하에 있고, 수요-공급곡선은 시장자유주의 논리에 영향은 받지만 일대일로 플랫폼으로 국유기업의 해외 진출에 관한 정책 및 금융 지원을 통한 시장 왜곡도 발생하기 때문에 미국에 비해 그 신뢰도가 낮다.

끝으로, 페트로 달러는 미국의 외교, 안보 분야의 보장을 담보로 유지돼 왔는데, 중국이 이런 외교안보 분야에 걸친 지원을 하기에 부족함이 있다. 사우디아라비아의 경

---

[20] 新华社, "习近平在中国-海湾阿拉伯国家合作委员会峰会上的主旨讲话," 2022.12.10. http://www.gov.cn/xinwen/2022-12/10/content_5731130.htm.

우, 당시 소련의 위협에 대해 미국의 '카터 독트린'을 통한 안보를 보장받았고, 라이벌 국가인 이란의 위협에 대해서도 미국의 안보 지원을 받았다. 미국의 공백이 발생한다고 해도 중국이 이러한 중동 지역 안보 분야에 대한 위협을 상쇄할 수 있을지는 더 살펴봐야 할 문제다. 비록 중국이 아랍 국가들과의 협력 문건에서 역내 안보 협력을 진행한다고 명시했지만 중동 지역의 복잡한 매듭을 어떻게 풀어 나갈 것인지가 관건이라 할 수 있다.

위안화 국제화, 게임 체인저

모든 원유 및 천연가스는 위안화로 거래하겠다는 페트로 위안화의 개념이 아니라, 세계 최대 원유 및 천연가스 수입국인 중국이 자국 교역에서 위안화로 직거래하겠다고 하면 이는 또 다른 의미에서 게임 체인저가 될 수 있다. 특히, 중국의 자체 선물시장인 상하이국제능원교역중심(INE)을 플랫폼 삼아 위안화로 가격 결정 및 결산하게 되고, 이를 상하이황금교역소를 통해 금태환하는 제도를 유지할 수 있다면 미 달러 중심 체제를 붕괴시킬 수는 없어도 미 달러가 차지하는 세계 교역의 비중을 크게 하락시킬 수는 있다. 이런 에너지(능원) 자원 교역 플랫폼이 아니더라도 현재 이란, 베네수엘라, 나이지리아, 수단 그리고 러시아의 경우처럼 중국과 위안화 직거래를 진행하는 범위가 넓어진다면, 더 구체적으로 사우디아라비아와 같은 메이저급 산유국이 중국과의 원유 거래를 위안화로 진행하게 된다면 위안화의 국제화 수준이 향상될 가능성이 높다.

또한 위안화 국제화의 분위기 조성은 미국발 금융 제재에 대한 도피 공간을 만들어낼 가능성도 높다. 대표적으로 러시아나 이란의 경우 주요 에너지자원 수출에 제한이 있는 상황에서 중국과의 CIPS 시스템을 통한 무역 거래, 상하이국제능원교역중심을 통한 위안화 기반 선물거래 참여를 통해 미국 금융 제재에 대한 우회 통로를 마련할 수 있다. 이와 반대로, 중국이 만약 미중 전략 경쟁의 심화로 금융 제재를 추가로 받게 된다면 중국이 위안화 국제화 플랫폼을 통한 국제 무역 거래 숨통을 확보할 수 있다. 중국은 특히 일대일로 협력의 범위를 확대하며 연선 국가, 아프리카, 남미 대륙 등과의 에너지자원, 광물자원, 각종 대종 상품 교역에서 위안화 직거래를 진행하게 될 경우 미 달러 패권 체제 속에서 위안화 유동성이 확대되는 큰 블록을 형성할 수도 있다.

중국이 위안화 국제화를 통해 실현할 수 있는 궁극적인 목표는 무엇일까. 이에 대한 힌트는 2009년 3월 저우샤오촨(周小川) 당시 중국인민은행 행장의 발언에서 확인할 수 있다. 그는 한 국가의 상황에 의해 결정되는 미 달러 중심의 통화 체제에서 벗어나 SDR 버스켓(미 달러, 유로화, 파운드화, 엔화, 위안화를 각각의 비율로 계산한 가상 통화 체제)을 통해 국제 통화 체제를 재건해야 한다고 주장했다.[21] 중국 위안화는 IMF의 각종 요구를 수용하면서 개혁을 심화했고 그 결과로 2016년 10월 1일에 SDR 버스켓에 진입하는 데 성공했다. 2008년 미국발 세계 금융위기 이후, 중국은 실제로 SDR 버스켓의 역할 확대를 준비했다. 실제로 중국인민은행은 2016년 3월 말 외환보유고액을 발표했는데 3.21조 달러(USD)라고 발표하면서 이는 2.28조 SDR의 가치(2016년 3월 기준 USD/SDR=0.709814)가 있다고 함께 발표하고,[22] 2016년 4월부터는 정식으로 외환보유고를 달러와 SDR 가치로 동시에 계산해 공지하겠다고 밝히면서[23] SDR의 역할 확대를 위한 분위기를 조성했다. 중국이 미 패권 체제에 도전한다면 그 대체 방안은 위안화 패권이 아니라 SDR 버스켓을 통한 국제 통화 체제를 구축하는 것이다. 이를 추구하는 과정에서 중국이 홀로 외롭게 미 달러에 도전하는 것이 아니라 중국은 SDR의 또 다른 한 축인 유로화 경제권과 연대해 SDR의 역할을 확대할 수 있다. 그리고 마치 『삼국지』의 '천하삼분지계(天下三分之計)'와 같은 전략으로 중국 자국의 경제 규모, 에너지자원 수입 및 소비 규모 등에 맞게 위안화의 비중을 확장하며 미 달러, 유로화, 그리고 위안화 주도의 SDR 버스켓 체제를 구축하려 할 수 있다. 중국은 이를 통해 아시아 지역에서의 경제 블록을 형성하고 중국 주도의 통화 체제를 구축할 수 있게 된다.

시진핑 국가주석이 2022년 12월 10일 GCC와의 정상회담에서 전자화폐 분야에서 각 중앙은행과의 교류를 심화시키겠다고 발언했다. 중국은 중국 중앙은행 디지털 화폐(CBDC)를 개발하고 캐시리스(cashless) 사회를 구축하며 화폐 개혁에 나서고 있는데, 시진핑 주석의 발언은 국제 교역에서 미 달러를 경유하지 않고 디지털 플랫폼으로

---

21) 邱小敏, "周小川 : 关于改革国际货币体系的思考," 新华网(来源 : 中国人民银行网站), 2009年 03月 24日, http://news.xinhuanet.com/fortune/2009-03/24/content_11060507.htm.

22) 周子章, "央行首度公布以SDR计值外汇储备数据," 金融网综合, 2016年 4月 8日, http://www.financeun.com/News/201648/2013cfn/84541181000.shtml.

23) 中国人民银行, "人民银行发布以特别提款权(SDR)作为报告货币的外汇储备数据," 中国人民银行网站, 2016-04-07. http://www.pbc.gov.cn/goutongjiaoliu/113456/113469/3045074/index.html.

전자화폐 거래를 GCC와 확대하겠다는 의미로 볼 수 있다. 이를 SDR 버스켓에 접목하면, 이후에 SDR 버스켓 관련해 5개의 구성 화폐의 비중을 계산해 SDR 디지털 화폐를 만들어 이를 국제 통용 기축화폐로 격상시키고 이를 5개 기축통화국이 보유하고 있는 황금과 금태환을 진행한다면 SDR 버스켓 시스템에 따른 국제 통화 체제의 구축이 가능해진다. 이는 1944년 브레튼우즈 체제 관련 회의에서 영국의 저명한 경제학자인 케인스(John M. Keynes)가 가상의 국제 공용화폐인 방코르(Bancor)를 제안한 것과 일맥상통한 개념인데 이를 디지털 화폐화시켜 국제 통화 체제를 구축한다면 그의 방안이 실제 사회에 실현될 수 있는 것을 의미한다.

중국의 위안화 국제화는 결국 위안화를 달러 대체의 패권통화로 만드는 것을 궁극적인 목표로 하는 것이 아니다. 페트로 달러를 대체하는 페트로 위안화는 결국 허상이다. 궁극적인 목표는 위안화 국제화를 레버리지 삼아 SDR 중심의 국제 통화 체제를 구축하고 그 내부에서 제3대 기축통화로서의 위안화를 구축해 아시아 지역 내 블록에서 중국의 경제적 영향력과 그 지위를 공고히 하는 것이다. 이러한 논의가 게임 체인저가 될 것인지, 아니면 찻잔 속의 태풍이 될 것인지는 향후 정세의 흐름을 면밀히 살펴봐야 할 것이다.

일본의
게임 체인저 전략*

오승희

| 들어가며 |

지진을 비롯한 자연재해가 잦은 일본에서는 각종 재난과 예측하기 어려운 변화에 대한 다양한 시나리오를 미리 구상하고 각 상황별 매뉴얼을 만들어 불확실성을 줄이려는 대응 방식을 발전시켜 왔다. 규칙에 입각한 대응 방안을 모색함으로써 변화의 충격을 최소화해 질서를 유지하며 대응하고자 하는 것이다. 이에 각종 방침과 매뉴얼, 가이드라인에 기반해 불확실성에 대비하고 변화로 인한 충격을 완화해 대응하는 모습이 두드러진다.

국가안보 전략에서도 외부로부터의 변화나 충격에 대해 적극적이고 주도적이기보다는 미국의 정책과 국제 사회의 분위기와 상황을 파악해서 일본의 전략을 마련하는

* 이 글은 『일본비평』 28호에 게재된 논문 "초불확실성 시대 일본의 게임 체인저 전략: 아베 독트린, 안보 넥서스, 가치 네트워크"의 내용의 일부를 발췌한 것임을 밝힌다.

방식으로 나타났다. 이는 외생적 변화에 대한 반응적·방어적 대응 방식으로 기존 연구에서는 '반응국가(reactive state)'적 특징으로 설명해 왔다.[1]

그러나 지난 10년간 일본의 외교정책을 살펴보면 적극적인 측면이 두드러지게 나타나고 있다.[2] 특히 동남아시아나 중국 등과 같은 아시아 국가들에 대한 전략에서 미국과 상이한 일본의 주도적인 역할이 나타나고 있다. 특히 2012년 아베 신조(安倍晋三) 제2기 정권이 들어서면서 일본은 적극적 평화주의 정책을 형성하며 국제 사회에서 좀 더 적극적인 역할을 추구해 왔다.

최근 국제 질서의 변화가 미국과 중국의 패권 경쟁과 질서에 대한 정당성 경쟁이라는 점에서 살펴보면, 일본은 미국과의 관계를 유지하면서도 중국에 대한 견제 및 경쟁을 함께 도모한다는 측면에서 단순히 반응적이거나 다른 한편으로 완전히 독립적인 주체로만 보기는 어려운 부분이 있다. 일본은 기존의 정책을 유지하면서 변화하는 국제 정세와 환경에 맞춰 변화를 도모해 나가고 있다. 미일 관계의 특수성을 고려할 때 일본의 국가안보 전략이 수동적 또는 반응적인 측면은 존재하지만, 그 가운데서도 제한적이나마 일본의 국가 이익을 추구하는 측면이 존재한다는 것이다. 이는 특히 중국과의 관계에서 확인할 수 있는데, 아시아 지역에서의 일본의 전략성에 기반해 좀 더 주도적으로 미국과의 협력을 유지하면서도 중국과의 관계는 실용적이고 전략적인 특성을 가진 것으로 평가돼 왔다.

일본은 코로나 팬데믹, 러시아-우크라이나 전쟁과 같은 국제환경의 급격한 변화를 게임 체인저로 인식하고, 이에 대한 대응 방안으로 게임 체인저가 될 만한 분야를 집중적으로 육성하면서 새로운 국제 질서 속 자신의 역할을 강화하는 방향으로 나아가고 있다. 지난 10여 년간의 일본의 국가전략이 '새로운 일본 만들기'였다는 점에서 일본의 국가 이익을 반영하고 있으며, 일본이 국제 사회에서 적극적인 역할을 수행해 나

---

1) Kent E. Calder(1988). "Japanese Foreign Economic Policy Formation: Explaining the Reactive State." *World Politics*, 40(4): 517-541; Kent Calder(2003). "Japan as a post-reactive state?" *Orbis*, 47(4): 605-616.

2) 오승희(2022a). "일본의 가치지향 외교 네트워크-인정투쟁, 가치 네트워크, 외교적 위선." 『일본연구』, 91: 47-76; 오승희(2022b). "일본의 기획 정체성과 중국 인식의 중층성: 가치 외교, 대만 문제, '하나의 중국'." 『日本思想』, 43: 133-156.

가는 방향으로 점층적이고 누적적으로 게임을 변화시켜 오고 있음을 확인할 수 있다.

이 글에서는 변화에 대한 반응적 일본에서 적극적 일본으로의 변화 과정을 게임 체인저 개념을 통해 살펴보고자 한다. 게임 체인저란 결과나 흐름의 판도를 뒤바꿔 놓을 만한 중요한 역할을 한 '인물'이나 '사건', '아이디어' '전략' 등 다양한 요인들로 살펴볼 수 있다. 게임 체인저의 개념과 기존 연구 검토를 바탕으로, 이 연구는 일본의 게임 체인저를 행위자 차원에서 아베 신조와 정책적 대응 전략으로 마련한 다양한 게임 체인저 육성 전략을 살펴본다.

| 게임 체인저 아베 신조 |

아베 신조는 일본의 외교안보 정책의 판과 흐름을 바꾼 게임 체인저다. 아베 전 총리는 전후 일본의 각종 제약으로부터 벗어난 새로운 일본으로의 전환을 주도했다. 그는 2019년 11월 20일 이후 일본 최장수 총리가 됐고, 총리를 사임한 이후에도 최대 파벌인 아베파의 수장으로서 지속적인 영향력을 행사했다. 아베 내각의 최장수 외상이었던 기시다 후미오(岸田文雄) 총리의 현 내각에서도 주요 외교안보 기조를 지속해 가고 있으며, 현재의 급변하는 정세 속에서 아베 전 총리가 구상했던 일본의 방위력 강화 등이 구체화돼 나타나고 있다.

아베 내각은 국가안전보장 전략 및 국가안전보장회의의 설립, 일본의 집단적 자위권 행사 능력 재해석, 일련의 안보 입법 통과, 일본 자위대 활동 강화를 도모했다. 또한 일본의 국제적 존재감과 세계적 역할 증대, 일본의 전략적 유대 확대, 자유롭고 열린 인도·태평양이라는 전략적 틀 형성 및 확산, 4자 안보대화(쿼드: Quad)라는 해양 민주주의 4개국의 네트워크 형성을 이뤘다. 더 크고, 더 적극적인 역할을 바라는 강한 일본 만들기에 아베 총리의 역할이 컸다.[3]

지정학에 기반한 가치 외교의 시작은 2006년 11월 아베 1차 내각의 아소 다로(麻生

---

3) Hornung(2021); Christopher W. Hughes(2015). *Japans Foreign and Security Policy under the 'Abe Doctrine': New Dynami's or New Deal End?*(Houndmills, Basingstoke, Hamp Shire: Palgrave Macmillan).

太郎) 외상이 제시한 '자유와 번영의 호(自由と繁榮の弧)' 구상에서부터 가시화됐다. 이는 일본 외교의 신기축(新機軸)으로 명명했는데, 미일 동맹의 강화와 유엔 등과의 국제 공조, 중국, 한국, 러시아 등 주변국과의 관계 강화와 같은 기존의 일본 외교의 핵심 기둥뿐만 아니라, 자유, 민주주의, 기본적 인권, 법의 지배, 시장경제 등 '보편적 가치'를 중시하는 기조가 두드러지게 나타나기 시작하며 인도와 호주와의 관계 강화가 강조됐다.

2012년 아베 총리는 가치에 기반한 외교를 전략적으로 발전시켜 '지구의를 부감하는 외교(地球儀を俯瞰する外交)'를 내세우며 본격적으로 '자유롭고 열린 인도·태평양전략(自由で開かれたインド太平洋戰略)'을 제시했다. 아시아와 아프리카 두 개의 대륙, 태평양과 인도양의 2개의 바다를 연결해 국제 사회의 안정과 번영으로 연결한다는 구상이다.

2019년 한일 관계는 최악의 관계로 평가될 만큼 판도가 급변했는데, 아베 총리의 수출 규제는 가치관을 공유하지 않는 것 같은 이웃 국가 한국에 동류 국가(like-minded country)인지를 묻는 과정이었다. 한국은 한일 양자 관계 속에서 군사정보보호협정(지소미아: GSOMIA) 종료라는 안보 협력 파기 검토로 일시 대응했으나, 결국 한·미·일 안보 협력의 필요성을 재인식하고 동류 그룹으로서의 자기 정체성을 재확인하게 했던 과정이었다고 할 수 있다. 단순한 역사 문제에 대한 경제적 대응이 아닌, 동류 그룹 여부에 따른 경제 안보의 구상이 한일 관계에서 적용된 것이라 할 수 있다.[4]

2019년 한일 관계는 북한을 둘러싼 한반도 정세가 변화하는 가운데, 한·미·일 협력의 맥락에서 한일 관계를 인식함으로써 과거로부터 멀어지고, 전후 체제로부터의 탈각, 자유민주주의의 확산, 경제안보가 결부된 안보 넥서스에 입각한 구조적 전환이 이뤄졌다.

아베 내각은 일본의 강대국 지위 확보를 국가 목표로 설정하고, 일본 안보의 적극적 역할을 추진하는 것을 상정하면서 기존의 경제 발전을 우선시하고 경무장과 비군사화를 중시했던 요시다 독트린의 흐름과의 차별화를 모색했다. 전후 터부시되고 제

---

4) 이정환(2022). "일본 경제안보정책 정책대립축의 이중구조: 외교안보적 수렴과 성장전략 방법론 논쟁의 잠복." 『일본연구논총』, 55: 91-119.

약받았던 역사 문제에 대한 도전과 수정이 나타났고, 경제강국 일본의 부활을 위한 타개책으로 아베노믹스를 제시했다. 외교정책에서도 가치관을 공유하는 개인과 그룹을 중심으로 국가 이익을 추구해 나갔으며, 정치, 경제, 역사, 안보, 가치 등 모든 측면에서 강한 일본을 추구한다는 점에서 미국에 안보를 의존하고 경무장을 추구했던 요시다 독트린과 구별되는 '아베 독트린'을 구축한 것이라 할 수 있다.[5] 평화헌법과 미일안보조약의 모순을 해결하고자 했던 요시다 독트린과 달리 평화헌법의 제약을 극복하고 미일 관계를 강화하면서도 일본 스스로의 안보 강화를 추구해 나가고자 한다는 점에서 아베 신조는 기존의 일본 정책노선을 근본적으로 변혁한 게임 체인저였다.

전략적 연계를 통한 게임 체인저 육성 전략

Society 5.0과 안보 넥서스

일본 정부는 한 국가만의 힘으로 대응하기 어려운 지구 규모의 과제나 신흥기술과 사회 문제 등 정책 입안에 과학적 지식과 기술을 도입해야 할 필요성이 높아졌고, 세계가 직면하는 중요한 과제에 정부와 학계가 제휴해서 과학기술 입국의 실현이나 일본의 국제 사회에서의 존재감의 향상을 도모해야 한다고 인식하며,[6] 내각부 산하에 '종합과학기술·이노베이션회의(CSTI)'를 설치했다.[7] CSTI는 총리가 의장으로 지휘하는 일본 과학기술 전반에 대한 정책을 입안하고 조정하는 기구로, 전략적 이노베이션

---

5) Daisuke Akimoto(2018). The Abe Doctrine: Japan's Proactive Pacifism and Security Strategy Singapore: Springer; Hugo Dobson(2017). "Is Japan Really Back? The "Abe Doctrine" and Global Governance." *Journal of Contemporary Asia*, 47.2: 199-224; H D P. Envall(2020). "The 'Abe Doctrine': Japan's New Regional Realism." *International Relations of the Asia-Pacific*, 20.1: 31-59; Christopher W. Hughes(2015). *Japan's Foreign and Security Policy under the 'Abe Doctrine': New Dynamism or New Dead End?* (Houndmills, Basingstoke, Hampshire: Palgrave Macmillan); Hendra Manurung(2017). "Japan–U.S. Relations under the Abe Doctrine: Shifting Policy in East Asia Regional Stability." *Journal of International Studies*, 13: 67-83.

6) 内閣府(2022b). https://www8.cao.go.jp/cstp/gaiyo/yusikisha/20221222_2/siryo1.pdf.

7) 総合科学技術・イノベーション会議(CSTI: Council for Science, Technology and Innovation)

창조 프로그램(SIP)8)과 연구개발과 Society 5.0의 가교 프로그램(BRIDGE)을 통해 국내 과학기술 정책의 효율적이고 종합적인 네크워크를 구축한다.9)

Society 5.0은 일본 정부가 '제5차 과학기술 기본계획'에서 일본이 열망해야 할 미래사회로 제시했다. 수렵사회(Society 1.0), 농업사회(Society 2.0), 산업사회(Society 3.0), 정보사회(Society 4.0)에 이은 "사이버 공간과 물리적 공간을 고도로 통합하는 시스템에 의한 경제적 발전과 사회적 문제 해결의 균형을 이루는 인간 중심 사회"를 지칭한다. 인간과 자연, 기술이 데이터로 강화된 지속 가능한 균형을 만드는 더 똑똑한 사회를 위한 새로운 비전이다.

Society 5.0의 사회 혁신은 기존의 정체감을 타파하는 전향적 사회, 세대를 초월해 구성원들이 서로를 존중하는 사회, 한 사람 한 사람이 능동적이고 즐거운 삶을 영위할 수 있는 사회를 이루는 것을 지향하고 있다. Society 5.0은 사이버 공간(가상공간)과 물리적 공간(실제 공간) 사이의 높은 수준의 융합을 달성한다. Society 5.0에서는 사람, 사물, 시스템이 모두 사이버 공간에서 연결돼 인간의 능력을 능가하는 AI로 얻은 최적의 결과를 물리적 공간으로 피드백한다. 이 과정은 이전에는 불가능했던 방식으로 산업과 사회에 새로운 가치를 가져다줄 것으로 기대된다.

'제6기 과학기술 이노베이션 기본 계획'에서는 지식과 인재 육성, 이노베이션 생태계 구축, 첨단 과학기술의 전략적 추진이라는 세 가지 축을 중심으로 국민이 안전하고 안심할 수 있는 지속 가능하고 강하며 혁신적인 사회를 만들어 나가는 것이 일본의 대응전략이라고 제시한다. 5년간 약 30조 엔의 연구개발 투자가 이뤄질 예정이며, 관민의 연구개발 투자의 총액은 약 120조 엔을 목표로 한다.10) 이와 같은 정부의 적극적인 투자와 지원을 바탕으로, 국민의 안전과 안심이 확보되는 사회, 한 사람 한 사람의 다양한 행복이 실현될 수 있는 사회를 만들어 나가고자 한다.

---

8) SIP: Cross-ministerial Strategic Innovation Promotion Program.

9) 内閣府(2022a). https://www8.cao.go.jp/cstp/gaiyo/index.html

10) 内閣府(2022e). 統合イノベーション戦略2022 (2022年 6月 3日 閣議決定). https://www8.cao.go.jp/cstp/tougosenryaku/2022.html

K Program과 문샷: 자율성, 우위성, 불가결성

일본은 경제 안보와 기술 안보의 연계를 통한 대응전략을 모색하고 있다. 국제 사회에서 자율성, 우위성, 불가결성을 확보하고 유지하는 것을 중요시한다. 경제 안보 측면에서는 거버넌스 강화를 통한 경제 안보 체계를 구축하고, 기술 안보 측면에서 특정 중요 기술(特定重要技術)의 연구개발을 강화하며, 산업통상 측면에서 자유무역의 대원칙에 기반해 중국에 대한 의존도를 탈피하는 안정적인 공급망을 확보하고, 외교 안보 측면에서 미국과의 새로운 협력 모델로 전환하는 방안을 모색하고 있다.[11] 경제 안보 관련 핵심 기술을 선정하고 이를 관리하며 전략기술로 육성 및 강화해 가는 것이 일본의 핵심적인 대응 방식이다. 정부가 안전 보장상 중요하다고 판단되는 전략물자나 기술을 특정하고, 이를 강력한 권한과 예산 배분으로 지원하는 '재정 출동'이 이뤄진다.[12]

일본은 2020년 4월 내각 관방 산하의 국가안전보장국(NSS) 내에 경제반을 신설해 총리관저 주도의 경제 중시 외교를 적극 추진해 왔다. 2020년 6월 자민당 정무조사회에 '신국제질서창조전략본부'를 구성하고 2020년 12월 '경제안보전략의 책정을 향해'라는 제언을 발표했다. 2021년 기술 우위 확보, 기간 인프라, 공급망 위협 저감 및 자율성 확보, 경제 안보 강화를 위한 중장기 자금 거출 등 경제안전보장 긴급 과제를 설정했다. 2021년 10월 경제 안보 담당상으로 고바야시 다카유키(小林鷹之)를 임명했으며, 경제안보법안의 주요 내용으로 글로벌 공급망을 강화, 주요 인프라 안전 확보, 첨단기술 연구개발 지원, 특허 비공개 등을 제시했다. 2021년 11월 경제안전보장추진회의를 설치하고 2022년 5월 경제안전보장 추진 법안을 가결했다.[13]

「경제안전보장추진법」에 따라 핵심 기술 품목 20개를 특정 중요 기술로 지정했다. 특정 중요 기술이란 국민 생활 및 경제활동 유지에 중요한 선도적 기술로, 연구개발에 이용되는 정보가 외부에서 부당하게 이용되거나, 해당 기술을 이용한 물자 혹은 서비스를 외부에 의존해 안정적으로 이용할 수 없는 경우를 대비해 관리가 필요한 첨단기

---

11) 최해옥(2022). "경제안보를 위한 일본의 전략기술 확보전략 및 시사점." 「STEPI Insight」, 307.
12) 최해옥(2022).
13) 최해옥(2022); 이정환(2022).

술이다. 20개 핵심 기술로는, 바이오 기술, 의료·공중위생기술(게놈학 포함), 인공지능(AI)·기계 학습기술(머신러닝), 첨단 컴퓨팅 기술, 마이크로프로세서·반도체 기술, 데이터과학·분석·축적·운용기술, 첨단 엔지니어링·제조기술, 로봇공학, 양자정보기술, 첨단감시·측위·센서 기술, 뇌컴퓨팅·인터페이스 기술, 첨단 에너지·에너지 절약 기술, 고도정보통신·네트워크 기술, 사이버 시큐리티 기술, 우주 관련 기술, 해양 관련 기술, 수송기술, 극초음속, 화학·생물·방사성물질 및 핵, 첨단 재료과학을 선정했다. 해양, 우주·항공, 사이버 공간, 바이오 4개 기술 분야를 축으로 연구개발 비전과 연구개발 분야를 제시했다.[14] 안전보장기술연구추진제도(安全保障技術研究推進制度)를 통해 중요 기술의 연구개발을 정부기금으로 지원한다.[15]

경제안전보장 중요 기술 육성 프로그램(経済安全保障重要技術育成プログラム, Key and Advanced Technology R&D through Cross Community Collaboration Program)은 짧게 줄여서 K Program으로 부른다. 중장기적으로 일본이 국제 사회에서 확고한 지위를 계속 확보하는 데 불가결한 요소가 되는 첨단적인 중요 기술에 대해 민관 양용으로 이어지는 연구개발 및 그 성과의 활용을 추진한다. 개별의 기술의 특성이나 기술 성숙도 등에 따라서 적절한 기술 유출 대책을 취하면서, 연구개발부터 기술 실증까지 신속하고 유연하게 추진한다.[16]

일본은 정부 지원과 관계 부처 간 연계, 그리고 싱크탱크와의 연계를 구축하고 협의회를 구성해 대응 전략을 마련하기 위한 내부 네트워크를 구축해 왔다. 중요 기술의 연구개발 촉진 및 그 성과의 적절한 활용에 관한 기본 지침을 작성하고, 지침에 근거해 특정 중요 기술의 연구 개발에 필요한 정보 제공과 자금을 지원하는 동시에 조사연구를 싱크탱크에 위탁해 첨단 중요 기술의 연구개발 촉진과 그 성과의 적절한 활용을 위해서 특정 중요 기술의 연구개발 기본 지침을 작성한다. 자금 지원, 관민지원을 위한 협의회 설치, 조사 연구 업무의 위탁 등을 실시한다. 또한 연구개발자는 기본 지침

---

14) 内閣府(2022d). 経済安全保障重要技術育成プログラム研究開発ビジョン. https://www8.cao.go.jp/cstp/anzen_anshin/program/3kai/siryo2-2.pdf

15) 최해옥(2022).

16) 内閣府(2022d). "経済安全保障重要技術育成プログラム研究開発ビジョン." https://www8.cao.go.jp/cstp/anzen_anshin/program/3kai/siryo2-2.pdf

에 근거해 개별 프로젝트마다 연구 대표자의 동의를 얻어 협의회(연구개발대신, 정부 관계 행정기관장, 연구 대표자/종사자, 싱크탱크 등으로 구성)를 구성하고, 구성원에게 비밀 보장 의무를 부여한다.

이 밖에도 일본은 정부 주도의 임무중심형(Mission-oriented) 연구개발 프로그램을 통해 다양한 게임 체인저 육성 프로그램들을 마련해 나가고 있다. 우선 전략적 이노베이션 창조 프로그램(SIP)은 2014년부터 추진되고 있으며, 부처·분야의 테두리를 넘어 스스로 예산을 배분하고 기초 연구에서 출구(실용화·사업화)까지 겨냥해 규제·제도 개혁을 포함한 대책을 마련한다. 2013년에 도입된 혁신적인 연구개발 추진 프로그램(ImPACT)[17]은 산업과 사회의 방식에 큰 변화를 가져올 혁신적인 과학기술 이노베이션의 창출을 목표로 하는 높은 위험과 높은 영향력(high risk, high impact)을 가진 도전적인 연구개발을 추진하는 것이다. PRISM[18]은 2018년 민간연구개발투자의 효과가 높은 영역이나 연구 성과 활용에 기대되는 영역에 투자하는 연구개발로, BRIDGE 프로그램으로 재편되고 있다.

2019년 시행된 문샷(Moonshot)[19]형 연구개발제도는 사회적 과제를 주요 테마로 설정하고, 장래 사업화를 시야에 둔 연구개발을 지원하는 사업이다. '사람들의 행복(Human Well-being)'의 실현을 목표로 미래의 사회 과제를 해결하기 위해 3개 영역의 9개의 목표를 상정하고 있다. 사회적으로는 급진적 이노베이션으로 저출산 고령화 시대를 개척해 저출산 고령화, 노동인구 감소 등의 과제에 대처한다. 환경과 관련해서 지구환경을 회복시키면서 도시문명을 발전시켜 지구온난화, 해양 플라스틱, 자원 고갈, 환경 보전과 식량 생산 양립 등에 대처한다. 경제적으로는 사이언스와 테크놀로지로 프론티어를 개척해 Society 5.0 실현을 위한 계산 수요 증대, 인류의 활동 영역 확대 등을 도모한다.[20]

다양한 프로그램이 제안되고 추진되는 과정에서 공통적으로 두드러지게 나타나는

---

17) 革新的研究開発推進プログラム(Impulsing Paradigm Change through Disruptive Technologies Program).

18) 관민연구개발투자확대프로그램(官民研究開発投資拡大プログラム, PRISM: Public/Private R&D Investment Strategic Expansion Program).

19) 인류를 달에 보낸 미국의 아폴로 계획과 같이 대담한 발상에 근거한 연구개발.

20) 内閣府(2022c). "ムーンショット目標." https://www8.cao.go.jp/cstp/moonshot/target.html

점은 인간의 생명과 안전 중심의 키워드가 두드러지게 나타난다는 점이다. 다양한 사회적 과제를 기회로 만들 수 있는 인간을 위한 기술 개발과 사회 만들기 구상에 방점을 두고 있음을 알 수 있다.

국제적인 연대도 강화하고 있다. 일본은 미일 동맹뿐만이 아니라, 영국과도 군사 안보 협력을 강화해 나가고 있으며, 영국·이탈리아와 차세대 전투기를 개발하고 네덜란드·프랑스 등 유럽과의 협력도 확장해 나가고 있다. 쿼드와 환태평양경제동반자협정(TPP)에서의 주도적인 역할을 강화해 나가고, 2023년 5월 히로시마에서 개최된 G7 정상회담을 국제적인 연대와 영향력 강화의 장으로 만들기 위한 전폭적인 지원이 이뤄졌다.

아시아에서는 대만과의 협력을 강화해 나가고 있다. 특히 세계 최대 파운드리 업체인 대만의 TSMC와 일본의 소니(Sony)가 공동으로 구마모토현(熊本縣) 기쿠요마치(菊陽町)에 반도체 공장을 건설 중이며 2024년 12월 생산을 시작할 예정이다. 자동차 부품업체 일본 덴소(Denso)도 TSMC와 소니가 설립한 합작회사에 출자했다. TSMC는 이 공장에서 12인치 웨이퍼 월 4만 5천 장을 생산할 예정이며, 소니는 스마트폰 카메라 등에 탑재되는 자사 이미지 센서에 이 공장에서 생산되는 반도체를 사용할 예정이다. 일본 정부는 TSMC 구마모토 반도체 공장에는 4천 760억 엔을 지원할 방침이다. 또한 TSMC가 24일 일본 이바라키현(茨城縣) 쓰쿠바시(筑波市)에 반도체 연구개발센터를 개소해 사업비 370억 엔의 절반에 해당하는 190억 엔을 일본 정부가 지원하기로 했다. 생산 공장과 연구센터, 대학과의 연계 등 인재 육성과 첨단기술 개발을 종합적으로 추진하는 산·관·학 글로벌 연대도 본격화될 것으로 예상된다.

일본은 첨단 중요 기술 지원을 위해 내각부 주도로 신규 프로그램 기획, 기술 분야 선정, 운영 방안을 마련하고, 문부과학성, 경제산업성 등 관계 부처가 참여하는 운영체계를 지원하면서, 경제 안보·과학기술 관련 싱크탱크와 협의체 강화 및 인재 육성을 위한 대학 및 연구소와의 전문성 강화를 엮어 나가며, 일본의 중장기적 비전을 실현해 나가는 국내외 산·관·학·연 네트워크를 적극적으로 구축해 나가고 있다.

나오며

일본은 미래를 내다보며 관민이 제휴, 협력함으로써 과학기술 혁신을 통해 국가적 중요 과제에 대응해 나가기 위한 전략을 적극적으로 마련하고 있다. 경제 성장과 사회 과제 해결, '안전·안심 확보'의 관점에서 국가의 생명선을 확보해 나가는 것이 중요하다고 보고 경제, 기술, 가치를 결합한 네트워크를 구축해 가며 인간 중심의 사회 만들기를 추진해 나가고 있다.

일본은 변화에 다소 수동적이고 외압에 반응적인 측면이 존재하지만, 아베 내각 등장 이후 전 세계를 내다보며 새로운 일본 만들기를 모색해 왔다. 자유와 번영의 호, 자유롭고 열린 인도·태평양 등과 같은 네트워크 연대 전략은 가치를 중심으로 구체화돼 왔다. 일본의 방위력 강화와 헌법 개정 논의 등 전후 레짐으로부터의 탈각과 새로운 일본으로의 자율성 확보는 더욱 적극적인 양상으로 나타나고 있다. 국제 사회에서 일본의 적극적인 역할을 모색하고, 국제 규범과 룰을 만들어 오고 있는 게임 체인저로서의 일본의 모습을 아베 내각 이후 일본의 국내외 정책들을 통해 확인할 수 있다.

일본은 정부가 주도적으로 핵심 기술을 적극 발굴하고 지원하며 산업 정책과 연계하는 정치경제 정책을 추진해 왔다. 첨단기술은 최근의 초불확실성 시대를 대비하고 극복해 나갈 수 있는 강력한 게임 체인저로 언급되고 있다. 첨단기술에 대한 연구개발과 인재 육성, 그리고 사회의 필요에 맞춘 실현까지 기술과 지식 그리고 사회를 연결하는 종합적인 접근이 모색되고 있으며, 다양한 행위자와 부처들 간의 연계를 통해서 일관되면서도 효율적인 네트워크 연계 방안들이 고안되고 있다.

게임 체인저였던 아베는 이제 없지만, 아베가 남긴 아베 독트린과 새로운 일본 만들기는 구체화돼 나타나고 있다. 일본 국내적으로는 방위비의 GDP 1% 제한에서 벗어나기 시작했다. 2022년 12월 16일 개정한 국가안전보장전략에서 5년 뒤인 2027회계연도까지 방위비를 GDP의 2%로 늘리기로 했으며 반격 능력 등을 확보하고자 향후 5년간(2023~2027회계연도) 방위비로 약 43조 엔을 확보하기로 하는 등 새로운 일본의 등장을 예고하고 있다. 헌법 개정에 대한 논의도 본격적으로 개시될 것으로 예정되고 있으며, 2023년 G7 히로시마 서밋 개최와 유엔 안보리 비상임이사국 활동을 통해 국제 사회에서의 존재감을 더욱 과시하며 적극적인 역할을 강화해 나갈 것이다.

여기에 기시다 내각은 '새로운 자본주의'를 실현해 사회 과제를 성장 동력으로 전환하고자 하며, 과학기술입국 실현, 스타트업 철저 지원, 디지털 전원도시 국가 구상 추진, 경제안전보장의 확보, 사람에 대한 투자의 근본 강화를 적극 추진해 가고 있다. 인간 중심적인 미래를 지향하는 Society 5.0의 실현과 종합적 지식에 기반한 사회 변혁과 '지(知)·사람에 대한 투자의 선순환'을 통한 성장과 분배의 선순환 구축을 도모해 나가고자 한다. 과연 초불확실성 세계 속에서 일본은 게임 체인저가 될 것인가? 유엔 안보리 개혁과 국제 질서에 적극적으로 참여하고자 하는 일본의 게임 체인저 구상과 전략을 지속적으로 주목할 필요가 있다.

게임 체인저와 국가전략: 러시아의 대응

이주연

| 미중 전략 경쟁 아래 러시아의 국가전략 |

러시아가 미국을 멀리하고, 중국과 밀접한 협력을 추진하게 된 것은 오래된 일은 아니다. 2000년 푸틴(Vladimir V. Putin)의 등장 이후 러시아와 미국은 이슬람 테러, 대량살상무기(WMD) 확산 등에는 협력을 했지만, 북대서양조약기구(NATO)의 동진과 러시아 인권 문제 개입 등에 대해서 갈등 양상을 보여 왔다. 물론 2008년 메드베데프(Dmitry Medvedev) 전 러시아 대통령 취임 이후 양국 관계는 New START 조약 체결, 러시아의 세계무역기구(WTO) 가입, 아프간전 협력 등으로 외교 관계가 '재설정(reset)' 되는 모습도 보이기도 했다. 그러나 2011년 리비아 내전, 시리아 내전이 발생했고, 이에 대한 러시아와 미국의 입장 차이가 나타났고, 2012년 푸틴 집권 이후 러·미 갈등이 재발화됐다.

2013년 우크라이나 사태에 대한 대응책으로 러시아가 2014년 크림 병합을 실행함에 따라 미국을 비롯한 서방 국가는 러시아에 대한 제재를 부과했고, 러시아는 기존의 유럽 시장을 대체하는 중국 시장에 에너지를 수출하기 시작했다. 중국은 에너지 개발을 위한 외환 수급과 새로운 에너지 판매처로 야말(Yamal)반도에서 진행되고 있는 LNG 사업의 투자비용을 중국개발은행과 중국수출입은행을 통해 유치했고, 2014년 5월 '시베리아 힘' 가스관을 통한 가스 공급 계약 체결로 중국이라는 거대 수출시장을 확보했다.[1]

러시아 입장에서 미국의 자유주의 가치 확산, 나토(NATO) 동진, 인권 문제 개입 등 러시아의 안보 불안 위협을 완화하기 위한 파트너로 중국의 협력이 필요한 상황이다. 게다가 미중 패권 경쟁이 첨예해짐에 따라 중국도 러시아와의 협력을 통해 '견미 연대'를 구축할 필요성이 높아지는바 러중 관계는 역사적으로 가장 높은 수준으로 협력적인 관계를 구축하고 있다.[2]

그렇다면 미중 전략 경쟁에 대해 러시아는 어떤 입장을 보이고, 어떤 국가전략을 수립하려 하는가? 이와 관련해 많은 논쟁의 여지가 있지만, 러시아가 미중 전략 경쟁 상황을 기회의 상황으로 활용해 중국을 지지하면서 국제 사회가 단극 혹은 양극 체제가 아닌 다극 체제로 전환되기를 기대하고 있는 것으로 판단할 수 있다. 왜냐하면 러시아는 '2021년 국가안보전략'을 통해 '2015년 국가안보전략' 문서에 포함돼 있었던 미국, 유럽연합(EU), 나토(NATO)와의 협력 가능성에 대한 사항을 삭제했고, 중국, 인도, 상하이협력기구(SCO), 브릭스(BRICS) 등과의 협력에 대한 언급을 추가 및 강조해 적시하기도 했기 때문이다.[3] 다시 말해, 러시아는 미중 패권 경쟁하에서 다극 관계망을 통한 균형과 견제, 제한적 편승과 전략적 균형을 추구하면서 유라시아 지역에서 독자적 영향력을 구축하는 것을 목적으로 하고 있다.[4]

---

1) 조영관, "미국의 대러 제재가 러시아 경제에 미친 영향," 『슬라브학보』, 제35권 3호(2022).
2) 이주연, "러시아의 對중국 외교정책의 결정요인 분석: 브레쳐 모델을 중심으로," 『현대중국연구』, 제22권 4호(2021).
3) 김성진, "푸틴 집권 4기 러시아 국가안보전략의 변화," 『중소연구』, 제45권 4호(2021/2022).
4) 서동주, "미·중 복합 지정학적 갈등과 러시아의 전략적 입장 및 대응," 『국가안보와 전략』, 제22권 2호(2022).

| 러시아의 우크라이나 침공과 미중 전략 경쟁 |

2022년 2월 24일 러시아는 '특별군사작전(special military operation)'이라는 명목으로 우크라이나를 침공했다. 우크라이나 전쟁은 나토(NATO) 동진, 지정학적 충돌, 영토 회복, 역사적 유산, 국내 경제·정치 문제 등 다양한 요인으로 분석되고 있다. 따라서 단순히 미중 패권 경쟁이 우크라이나의 직접적인 요인이라고 주장하는 것은 과도한 해석일 수 있다. 그러나 미중 전략 경쟁 상황이 자국에 유리한 상황으로 작용하고, 이를 통해 유라시아 지역에서 자국의 영향력을 확대하는 기회로 인식했다면, 충분히 전쟁의 요인으로 작용했을 수 있다.[5]

러시아는 약 17,098,246㎢라는 세계에서 제일 넓은 영토를 보유하고 있다. 이로 인해 러시아는 노르웨이, 핀란드, 발트 3국, 폴란드, 벨라루스, 우크라이나, 카자흐스탄, 남코카서스, 중국, 몽골 북한 등 다양한 국가들과 국경을 접하고 있다. 문제는 국경과 분쟁은 밀접한 관계가 있다는 것이다. 1816년부터 2001년까지 국가 간 분쟁 중 54.2%와 사망자가 발생하는 고강도 분쟁의 76.1%가 영토를 맞댄 국가들 사이에서 발생했다. 즉, 언제든 국경은 안보의 위협으로 작용할 수 있다는 것이다.[6]

마찬가지로 러시아는 국경 지역의 안보 불안에 위협을 느끼고 있다. 특히 러시아는 서방의 영향력이 러시아의 주변국까지 확장하는 것을 강력하게 거부하고 있다. 왜냐하면 러시아 주변국으로 서방의 영향력이 확대될 경우 러시아가 지정학적으로 고립될 수 있고, 나토(NATO)가 동진해서 러시아 국경 지역에 서방의 군대가 주둔할 경우 심각한 안보 위협이 발생하기 때문이다.

그렇다면 과연 우크라이나 전쟁에서 미중 전략 경쟁이 어떤 요인으로 작용했는가? 우크라이나 전쟁은 앞서 언급한 내용 중 특히 제한적 편승과 전략적 균형 그리고 유라시아 지역에서 독자적 영향력 구축과 관련이 깊다. 러시아에서 지정학적으로 위협이 되는 지역은 서부 지역으로 평가할 수 있다. 동쪽과 남쪽의 경우 카자흐스탄을 비롯한 전통적 우방국을 비롯해 2014년 이후 밀월 관계를 맺고 있는 중국이 자리 잡고 있다.

---

5) 김정기, "미중 전략경쟁과 우크라이나의 대응 전략," 「중소연구」, 제46권 2호(2022).
6) 현승수 외, "주변국 국경안보: 이론과 실제", 「KINU연구총서」, 17-22-01(2017), p.32.

반면 서쪽의 경우 나토가 지속적으로 확장하고, 특히 최후의 지정학적 완충(bumper) 지역인 우크라이나까지 나토가 확장할 수 있다는 위협 의식이 높다. 즉, 러시아 입장에서 우크라이나 전쟁이라는 극단적 선택의 배경에는 중국과의 긴밀한 협력으로 인한 안정적인 후방이 깔려 있는 것이다.

우크라이나 전쟁이 장기화됨에 따라 전쟁의 결과를 예측하는 것이 어려운 것은 사실이다. 그러나 전쟁의 향방에 따라 국제 사회의 변화가 나타날 것은 분명하다. 왜냐하면 우크라이나 전쟁은 단순히 러시아와 우크라이나 사이의 갈등과 발화(發火)가 아니고, 민주주의 진영과 권위주의(수정주의) 세력 사이의 대리전으로 봐도 무방하기 때문이다. 따라서 전쟁이 러시아의 승리로 종결될 경우 국제 사회에서 민주주의 진영의 영향력이 약화하고, 권위주의 세력의 영향력이 강화되는 상황으로 변화할 것이다. 반면 러시아가 패배할 경우 러시아의 국력 약화로 중국 중심의 권위주의 세력으로 재편될 가능성이 있다. 또한 민주주의 진영을 대체하기 위한 수정주의 세력의 도전은 뒤로 미뤄질 것으로 예상된다.

| 첨단기술에 대한 러시아의 전략 |

2017년 9월 1일 16,000개의 학교의 학생과 교사가 참석한 공개 수업에서 푸틴 대통령은 인공지능(AI)은 러시아뿐만 아니라 전 인류의 미래이고, 막대한 기회와 예측하기 어려운 위협이 공존하지만, 해당 분야의 지도자가 세계의 통치자가 될 것이라고 발표했다. 그리고 인공지능 분야를 특정 세력이 독점해서는 안되고, 전 세계와 공유해야 한다는 의견을 밝혔다.[7] 즉, 러시아는 4차 산업 분야 기술력이 향후 강대국의 기준으로 자리할 것이며, 이와 같은 기술 패권이 서방이 독점하는 것을 저지할 필요성이 있음을 인식하고 있는 것이다.

러시아는 과학, 기술 및 혁신 분야의 발전을 국가가 주도하는 모델을 채택하고 있

---

[7] "'Whoever leads in AI will rule the world': Putin to Russian children on Knowledge Day," https://www.rt.com/news/401731-ai-rule-world-putin/. (검색일: 2022.12.21.)

다. 또한 러시아는 첨단기술 분야에서 주권을 강조하며, 러시아 스스로의 첨단기술 분야의 생산과 혁신을 추구하는 특징이 있다. 특히 2014년 서방의 대러 제재 이후 이어진 서방과의 갈등 상황으로 러시아는 서방의 첨단기술을 대체해야 할 필요성이 증가했기 때문에 더욱 기술 주권과 자급자족을 강조하고 있다.[8]

대표적으로 성공한 첨단기술의 사례를 살펴보면, 우주기술 분야에서 독자적으로 메가와트급의 로켓용 핵 추진체 엔진, 나노결정 실리콘 기술을 활용한 인공위성용 태양열 전지, 3,000도 고열에서도 강도를 유지하는 다층 세라믹 소재 등 개발에 성공했다. 이외에도 인간형 로봇, 고고도 무인 항공기, 수중 드론 기술 개발이 이뤄졌다.[9]

한 가지 흥미로운 점은 러시아의 첨단산업 투자 및 개발이 민간 분야뿐만 아니고, 국방 분야와 연계·발전하는 특징이 있다는 것이다. 특히 러시아는 서방의 우월한 군사기술에 대응하기 위해 극초음속과 인공지능(AI) 분야를 국방 분야에 접목하기 시작했다. 먼저 러시아는 음속의 5배가 넘는 속도인 극초음속 미사일 개발을 통해 서방의 대공 및 탄도 미사일의 효용성을 낮춰 러시아와 서방 사이 벌어진 전략적 균형을 조정하는 역할을 기대하고 있다.[10]

AI 분야에서 러시아는 2019년 10월 2030년까지 AI 개발을 위한 국가전략을 채택했고, 국방관리센터(Национальный центр управления обороной РФ)를 창설해 AI를 이용해 정보를 수집 및 처리해 현재 안보환경을 분석하고, 과거 분쟁 사례를 통해 현재 및 미래의 전쟁 향방을 예측하는 시스템을 도입했다. 그리고 러시아군은 광범위한 자율 시스템을 도입해 무인 및 자율 군사 시스템 개발 및 도입에 노력하고 있다.[11]

---

[8] Santtu Lehtinen, Sinikukka Saari, & Arho Suominen (eds.), *Russia's technological policy and knowhow in a competitive global context*(Prime Minister's Office Helsinki 2022).

[9] "2016년에 개발된 세계 수준의 러시아 첨단기술들," https://dream.kotra.or.kr/kotranews/cms/news/actionKotraBoardDetail.do?SITE_NO=3&MENU_ID=180&CONTENTS_NO=1&bbsGbn=243&bbsSn=243&pNttSn=159027. (검색일: 2022.12.21.).

[10] 대표적인 극초음속 미사일인 아방가르드(Abangard)의 경우 최대 속도가 마하 20 이상이고, 사거리는 5천 800km로 최대 16개의 분리형 독립목표 재돌입 핵탄두(MIRV)를 탑재할 수 있다. 또한 아방가르드 미사일은 고도 8천~5만m 대기권에서 극초음속으로 비행해서 요격이 불가능하기 때문에 모든 미사일 방어(MD) 시스템을 뚫을 수 있을 것으로 예상되고 있다. https://www.yna.co.kr/view/AKR20181226147900080. (검색일: 2022.12.28.).

[11] Dominik P. Jankowski, "Russia and the Technological Race in an Era of Great Power

러시아는 높은 기초과학 기술력과 높은 첨단산업 부분 인력이 있다는 점에서 강점이 있지만, 대러 제재 이후 서방과 기술 협력이 어려워져 사실상 독자적인 기술 개발을 해야 한다는 점에서 한계점이 있다. 따라서 현재 상황에서 본다면 국제 사회에서 러시아가 4차 산업혁명 기술의 선두 주자로 발돋움하는 것은 사실상 어렵다고 할 수 있다. 그러나 적어도 국방 분야에서 극초음속과 AI 분야의 발전 및 활용은 충분히 가능한 분야인 것으로 판단할 수 있다.[12]

한편 대러 제재는 러시아와 중국 사이 첨단기술 협력을 부추기고 있다. 특히 러시아와 중국은 첨단기술 협력에서 상호보완적인 성격이 강하다. 왜냐하면 러시아는 기초과학기술이 뛰어나고, 중국은 기술을 상용화할 수 있는 자본력이 있기 때문이다. 이와 같은 협력은 2020~2021 '러중 과학기술 혁신의 해'에서 큰 성과를 거뒀다. 해당 프로젝트를 통해 러시아 중국은 감염병 예방, 항공우주, 원자력, 디지털 경제 등의 분야에서 1,000여 건 이상의 과학기술 협력이 이뤄졌다. 결국 이와 같은 러중 사이의 첨단기술 협력은 미중 사이 반도체, 인공지능 분야 기술 블록화[13] 지원 가능성을 배제하기 어렵다.

| 사이버 안보와 러시아 전략 |

2011년 중동과 북아프리카에 발생한 아랍의 봄으로 권위주의 국가들이 붕괴하기 시작했다. 이에 러시아는 서방이 정보·선전 공세를 통해 반정부 시위를 촉발하고, 정권을 붕괴시킨다는 인식을 받기 시작했다. 즉, 러시아 정부는 서방이 소셜 미디어를 통해 반정부 시위를 조장하고, 친러시아 정권 교체를 도모한다고 판단하기 시작한 것이다. 이에 러시아는 2016년 '러시아 정보안보정책'을 발표해 정보 안보, 정보 안보의 목

Competition" https://www.csis.org/analysis/russia-and-technological-race-era-great-power-competition. (검색일: 2022.12.27.)

12) Katarzyna Zysk, "Defence innovation and the 4th industrial revolution in Russia," *Jornal of Strategic Studies*, Vol.44, No.4 (2021).

13) 조은교, "첨단기술의 미·중 블록화 전개 양상과 시사점: 반도체, AI를 중심으로," 『산업경제분석』(2022).

표 및 방향, 주요 정보 위협을 명시하고, 국가 주권 보장을 언급했다.[14]

러시아는 사이버 안보 역량 강화를 위해 우선 자국의 정보를 통제하고, 외부의 정보 세력이 유입되는 것을 막으려고 시도했다. 특히 2019년 10월 2024년까지 러시아 인터넷 트래픽의 10%만 외국 서버를 통한 라우팅(routing)을 목표로 하는 「러시아의 인터넷 주권법」을 발표했다. 즉, 러시아는 러시아 인터넷(RuNet)을 통해 '디지털 주권'을 확보함으로써 러시아 정부가 손쉽게 국내 정보를 통제 및 관리할 수 있는 영역을 구축한 것이다.[15]

러시아는 정보전을 통해 전통적인 군사 무기를 사용하지 않고, 효율적으로 자국의 전략적 목표 달성을 시도했다. 특히 사이버 안보를 방어뿐만 아니라 공격 무기로 활용했다. 가령 2008년 조지아 전쟁에서 러시아는 분산서비스 거부(DDoS) 공격을 통해 조지아 주요 기관을 공격하고, '메일폭탄'으로 전산망을 무력화며, 2014년 크림반도 합병 시기에는 사이버 공격을 통해 우크라이나에 대규모 정전 사태를 발생시켰다.[16]

2022년 우크라이나 전쟁에서 러시아는 지상 공격과 동시에 핵티비스트(Hacktivist) 캠페인, 디도스(DDoS) 공격, 신상털기(doxxing) 활동, 트롤링(trolling), 웹사이트 훼손, 멀웨어(Malware) 및 랜섬웨어(Ransomware) 등을 설치했다.[17] 특히 침공 직전 러시아는 와이퍼(wiper) 소프트웨어 '폭스블레이드(FoxBlade)'를 통해 우크라이나 정부 및 민간기업 300여 개 시스템과 데이터를 삭제하는 대규모 와이퍼(HermeticWiper) 공격을 수행했다. 이후 침공 1시간 전 미국 위성회사 비아샛(Viasat)에 대한 멀웨어 공격으로 비아샛 통신 서비스를 사용하고 있는 우크라이나군의 지휘통제 시스템을 마비시키려

---

14) 채재병·김일기, "주요국 사이버안보 전략과 한국에의 시사점," 『INSS 전략보고』, No. 73(2022).

15) Janne Hakala & Jazlyn Melnychuk, *Russia's Strategy in Cyberspace*, (NATO Strategic Communications Center of Excellence 2021)

16) "우크라이나·러시아 전쟁으로 보는 사이버전 동향 및 대응 방안," https://www.igloo.co.kr/security-information/%EC%9A%B0%ED%81%AC%EB%9D%BC%EC%9D%B4%EB%82%98%C2%B7%EB%9F%AC%EC%8B%9C%EC%95%84-%EC%A0%84%EC%9F%81%EC%9C%BC%EB%A1%9C-%EB%B3%B4%EB%8A%94-%EC%82%AC%EC%9D%B4%EB%B2%84%EC%A0%84-%EB%8F%99%ED%96%A5-%EB%B0%8F/(검색일: 2023.01.02.)

17) 이용석·정경두, "러시아 대 우크라이나 사이버 전쟁의 교훈과 시사점," 『국방정책연구』, 제38권 3호(2022).

고 했다.[18]

한편, 러시아와 중국은 사이버 공간에서 미국의 패권적 지위에 도전하고, 대안적 사이버 안보 표준 프레임을 제시하기 위해 사이버안보 협력이 긴밀하게 이뤄지고 있다. 2015년 4월 30일 러시아와 중국은 사이버 공격을 삼가고, 대내외적으로 불안한 상황을 초래하는 기술에 공동 대응을 골자로 하는 국제 정보안보 의제에 관한 협력 기초 합의에 서명했다. 그리고 2016년 4월 1차 중러 사이버 공간 발전과 안보 포럼을 개최했고, 동년 6월에는 사이버 공간 발전을 위한 공동성명을 발표하기도 했다.[19]

요약하면, 러시아의 사이버 안보 전략은 일반적으로 내부의 정보통제와 외부의 정보 세력을 차단하면서 공격적인 사이버 전략을 수행하는 것으로 판단할 수 있다. 그리고 이와 같은 사이버 안보는 미중 패권 경쟁과 결부돼 중국과의 긴밀한 사이버 안보 협력을 추동하고 있다.

| 글로벌 공급망 재편에 대한 러시아의 전략 |

2022년 러시아-우크라이나 전쟁 이후 서방은 미국은 2014년과 비교해 강도 높은 제재를 부과했다. 첫째, 거래통제목록(Commerce Control List: CCL)의 10개 범주 중 57개 품목 및 기술 통제를 추가했다. 그리고 '해외직접생산규칙(FDPR)'을 적용해 외국에서 생산된 제품도 미국의 기술, 장비, 소프트웨어 등을 사용한 경우 미국 정부가 수출을 금지할 수 있게 됐다. 둘째, 서방은 스위프트(SWIFT) 배제를 통해 교역에서 금융 결제의 어려움을 만들었다. 마지막으로 물류망 부분에서 러시아산 선박과 항공기의 입항 금지 조치를 단행했고, 러시아 항로 및 육로 루트를 차단함으로써 사실상 물류망을 붕괴시켰다.

서방의 제재로 인해 러시아 물류망은 2022년 4월 기준 전년 동월 대비 60~80% 감소했다. 이에 자동차, 선박, 항공기 부품 및 반도체 등의 부족 현상이 발생했고, 제조

---

[18] 송태은, "러시아-우크라이나 전쟁의 사이버전:평가와 함의," 『IFANS』, 2022-19.

[19] 윤민우, "미러 사이버 안보경쟁과 중러협력," 『국제문제연구소 워킹페이퍼』, No.102(2019).

업 기업들의 공장이 운영을 중단하거나 러시아에서 사업을 철수했다. 이에 러시아는 제재에 대응하기 위해 첫째, 화장품, 의류, 전자기기 및 부품, 육상 운송 수단 및 관련 부품 등의 병행 수입 허가를 통해 외국산 제품을 공급했다. 둘째, 러시아는 법률 개정을 통해 외국 제품을 도용할 수 있도록 만들었다. 마지막으로 완제품 구성에서 부품 수입이 어려운 경우 해당 부품을 제외한 완제품 생산이 가능하게 만들었다.[20]

한편, 러시아는 수입대체화 전략을 확대하면서 중국과의 협력을 통해 제품과 기술을 대체하고 있다. 2022년 1~10월 중 러·중 교역액은 동년 동기 33% 증가했다. 교역 구조를 살펴보면, 러시아는 천연자원을 중국으로 수출하고, 스마트폰, 산업설비, 컴퓨터, 운송 수단 등 제조업 상품들을 수입했다.[21] 한 가지 주목해야 할 점은 결제 수단으로 사용된 양국 통화 비율이 20~25%를 차지한다는 것이다. 즉, 국제 거래에서 달러의 의존을 줄이고, 양국의 통화 기능을 강화하게 된 것이다.[22]

물론 국제 사회에서 탈(脫)달러 기조는 우크라이나 전쟁 이전부터 있었다. 특히 2018년 트럼프 행정부의 대러 제재 강화와 대중국 무역 압박 정책으로 탈달러를 위한 양국의 협력점이 발생했다. 러시아는 2019년 최초로 위안화 표시 국채를 발행했고, 2020년에는 러시아 국부펀드의 중국 자산 투자를 허용했다.[23] 즉, 러시아는 미국의 달러 패권에 도전하기 위해 중국과 적극적인 협력을 추진한 것이다.

단기적으로 러시아는 서방의 적극적인 제재에 대한 대응으로 러시아 물류 공급망이 붕괴될 것이라는 예측과 다르게 비교적 선방하고 있는 모습이다. 물론 장기적 측면에서 중국 교역으로만 서방과의 교역 단절을 지속할 수 있는지 의문이다. 그러나 세계 천연가스 매장량 1위인 러시아가 세계 에너지 시장에서 차지하는 영향력과 세계에서 가장 큰 시장인 중국의 영향력을 무시할 수 없다. 특히 기존의 달러 결제 시스템 대체

---

20) 박지원, "서방의 對러 경제제재와 러시아의 反제재정책 : 러시아 상품 공급망 관점의 분석," 『중소연구』, 제46권 3호(2022).

21) "서방 대러 제재 비웃듯 중러 교역 '역대 최대'" (https://biz.sbs.co.kr/article/20000088168. (검색일: 2023.01.04.).

22) "중러 교역, 양국 통화로 결제 20~25%," https://www.kita.net/cmmrcInfo/cmmrcNews/cmmrcNews/cmmrcNewsDetail.do?pageIndex=1&sSiteid=1&nIndex=%2069105. (검색일: 2022.01.04.).

23) 이호건·김영진, "러시아의 탈(脫)달러화 정책 및 요인 연구: '금융외교전략'론을 적용하여," 『중소연구』, 제45권 2호(2021).

하는 결제 시스템 구축과 위안화 및 루블화 사용의 비중 상승은 글로벌 공급망 재편에 핵심 요인으로 작용할 수 있다.

| 나오며 |

여기에서는 러시아가 미중 전략 경쟁에서 국제 사회의 다극 질서 형성을 위해 직·간접적으로 개입하기를 원한다는 주장을 확인하기 위해 우크라이나 전쟁, 첨단기술, 사이버 안보, 글로벌 공급망 재편 등의 러시아의 국가전략과 러중 협력의 사례를 살펴봤다. 기본적으로 러시아는 푸틴 3기 이후 서방과의 갈등이 시작됨에 따라 미국의 패권을 약화하려는 의도가 다분한 것으로 판단된다.

러시아는 우선 우크라이나 전쟁이라는 강경한 태도를 통해 미국 중심의 국제 사회를 분열시키고, 적어도 유라시아 지역에서 러시아의 독점적 지위를 구축하려고 했다. 그리고 이를 현실화하기 위해 다양한 영역에서 중국과의 협력을 추구했다. 왜냐하면 중국도 러시아와 마찬가지로 미국의 패권을 견제하고, 국제 사회를 양극 체제로 구성하는 데 목적을 가지고 있기 때문이다.

그러나 이와 같은 견미 연대가 영원할 것인가에 관한 문제가 남아 있다. 왜냐하면, 중국이 종국으로 원하는 국제 사회의 모습과 러시아가 원하는 국제 사회의 모습에서 간극이 발생할 수 있기 때문이다. 본질적으로 러중이 추구하는 방향과 결과는 다극과 양극으로 최종 국제 사회의 힘의 균형이 다르다. 따라서 중국이 미국의 패권 도전에 승리할 경우 러시아가 견미 연대를 이탈할 가능성도 배제하기 어렵다.

한편, 러시아와 중국의 내부 정치 시스템 차이도 분명하다. 러시아는 권력의 수직화, 법의 독재 등을 통해 사실상 푸틴 중심의 정치 체제를 구축했다. 물론 중국은 시진핑 3 연임 성공으로 과거 공산당 체제와 다른 국내 정치 체제를 구축한 것은 사실이다. 그러나 중국과 비교해 사실상 권력의 중앙화가 심각한 러시아의 경우 푸틴 사후 차기 지도자가 지금과 같은 수준으로 러중 협력을 이어 나갈지 알 수 없는 상황이다.

북한의 핵개발 국가전략과 한반도 게임 체인저

홍석훈

| 들어가며 |

최근 북한의 미사일 도발 등 남북 관계의 경색 국면과 러시아의 우크라이나 침공 등으로 인한 국제적 안보 위협은 한국의 동북아 협력과 대북정책 수립에 난제를 안겨 주고 있다. 지난 문재인 정부의 한반도 평화 프로세스 추진은 남북 관계 진전과 제도적 평화 체제 구축을 위해 매우 중요한 역할을 담당할 수 있을 것이라는 기대감이 컸으나 아쉽게도 협상 결렬로 북한의 비핵화는 난관에 빠졌고 한반도 주변국에 대한 외교력 약화로 이어졌다는 비판도 제기됐다.

북한은 2022년 초부터 극초음속미사일, 장거리미사일 시험 발사 등 최근까지 다수의 군사적 도발을 감행했고, 한미 정보기관은 북한이 7차 핵실험 준비를 마친 것으로 판단하고 있다. 특히, 2022년 9월 8일 최고인민회의 시정연설에서 김정은 총비서는 핵무력 법제화를 선언했고, 핵무기 보유와 사용을 법제화하는 최고인민회의 법령을 채택했다. 이는 2021년 북한 8차 당대회 이후 핵무력 강화에 강점을 두고 핵미사일 강화 전략을 극대화하려는 의도로 보인다. 미중 간 가치 경쟁의 심화 속에서 러시아의 우크라이나 공격 등 변화하는 국제 정세와 남북 관계의 불확실성도 증대되고 있다. 이러한 상황에서 윤석열 정부의 대북정책은 북한 비핵화를 통해 한반도에 지속 가능한 평화를 구현하고 민주주의 가치를 중심으로 한미동맹의 복원과 강화 및 상호주의 원칙에 입각한 당당한 대북정책을 추진할 것을 선언하고 있다.

북한은 핵무장과 신국제 질서를 기반으로 한반도 정세를 재구성하고자 노력하고 있다. 즉, 북한 국가정책의 근간으로 공격적 핵무장 정책을 강화하면서 국내적으로는 김정은 유일 체제를 공고화하고, 대외적으로 중국과 러시아 중심의 권위주의 중심의 국제 질서가 기존의 미국 중심의 자유주의 질서를 약화시킴으로써 북한이 한반도 정세 구도를 재편하고자 노력하고 있다. 우선적으로 북한의 핵·전략무기 완성은 한반도 정세의 게임 체인저가 될 수 있을 것이다. 또한, 미국 중심의 자유주의 국제 질서가 와해되고 중국과 러시아 중심의 권위주의 확산을 통한 신국제 질서의 도전은 북한이 노리는 한반도 정세의 게임 체인저로 작용할 가능성이 크다.

북한은 냉전 종식 이후 남한과의 정치·경제적 경쟁에서 뒤처져 있었고, 미국 중심의 자유주의 국제 질서 주도하에 놓여 있었기 때문에 한반도 정세에서 열세에 놓여 있었다고 판단한다. 지금의 국제적 고립과 남한과의 주도권 장악이 힘든 상황에서 핵 개발은 북한의 체제 공고화를 통한 내부 정통성 강화를 도모하고 미국 중심의 자유주의 국제 질서 쇠락은 북한이 한반도 정세를 남한과 동등 또는 우세를 차지할 수 있는 상황이라 판단할 수 있다. 이러한 관점에서 북한 김정은 정권은 핵과 권위주의 패권 중심의 신국제 질서는 한반도 정세를 움직일 수 있는 게임 체인저라 상정할 수 있을 것이다.

북한의 핵병진 대외 전략에서, 북한의 대미 핵정책이 핵 개발과 대륙간탄도미사일(ICBM)의 기술력 발전에 따라 과거 방어적 차원에서 공세적 차원의 핵전략으로 진화하고 있다는 점이다. 이러한 북한의 핵무장 가능성은 한반도 평화통일 정책에도 큰 영향을 줄 수 있다. 만약 북한이 실전 핵 배치가 가능해진다면 우리에게도 큰 위협이자 부담이 된다. 당장 우리 정부도 북한에 협상의 주도권을 잃게 되며 안보적으로 비대칭 전력인 '핵 억지력'을 완비해야 하는 부담감을 가질 수밖에 없다.

북한 핵무장과 신국제 질서의 게임 체인저

핵무력을 통한 한반도 게임 체인저

조셉 나이(Joseph S. Nye, Jr.)는 핵무기는 '공포의 균형(balance of terror)'이란 특이한 형태의 세력 균형을 만들어 냈다고 지적하고 있다.[1] 또한 제2차 세계대전 이후 제3차 세계대전의 발발을 제한하는 역할을 핵이 담당했다고 하면서 효과적 핵 억지의 요소로 능력(capability)과 핵무기가 사용될 수 있을 것이라는 신뢰성(credibility)이 작동해야 하고, 그 신뢰성은 분쟁과 관련된 사안에 따라 결정된다고 설명한다. 이와 관련 핵무력 사용에 대해 나이 교수는 도덕(ethics)과 여론(public opinion) 때문에 핵보유 국가들이 핵 사용에 대한 제한성을 보인다는 것인데, 앞서 언급한 바와 같이 북한은 청중비용(聽衆費用, audience cost) 적용이 어렵고 정책결정 과정에서 도덕적 제한을 받기 힘들다. 결국 북한의 핵 보유는 핵 억지 능력 보유뿐만 아니라 안보적 공세성이 급상승한다는 것을 말해 준다.

북한이 핵탄두 기술과 대륙간 운반 수단 능력을 확보한다면, 미국의 예방전쟁(preemptive war)에 북한이 대미 2차 보복 수단을 갖는다는 의미를 다시금 상정해야 한다. 미국은 북한의 보복 능력이 있다고 가정한다면 미북 간 협상과 압박 면에서 또 다른 국면을 맞이할 수 있기 때문이다. 미국의 입장에서는 대북한 정책에서, 이러한 북한의 핵 능력과 투발 수단의 고도화는 핵무장 이전의 북한과 다른 차원의 접근 방법을 채택할 수밖에 없다. 물론, 안보적 차원에서 남북 관계에서 한국이 주도적 관계를 선점하기가 용이하지 못하다는 점이다.[2]

북한은 '핵병진 노선'을 대외정책 기조로 삼고 연이은 핵실험, 그리고 핵탄두의 운송 수단인 장거리 미사일 고도화를 위해 필사의 노력을 하고 있다. 이는 북한 핵정책이 대외 협상용 또는 수세적 수단을 벗어나 공격적 군사 수단으로 진화하고 있다는 것을 말해 준다. 핵탄두 기술과 대륙간탄도미사일(ICBM) 기술이 완성된다면 북한은 남북 관계, 동북아 정세의 게임 체인저가 될 수 있으며, 한반도 안보 지형에 북한 주도의

---

1) J. Nye & D. Welch, *Understanding Global Conflict and Cooperation*, 9th ed. (Pearson, 2013) pp.176-178.
2) 진희관 외, 『12개 주제로 생각하는 통일과 평화 그리고 북한』(서울: 박영사, 2022), pp. 115-116.

변화가 가능하다고 판단하기 때문인 것으로 풀이된다.

특히 북한의 대외전략 기조는 핵 개발과 긴밀하게 연계돼 있다. 북한 외교정책의 기본 이념은 북한 사회주의 헌법과 북한 조선 노동당 당 규약에서에서 자주·평화·친선으로 규정하고 있으며, "평등과 자주성, 호상 존중과 내정 불간섭, 호혜의 원칙", "내정 간섭 반대, 자주권·민족, 계급적 해방"을 위한 투쟁적 가치를 강조하고 있다.[3] 또한 1990년대 이후 동구권의 몰락으로 인한 세계 냉전 구도 와해에도 불구하고, 남북한은 한국전쟁 이후 휴전 상태에 있으며, 지금까지 체제 정통성 경쟁을 필두로 첨예한 정치적·군사적 대립 상황을 유지해 오고 있다. 특히, 타 국가와는 달리 북한은 '북한식 사회주의 체제(유일수령 체제)'의 유지를 최고의 국가 목표로 한국은 물론 미국과 서방 세계와의 대립 구도를 구축하고 있다.

김정일·김정은 위원장 시대에 걸쳐 프롤레타리아 국제주의 원칙과 자주성을 중심으로 세계 인민들과의 평화, 친선을 강조하고 있다. 하지만 북한의 외교정책의 기본 이념과 달리 전략·전술적 차원에서 실리외교를 병행하는 행태를 보여 주고 있다. 북한의 체제 경쟁 상대인 남한이 동유럽 사회주의 와해 이후 1990년대 초 소련과 중국과의 국교 관계를 맺으며 동북아 국제 정세는 외교적으로 북한에게 불리한 국제환경을 연출하게 됐고, 경제적으로도 북한은 식량난과 경제 고립으로 최악의 경제 난관을 맞이하게 된다. 결국, 북한은 서방 국가들과의 관계 개선과 주변 우방국의 친선 도모 정책을 병행하는 모습을 보인다. 북한은 수령 체제의 존속과 경제 난관 해결이라는 시급한 사안들을 해결해 나가기 위한 외교전략을 고심해 왔다. 최우선적으로 북미 간 관계 개선이 북한 체제의 생존과 경제 문제 해결의 주요 쟁점이었다. 북한은 미국과의 대립 관계에도 불구하고 1990년 이후 직접 대화를 통해 관계 개선을 시도해 왔다. 그러나 북한의 지속된 핵 개발 정책 추구는 미국과 서방 국가들에게 불신을 가중시켰으며, 북한의 실리외교 추진은 한계성을 드러냈다.

북한 김정은 정권의 대외 전략 변화

북한 김정은 정권은 공식적으로 대외 전략 기조를 자주·평화·친선으로 삼고 있

---

[3] 통일부 국립통일교육원, 『2022 북한 이해』(2022년 2월), p. 82.

다. 2018년 김정은 위원장은 '대외 선린 우호'가 기본 원칙임을 북한 신년사에 밝히고 있다. 하지만 북한 김정은 위원장 시기, 북한의 외교정책의 실질적 기조는 2013년 3월에 채택된 '핵병진 노선'에 있었다. 핵·장거리 미사일 개발을 통한 핵무력 완성과 사회주의 경제 체제 중심의 경제 발전을 동시에 추구하겠다는 것이다. 북한의 핵 병진 노선은 김정은 집권 이후 국제적 대북 경제 제재와 북핵의 평화적 해결을 위한 한국과 주변국들의 대화 요구에도 불구하고 추진됐다.

김정은 집권 이후 북한의 핵무장을 위한 법적 준비도 같이 진행됐다. 2013년 4월 최고인민회의 제12기 7차 회의에서 '자위적 핵보유국 지위' 관련 법령을 최고인민회의 법령으로 채택했는데, 제1조에는 "미국의 적대시 정책과 핵 위협에 대처"하기 위해 부득이하게 핵 개발을 추진했으며 그 정당성을 주장하고 있다.[4] 제2조는 대량 보복 원칙을 자세하게 언급하고 있으며, 이러한 추가 조항은 적대국인 미국과 한국에 대해 대량 살상을 감행하겠다는 의지의 표현으로 해석된다.

북한은 2016년 초 제4차 핵실험을 감행한 데에 이어, 2016년 9월에 제5차 핵실험과 함께 지속적인 중장거리 미사일 실험을 통해 북한의 핵 개발이 진척을 보였다. 이에 북한은 대미 관계에서 좀 더 공세적 전략으로 대응하고 있다. 북한 김정은 위원장과 트럼프 미국 대통령은 말폭탄 경쟁을 통해 양국의 적대성을 극명하게 표현해 왔다. 북한은 괌 타격을 공표하고 미국 및 한반도 관련국을 상대로 핵·미사일 공격을 감행할 수 있다고 엄포를 놓기도 했다. 또한 미국 트럼프 대통령이 2017년 9월 유엔 연설에서 북한 지도부의 불안정성 언급에 북한 이용호 외무상은 미국이 대북 '선전포고'를 선언했다고 주장했고, 한반도 북방한계선(NLL) 근처를 비행하는 미 전폭기 역시 북한이 격추할 권리가 있음을 주장했다.[5] 이러한 외교적 행위는 북한 당국이 미국에 물러서지 않고 강대강 전략을 주장함으로써 북미 간 일대일 관계 주장 및 군사적 자위권을 지속적으로 표현하고 있다.

북한의 공세적 핵전략은 미국의 대북 압박 전략을 빌미로 미국과의 관계 속에서 전

---

4) 홍석훈, "문재인 정부의 평화·통일정책: 북핵 문제와 미·중 관계를 중심으로 평화학연구", 「평화학연구」, 19(1): 45-68(2018).

5) 「중앙일보」, 2017.9.27.

개되고 있는데, 북한 핵정책이 과거 수세적 정권 보호 수단에서 벗어나 공격적 군사 수단으로 변화하고 있는 것으로 판단된다. 핵이 과거 북한 체제 보장을 위한 안보적 수단이라는 방어적 핵전략에서 북한 핵·장거리 미사일 능력 고도화가 가시화된 김정은 위원장 집권 시기에는 좀 더 진일보한 공세적 외교 수단으로 발전하고 있음을 알 수 있다.[6]

병진 노선 추진과 정상국가 외교 추진

김정은 위원장 집권 초기부터 2017년까지 핵 억지력을 기반으로 '강한 사회주의 국가'라는 체제 통치 이념을 내놓고 '핵 개발'과 '경제 건설'이라는 병진 노선을 대외정책으로 채택했다. 이는 북한이 핵 개발과 강경적 대외정책 추진의 한계성을 인지한 것으로 경제 발전 없이는 정권 유지도 체제 안정도 보장받을 수 없다는 인식이 병진 노선으로 이어졌다는 평가다.

그러나, 북한은 2018년부터 대외 협상 중심의 정상국가 외교정책을 추진하기 시작했다. 이러한 김정은 시대의 외교 전략은 2017년 11월 핵무력 완성 선언 이후, 2018년 평창동계올림픽을 계기로 급선회하기 시작한다. 북한은 작년 '핵무력 완성' 선언 이후 한반도 비핵화 의지를 표명하고 있다. 평양남북정상회담에서 김정은 위원장이 '9·19 평양공동성명'에서의 '완전한 비핵화'를 다시 한번 육성으로 언급했다. 김정은 위원장은 3차 평양남북정상회담에서 "조선반도를 핵무기도, 핵 위협도 없는 평화의 땅으로 만들기 위해 적극 노력해 나아가기로 확약했다"라고 천명하고, 핵전략 추구 대신 경제 발전 전략을 최우선 순위라는 것을 표명하고 나서기도 했다.

이러한 협상 중심 대외 전략 변화는 2018년 들어 문재인 정부의 대북 대화·협력 정책과 변화된 북한의 정상국가 대외 전략 추진과 맞물려 있었다. 북한은 2018년 4월 핵 병진 노선에서 '북한 경제 건설'로의 전환을 공표했다. 북한의 경제 발전을 위해서는 미국을 필두로 대외 관계 개선이 시급하다는 인식 때문일 것이다. 따라서 북한은 비핵화 문제를 경제 발전과 연계해 외교적 수단으로 활용하려는 의도를 보였다. 이후

---

6) 홍석훈·나용우, 「북핵 고도화와 새로운 대북정책의 모색: 공세적 핵전략으로의 진화와 우리의 대응방안」, 『국가안보와 전략』, 17(3) (2017) 참고.

세 차례의 남북정상회담과 4·27판문점선언, 9·19평양공동선언 등으로 남북 관계는 새로운 국면을 맞이했다. 지난 '판문점선언'은 남북 교류 협력에 관련 의제를 남북정상이 합의했으며, 9·19평양공동선언과 9·19 군사 합의를 통해 한반도 군사 긴장 완화와 남북 관계 전 분야에 걸친 남북 교류 협력의 기대감을 상승시키는 계기가 됐다. 또한, 북한은 남북 관계 개선에 힘입어 미국과의 비핵화 협상을 재개했고 북한 비핵화 의제는 2018년 싱가포르 '6·12북미정상회담'을 계기로 급진전됐다. 싱가포르 북미 양국 정상은 이 회담을 통해 (1) 완전한 비핵화, (2) 평화 체제 보장, (3) 북미 관계 정상화 추진 (4) 6·25 전쟁 전사자 유해 송환 등 4개 항에 합의했다. 그러나, 다음 해인 2019년 2월 베트남 하노이 '2차 북미정상회담'이 결렬되자 북한 비핵화 협상은 답보 상태에 놓였다.

강경적 대외정책 회귀와 선제적 핵정책 추진

2019년 하노이북미정상회담 결렬 이후 북한의 비핵화 문제와 한반도의 평화 체제 추진은 험난한 과정을 밟고 있다. 여기에 코로나19 전염병 확산으로 미중 갈등은 심화되는 가운데 북한의 국경 폐쇄와 대미 강대강 외교 추진은 남북 관계 단절과 한반도 정세의 불확실성을 가중시키고 있다. 특히, 2020년 북한은 대북 전단지 살포 문제를 빌미 삼아 개성 남북공동연락사무소를 폭파하는 등 대남 공세를 강화하고 있다. 또한, 북한은 2021년 초 8차 당대회를 통해 대미·대남 '강대강, 선대선 원칙'을 주장하고 미국의 대북 적대시정책 철회 시까지 핵무력 증강의 강수를 내세웠고, 남북한 교류 협력도 비본질적인 문제로 치부하고 남북 관계 악화의 원인을 남측의 책임으로 돌리고 있다.

북한 김정은 정권은 8차 당대회 이후 신년사를 대신해서 노동당 중앙위원회 전원회의 결정으로 갈음했다. 2021년 12월 27~31일 조선노동당 중앙위원회 제8기 제4차 전원회의를 개최했고, 주요 의제는 (1) "2021년도 주요 당 및 국가정책들의 집행 정형 총화(결산)와 2022년도 사업 계획에 대하여," (2) "2021년도 국가예산 집행 정형과 2022년도 국가예산안에 대하여," (3) "우리나라 사회주의 농촌 문제의 올바른 해결을 위한 당면 과업에 대하여," (4) "당규약의 일부 조항을 수정할 데 대하여," (5) "당중앙지도기관 성원들의 2021년 하반년도 당조직사상 생활 정형에 대하여," (6) "조직 문제" 등을 다뤘다.

북한은 8차 당대회에 거론됐던 자력갱생의 경제 발전과 국방력 강화 추진의 연속 선상에서 국가정책을 추진하고 있는 것으로 판단된다. 북한이 처한 상황은 녹록치 않으며, 대외환경이 빠른 시일 내에 좋아질 수 없는 상황을 감안해 나름대로 내치(內治)에 집중하는 모습을 이번 전원회의에서 엿볼 수 있었다. 김정은 총비서는 당 중앙위원회 제8기 제4차 전원회의에서 "2021년은 엄혹한 난관 속에서 사회주의 건설의 전면적 발전에로의 거창한 변화의 서막을 열어 놓은 위대한 승리의 해"라는 것이 당중앙위원회가 내린 총평"이라고 발표했다는 점은 상기 내용을 반영한 것이라 판단된다.

또한, 8차 당대회에서 미국 적대시 정책에 맞선 사회주의권 대외 연합 추진을 언급했다. 북한은 미국의 적대시 정책을 명분 삼아 반제국주의, 자주역량 강화를 위해 사회주의권 연대를 표명하고 있다. 특히 북한은 "하나의 운명으로 결합된" 북중 관계를 강조하고 있어 북중 관계 강화를 통해 경제난과 대외 고립의 난관을 극복하려는 의도를 내비쳤다. 즉, 북한은 미국의 대북 적대시 정책 철회를 요구하면서 사회주의권 연합전선 추진과 북중 협력을 통해 대미 공동 대응 정책을 추진하려는 의도를 보였다. 북한과 중국은 미중 간 전략 경쟁이 심화되는 상황 속에서 공동 이익을 모색해 나가겠다는 의지를 지속적으로 표명하고 있다. 이러한 가운데 2021년 9월 15일 방한 중이던 중국 외교부장은 북한의 장거리 순항미사일 시험 발사(9월 11일~12일)에 대해 "다른 나라도 군사행동을 하고 있다"라며 북한을 두둔하기도 했다.[7] 한편, 대외 군사 관계에서 북한은 불법 군사 협력과 무기 거래, 주류 수입 등 다양한 제재 위반 행위를 하고 있다는 보고도 있었다.[8] 이러한 북중 간 군사 관계의 동향과 구사회주의권 군사연합의 추이를 관찰할 필요가 커지고 있다.

2022년 북한은 핵미사일 모라토리엄 파기 선언을 했고, 2022년 9월 8일 최고인민회의 시정연설에서 김정은 총비서는 핵무력 법제화를 선언하고 핵무기 보유와 사용을 법제화하는 최고인민회의 법령을 채택했다. 이는 2021년 북한 8차 당대회 이후 핵무력 강화에 강점을 두고 핵미사일 강화 전략을 극대화하려는 의도로 보인다. 북한은 핵

---

7) 『조선중앙통신』(2021년 9월 15일).

8) https://www.securitycouncilreport.org/un-documents/dprk-north-korea/(검색일: 2022년 10월 15일).

의 평화적·방어적 사용을 주장해 왔지만 2022년 4월 김여정 부부장은 "남조선은 우리의 핵 타격력의 목표"임을 밝히면서 대남 핵 사용을 천명하고 나섰다. 같은 해 9월 8일 최고인민회의에서 채택된 11개항은 북한 핵 사용의 구체적 조건과 원칙을 법제화하고 핵무기의 선제 사용 가능성까지 시사하면서 공세적 핵무력 정책의 강화를 선언하고 있다.

최근 북한의 핵무력 강화 전략은 자신의 핵보유 사실을 기정사실화하고 핵보유국임을 국제 사회로부터 인정받음으로써 북한 김정은 정권의 체제 강화를 견인하고 대미, 대남 등 대외 안보적 압박을 통해 미국과의 평화 협정 추진과 협상 테이블 유도 및 우세를 선점하려는 산법을 염두해 두고 있을 것이다. 북한의 핵·전략무기 발전을 통한 국방력 강화 정책은 기존 한반도 정세의 게임 체인저로 작용할 수 있도록 중·장기적 차원에서 추진될 것으로 예상된다. 단기적으로 동북아 안보 불안을 조성해 국제 사회의 대북 제재와 협력을 와해시키고 외교적 수단으로 활용할 의도로 파악된다.

북한의 대남정책과 우리 정부의 대응

대남 강경정책 추진과 군사적 대결

지난 남북 관계는 2019년 2월 하노이북미정상회담 결렬 이후 남북 당국 간 대화가 단절돼 있는 상황이며 사회문화 교류, 대북 인도적 지원조차도 진전을 보지 못하고 있다. 특히, 2019년 하노이북미정상회담 결렬 이후 북한의 비핵화 문제와 한반도의 평화 체제 합의는 험난한 과정을 밟고 있다. 여기에 코로나19 전염병 확산으로 미중 갈등은 심화되고 있으며, 2020년 북한은 대북 전단지 살포 문제를 빌미 삼아 개성 남북공동연락사무소를 폭파하는 등 대남 공세를 강화하기 시작했다. 또한, 북한은 8차 당대회를 통해 대미·대남 '강대강, 선대선 원칙'을 주장하고 미국의 대북 적대시 정책 철회 시까지 핵무력 증강의 초강수를 뒀고, 남북한 교류 협력도 비본질적인 문제로 치부하고 남북 관계 악화의 원인을 지금까지 남한의 책임으로 돌리고 있다.

북한의 대남정책은 2019년 2월 하노이북미정상회담 결렬 이후 '선미후남(先美後南)'의 대남정책으로 선회했다. 북한은 북미 간 비핵화 협상에 주력하면서 남한 정부와는 일정 거리를 두는 행보를 보였다. 2020년 북한의 대남 강경 조치들은 연락사무소 인원의 철수, 대북 전단 살포에 대한 문제 제기, 남북 연락 채널 차단 등으로 이어졌고, 급기야 남북공동연락사무소 폭파를 통해 절정으로 치달았다. 이후 북한은 군 총참모부가 제기한 대남 군사행동계획을 실천해 나갈 것을 예고했었다.

북한은 2019년 제7기 제5차 당 중앙위원회 전원회의를 통해 김정은 국무위원장이 공언했던 '새로운 길'의 윤곽을 공개했다. 핵심 키워드는 '정면 돌파'였다. 정면 돌파는 두 개의 기둥을 축으로 삼았다. 하나는 전략무기 지속 개발, 다른 하나는 자력갱생이다. 이는 미국과의 교착 상태가 장기성을 띨 수밖에 없어 군사적 억제력과 내부적 힘 강화를 통해 응집력을 키우겠다는 의도로 파악된다. 제8차 당대회에서 '국방력 강화'를 주문했다. 당 규약에 '공화국 무력'의 지속적 강화를 명문화함으로써 이를 국정 운영의 중심임을 천명하고, 핵무력 고도화를 중심으로 대외 강압정책을 시사했다. 핵기술 고도화, 핵잠수함, 군사정찰위성, 극초음속활공비행전투부 개발 도입 등, 북한의 '국방력 강화' 비전 제시는 불확실한 대외 관계를 견지하면서 강대강의 공세적 대외정책 입장을 표출한 것이었다. 즉, 북한은 제8차 당대회 사업총화보고를 통해 대미 '강대강, 선대선 원칙'을 주장하고, 대북 적대시 정책 철회 시까지 핵무력 증강의 강수를 내세웠다.

또한, 제8차 당대회에서 북한은 지난 5개년 경제계획의 성과가 미진했음을 인정했다. 지난 제8차 당대회는 장기적 관점에서 대북 제재, 코로나19 확산, 자연재해 등 3중고로 가중된 경제적 난관의 위기관리 극복 방안을 고심한 것으로 파악된다. 북한은 대외적 고립과 경제난 극복을 위한 자력갱생의 접근 방안으로 당조직 개편과 국방력 강화를 중심으로 한 정면 돌파전을 제시했다. 이러한 접근 방식은 현상 유지를 위해 구체적 방안을 제시하기보다는 당적 쇄신을 통한 당조직 강화와 주민들을 다잡는 '견디기' 정책의 성격이라고 할 수 있을 것이다. 북한은 제8차 당대회에서 정무국을 폐지하고 비서국을 부활시켰다. 특히, 당은 김정은 위원장을 총비서로 추대함으로써 '김정은 유일 체제' 강화와 이를 통한 제2기 집권 체제 출범을 공식화했다.

북한은 대남정책과 관련해 당기관지인 노동신문을 통해 노동당 중앙위 제8기 제4차 전원회의에서 "북남 관계와 대외사업 부문에서 견지하여야 할 원칙적 문제들과 일련의 전술적 방향들을 제시했다"고 보도했으나 구체적 내용은 공개하지 않았다. 이는 상당한 기간 동안 관망하면서 내부 체제 단속과 자력갱생을 통한 체제 유지에 중점을 둘 것을 예고하는 것이었다. 북한의 대남정책 변화에 대한 정확한 판단이 어려운 상황 아래 제8차 당대회에서 개정된 당규약이 공개됐다. 개정된 당규약은 조선노동당의 당면 목적에서 전국적 범위의 '민족해방민주주의혁명'을 수행한다는 내용을 삭제하고, '사회의 자주적이며 민주주의적인 발전'을 실현하겠다고 수정했다. 조선노동당의 당면 목적은 남조선 혁명을 규정하는 조항이므로 북한 정권이 남조선혁명론을 폐기했는가에 대한 의문을 파생시켰다. 남조선혁명론을 규정하는 조선노동당의 당면 목적을 수정한 것으로 향후 북한 김정은 정권의 대남 전략과 대남정책에 중대한 영향을 미칠 것으로 예상된다. 다만, 대남혁명론에 대한 본질의 근본적 수정인지는 구체적 분석과 대남정책 실행 과정에서 면밀한 관찰이 필요할 것이다.

종합하면, 북한은 중장기적 측면에서 대남 강경 조치들을 통해 한반도 문제의 당사자로 자리 매김하고 남한 정부가 한미동맹에 의존하지 않도록 유도하려는 의도로 해석된다. 대남 압박을 통해 남북 협상 테이블의 우위를 선점하면서, 남북합의 이행에 남한 정부가 적극적인 태도와 정책을 추진하도록 '견인' 정책을 추진하는 것으로 파악된다. 즉, 북한은 한·미 동맹과 연합 방위 체제를 해체하기 위해 한·미 군사훈련 중지, 남한에 전략무기 반입 및 개발 금지, 주한미군 철수 등을 요구하며 한반도 평화 체제 구축의 전제 조건을 제시하고 이를 강요하고 있다. 이러한 북한의 국방력 강화정책은 제8차 당대회에서 결의한 것으로, 그 연장 선상에서 2022년 초 김정은이 참석한 노동당 중앙위원회 제8기 제6차 정치국 회의에서 북한은 "우리가 선결적으로, 주동적으로 취했던 신뢰 구축 조치들을 전면 재고하고 잠정 중지했던 모든 활동을 재가동하는 문제를 신속히 검토해 볼 데 대한 지시를 해당 부문에 포치했다"고 전했다(조선중앙방송, 2022.1.20.). 북한은 신형 전술유도무기 시험을 감행하면서 전술핵무기 운용 문제와 핵무기 사용을 언급함으로써 안보적 위협의 메시지를 전달하고 있다.[9] 이는 북한이 국방력 강화를 정책적 우선순위로 내세우면서 대남·대미 군사적 압박을 추진할 것임을 시사한 것이다.

---

9) 김정은 연설과 김여정 담화 등을 통해 대외 강경 메세지 전달("경애하는 김정은 동지께서 신형 전술 유도무기 시험발사를 참관하시었다," 『로동신문』(2022. 4. 17); "김여정 조선로동당 중앙위원회 부부장 담화," 『로동신문』(2022. 4. 5); "조선인민혁명군창건 90돐 경축 열병식에서 하신 경애하는 김정은 동지의 연설," 『로동신문』(2022. 4. 26.).

2020~2021년 북한의 전략무기 발사 현황

일자		무기 체계	특징
2020년	3월 2일	초대형 방사포(KN-25) 발사	
	3월 21일	북한판 에이태큼스(KN-24) 발사	
	3월 29일	초대형 방사포(KN-25) 발사	
2021년	1월 22일	순항 미사일	
	3월 21일	순항 미사일	
	3월 25일	'개량형' 이스칸데르(KN-23) 미사일 발사	
	9월 11일·12일	신형 장거리 순항 미사일	북한판 토마호크
	9월 15일	이스칸데르 미사일(KN-23) 발사	철도기동미사일연대
	9월 28일	극초음속 미사일(화성-8형) 발사	
	9월 30일	신형 지대공 미사일 발사	

자료: 『조선중앙통신』(2020~2021년).; 국내외 언론 보도(2020~2021년) 등.

    2022년 이후 일련의 미사일 시험 발사는 북한의 핵미사일 강화 전략을 극대화하려는 의도로 파악되며, 북한의 7차 핵실험 준비는 대미, 대남 관계 개선 의지보다는 자력갱생의 폐쇄적 대외정책을 마련하고 있음을 시사한다. 이러한 북한의 군사력 강화 우선 정책은 미중 간 갈등과 코로나19 팬데믹의 장기화, 남북 관계 단절 등을 고려해 대화와 협상정책보다는 자국의 군사력 강화를 통한 자력갱생 정책에 집중하고 있음을 알 수 있다. 특히 지난해부터 선보인 북한의 극초음속미사일 개발과 장단거리 미사일 고도화 등은 한국과 미국의 미사일 방어 체계에 커다란 도전이 될 것으로 평가된다.

    따라서 북한의 미래 국가전략은 단기적으로 '핵보유국 지위' 확보를 통한 대외 강경 기조 유지와 국내적으로 핵, 미사일 기술력 홍보를 통한 '사회주의 강국' 이미지를 강화해 나감으로써 북한 김정은 체제 통치 강화를 추진해 나가는 시나리오를 예상할 수 있다. 2023년 2월 말부터 열린 노동당 전원회의에서 김정은 총비서가 식량난 극복을 위한 지시를 내리고 당과 내각 주요 간부들에게 농사 대책 부실을 질타한 것도 당분간 대북 경제 제재와 고립정책을 추진하기 위한 버티기 전략에서 '식량 확보'는 매우 중요하기 때문일 것이다. 장기적으로 핵미사일 프로그램 고도화를 통해 실전 배치가 가능

2022년 북한 한미훈련 이후 군사 도발

시기	한미 군사훈련	북한 대응 및 도발
2022년 9월 말	한미, 한미일 합동 해상훈련	탄도미사일 발사
2022.10.13.	주한미군 완충구역 이남 사격훈련	포병 사격
2022.11.2.	한미 연합공중훈련	NLL 이남 미사일 발사
2022.12.26.		북한 무인기 5대 도발(영공 침범)
2023.1.1.		600mm '초대형 방사포'(KN-25) 1발 발사
2023.2.18.		대륙간탄도 미사일(ICBM) '화성-15형' 고각 발사
2023.2.20.		'초대형 방사포' 2발 발사
2023.2.13.		북주장, 전략순항 미사일 4발 발사
2023.3.9.		근거리탄도 미사일(CRBM) 6발 발사
2023.3.12.		잠수함 발사순항 미사일(SLCM) 2발 발사
2023.3.13. ~ 3.23.	한미 '자유의 방패(FS)' 연합연습	
2023.3.14.		탄도 미사일(SRBM) 2발 발사
2023.3.14.		'화성-17형' 추정 ICBM 1발 발사
2023.3.19.		단거리탄도 미사일(SRBM) 1발 발사
2023.3.22.		북주장, 전략순항 미사일 4기 발사
2023.3.21.~23.		북주장, 핵무인수중공격정 '해일' 발사

자료: 저자 작성(2022년 10월 ~ 2023년 3월).

해진다면, 북한은 핵무기를 기반으로 북한 주도의 남북 대화 추진과 유엔사 및 미군의 한반도 철수를 주장하면서 공격적 대미·대남 압박 정책을 강화해 나가면서 구사회주의권과의 연대 강화를 통한 동북아 국제 질서의 재편을 추진해 나가는 시나리오를 상정해 볼 수 있다.

이러한 북한의 핵·미사일 기술 발전을 통한 '군사력 강화' 정책은 북한의 대남·대외 전략을 좀 더 '자기 주도적 군사정책'의 국가전략을 추진할 수 있게 하고, 한반도는 물론 동북아 국제 질서의 게임 체인저 역할을 '핵무장' 전략이 담당하게 될 것이라는 믿음을 줄 수 있다는 점이다. 이는 미래 우리 정부의 대북정책과 국가전략 마련에 커다란 난제를 가져다줄 것이다.

당장, 북한 비핵화 협상 재가동과 남북 대화 재개를 위해 북한이 주장하는 근본적 문제 해결의 전제 조건을 우리 정부가 수용할 수 있으며, 북한 비핵화의 등가성에 견줄 만한 보상책과 압박책은 무엇인지 고민하게 만든다. 또한, 북한의 비대칭 전력인 핵 위협과 사이버 위협 등 공세적 북한의 안보 위협에 대처할 수 있는 핵 억지력 및 안전 보장책도 시급하다.

Country	Deployed warheads[a]	Stored warheads[b]	Total stockpile[b]	Total inventory 2022[b]	Total inventory 2021[b]
United States	1 744	1 964	3 708	5 428	5 550
Russia	1 588	2 889	4 477	5 977	6 255
United Kingdom	120[e]	60[f]	180[f]	225[f]	225
France	280	10	290	290	290
China		350[g]	350[g]	350[g]	350
India		160	160	160	156
Pakistan		165	165	165	165
Israel		90	90	90	90
North Korea	..	20[h]	20[h]	20[h]	[40–50][h]
Total	3 732	5 708	9 440	12 705	13 080

자료: SPIRI Yearbook 2022.[10]

세계 핵무기 현황(기준, 2022년 1월)

윤석열 정부의 담대한 구상

윤석열 대통령은 취임사(2022년 5월 10일)에서 국정 목표 중 '자유, 평화, 번영에 기여하는 글로벌 중추국가' 비전을 발표하면서 대북정책으로 '담대한 구상'을 언급하며

---

10) https://sipri.org/media/press-release/2022/global-nuclear-arsenals-are-expected-grow-states-continue-modernize-new-sipri-yearbook-out-now(검색일: 2022년 10월 15일).

'남북 관계를 정상화하고, 평화의 한반도,' '원칙과 일관성'을 바탕으로 한미 간 긴밀한 조율을 추진할 것을 표명했다. 윤 대통령은 대북정책의 최종 목표로 "북한의 완전하게 검증 가능한 비핵화를 통해 한반도에 지속 가능한 평화를 구현"할 것임을 강조했다.

지난 광복절 경축사(2022년 8월 15일)에서 '담대한 구상'의 구체적 대북정책을 제시했는데, "북한이 핵 개발을 중단하고 실질적인 비핵화로 전환한다면, 그 단계에 맞춰 북한 경제와 민생을 획기적으로 개선할 수 있도록 지원"할 것임을 선언했다. 2022년 11월 21일에는 "비핵 평화 번영의 한반도"라는 제목으로 윤석열 정부의 통일·대북정책 설명 자료를 배포했고, '담대한 구상'의 구체적인 정책 비전을 제시했다. 담대한 구상은 북한이 진정을 갖고 비핵화 협상에 복귀한다면, 북한의 민생 개선과 남북 간 신뢰 조성을 위한 초기 조치를 과감하게 추진함으로써 남북 협상 동력을 마련한다는 취지였다.

물론 북한의 비핵화에 복귀한다는 전제 조건이 있으나 과감한 대북 경제 지원과 협력을 통한 북한 관여정책을 제시했다는 데 이의가 있을 것이다. 하지만 김정은 위원장은 2022년 7월 북한 전승절 기념 연설에서 윤석열 정부를 비난했으며, 김여정 부부장은 8월 19일 담화를 통해 남한 정부의 대북정책을 '어리석음의 극치'라고 폄하하고 사실상 대남 단절을 발표했다. 또한, 북한의 핵무기 보유와 사용에 대한 법제화 추진은 북한 비핵화 협상이 사실상 큰 진전을 보기 힘든 상황으로 전개되고 있으며, 우리 정부의 '담대한 구상'의 대북정책 추진에 대한 북한의 반응은 매우 실망스럽다.

북한의 대남 대화 단절과 북핵의 대남 사용 가능성 및 전략무기 발전은 남한이 북핵 안보 위기 당사자로서의 북한 비핵화 협상을 주도하고 대응할 필요성을 제기하고 있다. 결국, 지속 가능한 대북정책 로드맵을 작성하기 위해서는 향후 남북 관계 쟁점 사항으로 핵무력을 강화하는 북한과 어떻게 남북 관계를 개선할 것인가를 고민해야 하고, 북한 비핵화 과정과 핵폐기를 유도할 수 있는 구체적 전략을 마련해야 할 것이다. 남북 관계가 경색된 상황이지만 대북 인도적 지원과 경협, 북한 인권 문제 등 남북 관계에서 풀어 나가야 할 쟁점 사항들을 꼼꼼하게 점검해야 할 시점이다. 즉, 우리 정부의 지속 가능한 대북정책과 한반도 통일 준비 방안을 마련하기 위해서는 국내적 진영 논리를 벗어나 탈이념적·실리적 정책을 고려해야 할 것이다.

| 나오며: 지속 가능한 대북정책 모색 및 미래 전략 |

현재 진행 중인 미중 간 가치 경쟁, 러시아의 우크라이나 침공 등 급변하는 세계 정세 속에서 국제 질서에 대한 가치 정립이 필요한 시점이다. 한국도 '글로벌 공공재(global goods)' 창출을 위해 보편적 가치를 마련해야 한다. 이는 평화라는 인류 공동의 가치 속에서 인류의 행복과 번영을 위한 '가치 창출'을 말한다. 미중 간의 가치 경쟁이 심화되는 상황이지만 우리가 독자적으로 국제 사회에 기여할 수 있는 가치와 국가 간 협력 관계 확산은 한국의 미래와도 결부돼 있기 때문이다. 따라서, 민주적 가치 중심을 두고 남북 관계에만 매몰되는 것이 아니라 다자적 협력과 글로벌 가치 창출을 통해 한반도 평화 정착을 추진해야 할 것이다. 다자간 협력은 양자 관계에서 발생하기 쉬운 갈등의 심화를 완화할 있다는 점을 상기하고 남북 관계 개선과 동북아 평화 체제 시작을 위해서도 우리의 다자외교는 매우 중요하다.

따라서, 한반도 평화를 구축하기 위해서는 역내 국가들과의 협력과 남북 관계 개선이 시급하다. 이를 위해 남북 교류 협력을 위한 탈이념적 어젠다 발굴 및 다자 협력이 필요하다. 또한, 북한 핵문제와 인도 협력, 경제 협력, 사회 교류를 나눠 추진하는 투 트랙 전략도 제시해야 할 것이다. 또한, 지속 가능한 남북 경협과 교류를 추진하기 위해서는 대북 트리플 넥서스(triple nexus) 논의에도 주목해야 한다.[11]

이와 함께 평화 지속화 개념은 UN을 비롯한 국제 사회가 추구하는 평화 개념이라는 점에서 단순히 분쟁 중단 및 종식 등 군사적 차원에서의 안보 강화라는 소극적 평화가 아니라 분쟁과 관련한 잠재적 갈등 요인 및 구조적 불평등을 해소해 나감으로써 근원적 분쟁 요인을 해소하는 것이다. 트리플 넥서스를 바탕으로 남북한 인도 협력 방안을 고려할 때 행위자별(국가, 비국가, 국제기구 등), 과제별, 영역별, 과제별 등 통합적 원칙과 전략을 통한 구체적 사업이 진행돼야 하고, 인도적 지원을 통해서 사회구성원 간의 화해와 신뢰 구축을 쌓아 나가면서 개발 협력을 통한 민생협력사업으로 확대돼야 한다. 한반도 평화 구축과 관련해 북한 내부의 인권 증진과 민주주의 발전을 위한

---

11) 대북 트리플 넥서스(triple nexus) 접근법: 인도적 지원, 개발, 평화 활동가 간의 비교 우위(comparative advantage)를 최대한 활용해 각자의 활동 방식 및 재원 조달 방식을 상호 조율해 개별 활동 간의 분절성 및 리스크를 줄이고 효과적인 취약성 해소를 위한 공동의 성과(collective outcome)를 달성하기 위한 협력 방식.

거버넌스 구축과 같은 제도적 접근법 모색이 필요하다. 특히 남북 경협과 대북 인도적 지원에 대한 국민 인식은 긍적적이며 향후 우리 정부의 대북정책 수립, 추진 시에 고려해야 할 것이다.

대북 개발 협력의 지속 가능성을 위해 유엔의 지속가능발전목표(Sustainable Development Goals: SDGs)를 활용할 수 있다. 북한은 VNR(Voluntary National Review, 2012년 7월) 발표를 통해 환경과 기후변화-해양생태계(SDGs 14), 육상생태계(SDGs 15), 기후 변화(SDGs 13) 목표 달성을 중점 추진, 유엔 기후변화협약의 이행 노력을 강조하고 있어 추후 정책 고려에 포함시킬 수 있다. 또한, 과거 한국 정부가 지속적으로 추진해 왔던 'DMZ 공동 활용 방안,' '그린데탕트(green détents)' 등 글로벌 이슈가 되는 기후 변화, 보건 협력, 산림, 농수자원 협력 등을 재추진하고 남북한과 글로벌 NGOs와 국제기구의 연계를 통한 다자적 접근법이 고려될 수 있다.

결론적으로 우리 정부는 지속 가능한 대북정책과 미래 지향적 국가전략의 추진이 필요하다. 결국, 대북정책이나 외교정책을 국내정치와 분리할 수 없다는 것은 주지의 사실이다. 한반도 안정적 평화와 함께 한반도 통일 준비를 위한 지속 가능한 대북·통일정책 수립이 필요한데 우리 사회의 국민적 합의가 중요하다. 따라서 우리 사회의 남남갈등의 정치화에 대한 해결 방안을 모색해야 한다. 과거 냉전시대 대북·통일정책과 관련한 한국 사회의 갈등은 이념 갈등에 치중했던 반면에 신자유 질서 확대와 글로벌 시대를 맞이해 좀 더 복합적 갈등 양상을 띠게 됐다. 최근 이념 갈등 외에 지역, 세대, 계층, 노사, 젠더 등 복합적 갈등 양상들이 대북정책에 영향을 미치고 있다. 지금까지 대북정책을 놓고 진보·보수의 갈등은 소위 남남갈등이라는 문제를 양산시켰으며 심각한 사회 갈등 중의 하나로 평가되고 있다. 이러한 남남갈등의 확산은 대북정책을 비롯한 한국 사회 전반에 걸쳐 이분법적 시선을 강화하고 정치적 대결의 형태를 띠게 됐다는 점이 강조되고 있다.

따라서 남북 문제를 정치화하거나 정책 주도 집단의 편향적 사고(group thinking)는 배제해야 한다. 국내적 진영 논리를 벗어나 국제 정치의 근본적 변화에 관심을 두면서 한국이 생존의 해법을 제시해야 할 시점이다. 한국 외교정책과 대북정책의 정체성(identity)을 재확립하고 기존 편견에서 탈피하기 위해서는 다양한 전문가들이 함께 고민한 작업의 산물이 필요하다. 한반도 미래 시대를 준비하는 '국가 대전략(grand strategy)'의 기본 틀을 만들고, 기존의 진영 논리의 인식 편향을 극복해야 한다는 점이다. 또한, 정치·군사적인 하드파워와 비정치적인 소프트파워를 활용한 스마트파워(smart power) 추진이 필요하다. 즉, 북한의 정책 변화를 유도할 수 있는 실효성 있는 대북정책을 장기적으로 마련해야 한다. 최근 핵·미사일, 사이버 기술 강화 등 비대칭 강화 등 북한의 비대칭 전략 강화는 한반도 정세의 게임 체인저가 될 수 있다는 점에서, 한국 정부의 핵 억지 전략 마련 등 안보 전략이 시급하다. 이러한 관점에서 안보와 평화가 동시에 추진하는 '한반도 안보·평화 프로세스'를 추진해야 한다. 이는 미래 지향적 국가전략 마련과도 연동되기 때문이다.

또한, 지속 가능한 대북 통일정책 추진을 위해서는 '통일 거버넌스'가 필요하다. 즉, 민주주의, 인권 등 인류 보편적 어젠다의 원칙을 만들고 지속적인 남북 교류와 협력을 위해 거버넌스 중심의 민간 주도 방식이 필요하다. 과거 통일준비위원회와 남북교류협력위원회와 같은 통일 거버넌스 구축을 통해 남북 교류 협력을 기획하고 추진한다면 지속 가능한 대북정책을 수립할 수 있을 것이다. 물론 국제 사회의 대북 제재가 유지되고 있지만, 북한 비핵화 수준에 따라 남북 경협 확대로 공동 이익 극대화(남북공동경제발전계획 추진)도 가능하다. 결국, 지속 가능한 대북정책을 추진하기 위해서는 우리 사회 내, 남남갈등 해소를 위한 사회 통합 정책이 추진돼야 한다. 남한 사회에서 남북 분단으로 인한 사회적 갈등을 치유하고 MZ세대를 포함하는 세대 통합교육 및 통일 인식 함양 등이 요구되며, 이념적 갈등을 해소하기 위한 국민통합정책 추진이 필요하다.

참고 문헌

게임 체인저와 미래 국가전략

21세기 게임 체인저와 미래 국가전략

김상배. 『미중 디지털 패권경쟁』. 파주: 한울 아카데미, 2022.
김상배 엮음. 『4차 산업혁명과 미중 패권경쟁』. 서울: 사회평론 아카데미, 2020.
김흥규 엮음. 『신국제질서와 한국외교전략』. 서울: 명인문화사, 2021.
레이 달리오 지음, 송이루·조용빈 옮김. 『변화하는 세계질서』. 서울: 한빛비즈, 2022.
박영숙, 제롬 글렌. 『세계미래보고서 2023』. 서울: 비즈니스북스, 2022.
서동주. "미중 복합 지정학적 갈등과 러시아의 전략적 입장 및 대응." 『국가안보와 전략』 제22권 2호(2022). pp.37-76.
서울대학교 정치외교학부 교수진. 『21세기 초 한국의 정치외교: 도전과 과제』. 서울: 늘품플러스, 2018.
이승주 엮음. 『미중 경쟁과 글로벌 디지털 거버넌스』. 서울: 사회평론 아카데미, 2020.
진창수·조윤영 외. 『미중 경쟁시대와 한국의 대응』. 서울: 윤성사, 2021.
클라우스 슈밥 외 지음, 김진희·손용수·최시영 옮김. 『4차 산업혁명의 충격』. 서울: 흐름출발, 2016.

https://ko.wikipedia.org/wiki/제4차_산업혁명 (검색일: 2022.12.27.)
https://news.einfomax.co.kr/news/articleView.html?idxno=3430489 (검색일: 2022.07.17.)
https://www.donga.com/news/article/all/20221208/116901097/1 (검색일: 2022.12.8.)
https://www.joongang.co.kr/article/25087368 (검색일: 2022.7.16.)
http://www.sisajournal-e.com/news/userArticlePhoto.html (검색일: 2023.1.2.)
https://www.bbc.com/news/world-europe-60506682 (검색일: 2022.7.17.)
https://www.who.int/ (검색일: 2022.7.17.)
https://hgmin1159.github.io/quantum/quantum1/ (검색일: 2023.1.3.)
https://www.mk.co.kr/news/economy/view/2022/07/586120/ (검색일: 2022.7.5.)
https://bizn.donga.com/news/article/all/20221026/116173649/2 (검색일: 2022.10.27.)
https://carnegieendowment.org/2019/06/20/thirty-years-of-u.s.-policy-toward-russia-can-vicious-circle-be-broken-pub-79323 (검색일: 2021.12.09.)
https://www.nasa.gov/image-feature/goddard/2022/nasa-s-webb-reveals-cosmic-cliffs-glittering-landscape-of-star-birth (검색일: 2022.07.13.)
Quantum World Congress is the first-of-its-kind global conference, exposition, and networking event that brings a quantum-ready future into focus. https://www.quantumworldcongress.com/ (검색일: 2022.11.30.)

미중 전략 경쟁과 미래 국가전략

김진방. "中 외교부장, '美, 중국 상대로 제로섬 게임식 경쟁… 계속 공격'." 『연합뉴스』, 2022.3.7.

이수훈. 『미국의 인도-태평양 지역 전력 운용과 한국의 대응 방향』. 한국국방연구원.

Abe, Shinzo. "Op-Ed: The U.S. must make clear to the world it will defend Taiwan against Chinese Invasion." *Los Angeles Times*, April 12, 2022.
Friedman, Uri. "The New Concept Everyone in Washington is Talking About." *The Atlantic*, August 6, 2019.
IISS. The Military Balance 2021, p. 23.
Lee, Yimou & Wu, Sarah. "Furious China fires missiles near Taiwan in drills after Pelosi visit." *Reuters*, August 5, 2022.
Li, Cheng. "Biden's China Strategy: Coalition-driven competition or Cold War-style confrontation?" May 2021, Brookings.
Mazza, Michael. "The AUKUS Agreement and Its Significance for the Defense of Taiwan," *AEI*, October 06, 2021.
The White House, "Interim National Security Strategic Guidance," March 21, 2021, https://www.whitehouse.gov/wp-content/uploads/2021/03/NSC-1v2.pdf p. 20.

우크라이나 전쟁과 미래 국가전략

김정기. 미중 전략경쟁과 우크라이나의 대응전략. 『중소연구』, 46(2), 2022 여름.
남승현. "우크라이나 침공에 대한 국제법적 검토", 『주요 국제문제분석, 2022-16』. 국립외교원, 2022.
이정철 · 백준기 · 김재관 · 이남주. "'러시아-북한-중국 삼각관계'의 전략적 함의: '미국 요인'과 한국에의 시사점," 『KIEP』, 2013.

5 key takeaways from Xi's trip to Saudi Arabia(Wed December 14, 2022) https://edition.cnn.com/2022/12/10/middleeast/xi-china-saudi-arabia-visit-five-takeaways-mime-intl/index.html(검색일 2022.12.16.)
Financing and governing the recovery, reconstruction, and modernization of Ukraine(November 3, 2022), https://www.brookings.edu/blog/up-front/2022/11/03/financing-and-governing-the-recovery-reconstruction-and-modernization-of-ukraine/(검색일 2022.12.17.)
How the war in Ukraine is reshaping world trade and investment(May 03, 2022), https://blogs.worldbank.org/developmenttalk/how-war-ukraine-reshaping-world-trade-and-investment(검색일 2202.12.15.)
Indivisible security principle' established by the OSCE should be put into practice: Chinese envoy to the UN concerning Ukraine(Mar 15, 2022). https://www.globaltimes.cn/page/202203/1254890.shtml(검색일 2022.12.15.)
Russia cites 1999 charter text for insistence on 'indivisible security'(Feb 1, 2022), https://www.reuters.

com/world/europe/russia-cites-1999-charter-text-insistence-indivisible-security-2022-02-01/ (검색일 2022.12.15.)

Ukrainian recovery funding must be tied to anti-corruption(October 24, 2022), https://www.brookings.edu/blog/up-front/2022/10/24/ukrainian-recovery-funding-must-be-tied-to-anti-corruption/ (검색일 2022.12.15.)

What future for nuclear deterrence?(October 2022) https://www.fondapol.org/en/study/what-future-for-nuclear-deterrence/(검색일: 2022.12.20.)

기술패권 경쟁과 미래 국가전략

국가안보실. 『신흥.핵심기술과 국가안보 전략과제』, 2022.3.

European Commission. *100 Radical Innovation Breakthroughs for the future*, May 2019.
Hitchens, Theresa. "House Appropriators add millions of dollars to the National Institute of Standards & Technology's work on AI, cybersecurity, quantum computing, 3D printing, and 5G telecommunications," *Breaking Defense*, 2019.5.22.
Nationa Security Council. *The National Strategy for Critical and Emerging Technologies*, White House, October 2020.
The U.S. National Science and Technology Council(NSTC). *CRITICAL AND EMERGING TECHNOLOGIES LIST UPDATE*, White House, February 2022.
World Economic Forum. The Global Risks Report 2017 12th Edition, January 2017.
田上靖. "米国輸出管理改革法の新基本技術(Emerging and Foundational Technologies)新規制及びCISTEC パブコメの概要," 『CISTEC』, 2019. 1.

에너지와 미래 국가전략

강선주. "지경학(Geoeconomics)으로서의 미국의 인도-태평양 구상." 『외교안보연구소 주요 국제문제분석』 (2018.04.26.). https://www.ifans.go.kr/knda/ifans/kor/pblct/PblctView.do?pblctDtaSn=13184&clCode=P01&menuCl=P01. 검색일: 2022.12.18.
김상배. "신흥안보와 메타 거버넌스: 새로운 안보 패러다임의 이론적 이해." 『한국정치학회보』, 50(1): 75-104. 2016.
『디지털타임스』, "폴리실리콘마저… 中 태양광 굴기에 위협받는 韓." (2022.09.19.). http://www.dt.co.kr/contents.html?article_no=2022092002100932049001, 검색일: 2022.12.18.
임은정. "일본 전력산업의 현황과 변화 방향에 대한 비판적 고찰: 4차 산업혁명과의 적합성 관점에서." 『입법과 정책』, 13(1): 367-392. 2021.

_____. "[EE칼럼] 에너지안보 위해 화석연료 사용 줄여야." 『에너지경제신문』(2022.01.12.). https://m.ekn.kr/view.php?key=20220111010001649, 검색일: 2022.12.19.

『조선비즈』. "미국, LNG 수출 세계 1위 등극… 올해 유럽 수출 160% 급증." (2022.10.17.). https://biz.chosun.com/international/international_economy/2022/10/17/V4FQ62LBYVCENOKZVMTPPUC6ZM/, 검색일: 2022.12.18.

한국석유공사. "석유의 다양한 용도." https://www.knoc.co.kr/sub11/sub11_7_1_9.jsp, 검색일: 2022.12.17.

『한국일보』. "미국, 셰브론의 베네수엘라 원유 생산 허용… 민주화 지원? 유가 대책?"(2022.11.28.). https://www.hankookilbo.com/News/Read/A2022112711550002093?did=GO, 검색일: 2022.12.21.

홍익희. "시진핑 사우디 방문… '페트로 달러' 붕괴 서막?" 『주간조선』(2022.12.17.). https://weekly.chosun.com/news/articleView.html?idxno=23558, 검색일: 2022.12.17.

Bloomberg. "The US's New Approach to Venezuela Is Starting to Bear Fruit." (2022.12.08.). https://www.bloomberg.com/news/articles/2022-12-08/venezuela-us-relations-shift-could-aid-oil-production?leadSource=uverify%20wall, 검색일: 2022.12.21.

Calder, Kent E. *Super Continent: The Logic of Eurasian Integration*. Stanford: Stanford University Press, 2019.

_____. *The New Continentalism: Energy and Twenty-First-Century Eurasian Geopolitics*. New Haven: Yale University Press, 2021.

International Renewable Energy Agency. "Energy Transition Outlook." https://www.irena.org/Energy-Transition/Outlook. 검색일: 2022.12.17.

Lim, Eunjung. "Green Technology Competition in the Era of Economic Security: Implications of Global Supply Chain Restructuring for Korea." in *Environmental Sustainability in Asia: Analysis of Carbon Reduction Plans in Southeast Asian NDCs*. Sejong: Korea Environment Institute, December 2022.

von Hippel, Frank et al. "Energy security and sustainability in Northeast Asia." *Energy Policy*, 39(1): 6719-6730. November 2011.

World Nuclear Association. "World Uranium Mining Production" (Updated July 2022)." https://world-nuclear.org/information-library/nuclear-fuel-cycle/mining-of-uranium/world-uranium-mining-production.aspx, 검색일: 2022.12.19.

_____. "Uranium Enrichment (Updated October 2022). https://world-nuclear.org/information-library/nuclear-fuel-cycle/conversion-enrichment-and-fabrication/uranium-enrichment.aspx, 검색일: 2022.12.19.

World Population Review. "Oil Reserve by Country 2022." https://worldpopulationreview.com/country-rankings/oil-reserves-by-country, 검색일: 2022.12.17.

사이버안보와 미래 국가전략

김상배. 『버추얼 창과 그물망 방패: 사이버 안보의 세계정치와 한국』. 서울: 한울, 2018.
김상배 엮음. 『사이버 안보의 국가전략』. 서울: 사회평론, 2017.
_____. 『4차 산업혁명과 신흥 군사안보』. 서울: 한울, 2020.
송태은. "러시아–우크라이나 전쟁의 사이버전: 평가와 함의." 『주요국제문제분석』 2022.7.21.
_____. "최근 사이버 위협의 추세와 향후 전망 및 국제사회의 대응." 『IFANS FOCUS』 2023.2.9.
정구연 · 이기태. 『과학기술 발전과 북한의 새로운 위협: 사이버 위협과 무인기 침투』. 서울: 통일연구원, 2016.
홍석훈. "사이버 위협에 대응하는 사이버 글로벌 평화체제 구축." 서울대 국제문제연구소 『이슈브리핑』 No.191(2022.8.4.).

글로벌 공급망 재편과 미래 국가전략

KIEP 세계경제 포커스. 러시아 천연가스 수출규제 조치의 주요 내용과 시사점.
KOTRA 해외시장뉴스. 2021 러시아 광산업 정보, 2022.01.11.
KOTRA · 법무법인 광장. 미국의 대러시아 수출통제 조치 해설서, KOTRA 자료 22–057.
연합뉴스. [우크라 침공] 美, 러시아 원유 수입 금지…"푸틴에 강력한 타격", 2022.03.09.
조선BIZ. [우크라 사태] 2배로 뛴 네온 가격… 포스코, 희귀가스 사업 빛보나, 2022.02.28.
한국무역협회 해외시장뉴스. 2022년 한–러시아 교역 동향, 2023.02.28.

An update to our message for the Swift Community, https://www.swift.com/news-events/news/message-swift-community (검색일: 2023.02.15.)
Circum-Arctic Resource Appraisal: Estimates of Undiscovered Oil and Gas North of the Arctic Circle, USGS Fact Sheet 2008-3049. http://pubs.usgs.gov/fs/2008/3049/
Dobretsov & Pokhilenko. Mineral resources and development in the Russian Arctic, *Russian Geology and Geophysics*, 1(1): 98–111, 2010.
G7 Sets Price Cap for Russian Oil at USD 60 Per Barrel, 2022.12.09. https://sanctionsnews.bakermckenzie.com (검색일: 2023.02.15.)
Over 1,000 Companies Have Curtailed Operations in Russia—But Some Remain, https://som.yale.edu/story/2022/over-1000-companies-have-curtailed-operations-russia-some-remain (검색일: 2023.02.15.)
Reuters. EU countries agree gas price cap to contain energy crisis, 2022.12.20.
_____. Gazprom: Nord Stream leaks stop, gas supply could resume on single line, 2022.10.03.
Russia Credit Rating, http://www.worldgovernmentbonds.com/credit-rating/russia/ (검색일: 2023.02.15.)

TASS. Russian government approves list of unfriendly countries and territories, 2022.03.07.

Timeline – EU restrictive measures against Russia over Ukraine, https://www.consilium.europa.eu (검색일: 2023.02.15.)

뉴 스페이스 혁명과 우주 국가전략

오혜. "국방우주력 발전 방향: 정책 및 법령 개선을 중심으로." 『국방논단』, 제1862호, 2021. 7월 19일.

윤대엽. "안보위협, 정보능력, 민주주의와 정보개혁: 경쟁적 정보 거버넌스의 과제." 『미래정치연구』, 10(2): 5-32, 2020.

Bahney, Benjamin & Pearl, Jonathan. "Why Creating a Space Force Changes Nothing: Space Has Been Militarized From the Start." *Foreign Affairs* (Mar. 16, 2019.) https://www.foreignaffairs.com/print/node/1124002 (검색일: 2022.10.10.)

Bryce Tech. "Start-Up Space: Update on Investment in Commercial Space Ventures. 2022. https://brycetech.com/reports/report-documents/Bryce_Start_Up_Space_2022.pdf (검색일: 2022.10.10.).

Government Accountability Office. "National Security Space: Actions Needed to Better Use Commercial Satellite Imagery and Analytics." (Sep, 2022.) https://www.gao.gov/products/gao-22-106106 (검색일: 2022.10.10.)/

Highfill, Tina et al. 2022. "Updated and Revised Estimates of the US Space Economy, 2012-2019." US Department of Commerce, Bureau of Economic Analysis (January).

Moltz, James Clay. "The Changing Dynamics of 21th Century Space Power." *Journal of Strategic Security* 12(1): 15-43, 2019.

Patric, Stewart & Evanoff, Kyle L. "The Right Way to Achive Security in Space: US Nees to Champion International Cooperation." Foreign Affairs (Sep. 17, 2018.) https://www.foreignaffairs.com/articles/space/2018-09-17/right-way-achieve-security-space (검색일: 2022.10.10.).

Space Foundation. *The Space Report: The Authoritative Guide to Global Space Activity*. Space Foundation. 2021.

보론 1: 핵전략

김보미. "북한의 새로운 핵독트린: 최고인민회의법령 "조선민주주의인민공화국 핵무력정책에 대한 분석," 『이슈브리프』, 387호(국가안보전략연구원), 2022.9.13.

김민성 · 임현지. "파키스탄 및 북한의 핵전략 연구: 비핀 나랑의 비대칭 확전 태세'의 접근과 한계를 중심으로," 『통일정책연구』, 31(1): 107-141, 2022.

박용한·이상규. "북한의 핵탄두 수량 추계와 전망," 동북아안보정세분석(NASA). 한국국방연구원, 2023.1.23. https://www.kida.re.kr/images/skin/doc.html?fn=015f8fea9371e264985f13b64cfdc7b4&rs=/images/convert

박병광. "중국의 핵전략 변화와 한국의 안보정책 방향." 『전략연구』 83: 75–116. 2021.3.

신성호. "미중 핵 군사 전략 경쟁," EAI 국가안보패널 연구보고서. 동아시아연구원, 2017.

양욱. "북한의 핵전력 운용능력 평가: 핵무력정책의 변화와 최근 미사일도발의 함의," 『이슈브리프』. 2022.12.21. 아산정책연구원.

연합뉴스. "중국, 미국 핵태세보고서 비난…"대중 맞춤형 전략"," 2022.10.30. https://www.yna.co.kr/view/AKR20221030028400083

외교부. 『군축·비확산 편람 2021』. 서울: 외교부 군축비확산담당관실.

유지용. "중국의 핵·미사일 전력 증강 추세와 미중 경쟁," 주간국방논단. 한국국방연구원, 2015.1.26.

이강경·설현주. "중국 핵전략 변화의 군사적 고찰." 『통일전략』, 19(4). 2019.

전봉근. "북한 '핵보유국법'과 '핵무력정책법'의 비교 평가와 한국의 대응책 모색," 『주요 국제문제분석』. 외교안보연구소. 2022.10.24.

KBS. "중국 핵전략 '최소 억지'에서 'MAD'로 가나," 2021.11.07. https://news.kbs.co.kr/news/view.do?ncd=5318906

VOA. "백악관 "러시아 핵무기 사용 시 단호히 대응… 살라미 자르지 않을 것" 대대적 응징 경고," 2022.10.17. https://www.voakorea.com/a/6792668.html

_____. "김정은 "한국 명백한 적, 전술핵무력 강화할 것"… 북 지도부 위기감 표출 진단," 2023.1.1. https://www.voakorea.com/a/6899807.html

Arms Control Association. https://www.armscontrol.org/factsheets/nucleartesttally Atomic Archive. https://www.atomicarchive.com/almanac/test-sites/testing-chronology.html

Ashford, Emma & Kroenig, Matthew. "Would Putin Use Nuclear Weapons?" *Foreign Policy*, March 11, 2022.

Bracken, Paul. *The Second Nuclear Age: Strategy, Danger, and the New Power Politics*. Basingstoke: MacMillan, 2012.

Brodie, Bernard. *The Absolute Weapon: Atomic Power and World Order*. Harcourt: Yale University, Institute of International Studies, 1946.

Cunningham, Fiona, & Fravel, M. Taylor. "Assuring Assured Retaliation: China's Nuclear Posture and U.S.-China Strategic Stability." *International Security*, 40(2): 7–50. 2015.

Department of Defense. *Nuclear Posture Review*, October 2022.

_____. "Military and Security Developments Involving the People's Republic of China 2021," https://media.defense.gov/2021/Nov/03/2002885874/-1/-1/0/2021-CMPR-FINAL.PDF

_____. *Nuclear Posture Review*. February 2018.

Futter, Andrew 지음, 고봉준 옮김. 『핵무기의 정치』. 서울: 명인문화사, 2016.

Kahn, Herman. *On Thermonuclear War*. Princeton: Princeton University Press, 1960.
Naylor, Jenny L. "The Third Nuclear Age," *Comparative Strategy*, 38(4): 276-288. 2019.
Panda, Ankit. "What's in Russia's New Nuclear Deterrence 'Basic Principles'?" *The Diplomat*, June 9, 2020. https://thediplomat.com/2020/06/whats-in-russias-new-nuclear-deterrence-basic-principles/
Sokov, Nikolai N. "Why Russia Calls a Limited Nuclear Strike "De-escalation", *The Bulletin of Atomic Scientists*, 2014.
The Economist, "A New Nuclear Era", https://www.economist.com/leaders/2022/06/02/a-new-nuclear-era. June 2022.

보론 2: 인권: 국제 질서와 정의, 그리고 한일 관계

국가법령정보센터. "조약법에 관한 비엔나 협약(Vienna Convention on the Law of Treaties),"(1980.1.17). www.law.go.kr/조약/조약법에관한비엔나협약(검색일: 2022.12.18.).
대법원. 2018.10.30., 선고, 2013다61381, 전원합의체 판결.
리사 요네야마. "국민사와 냉전: 범아시적, 범태평양적 비평으로." 『아시아리뷰』, 6(1). 2016.
"반인권 범죄, 국가면제 뒤에 숨을 수 없어." 『한겨레신문』(2019.12.28.), www.hani.co.kr/arti/politics/diplomacy/922407.html(검색일: 2023.2.11.).
서울중앙지방법원. 제34민사부 2016가합505092 손해배상(기), 2021.1.8.
이진규. "국제법상 개인의 권리의 발전과 외교적 보호에 대한 관점의 변화." 『동아법학』, 제61호. 2013.
이주영. "1970년대 미국 인권정치의 등장." 『미국사연구』, 제46집. 2017.
_____. "국제 인권정치와 냉전의 균열: 트랜스내셔널 인권단체들의 활동을 중심으로." 『서양사론』, 제135호. 2017.
이주영 · 백범석. "국제인권법상 피해자의 권리와 피해자 중심적 접근(victim-centered approach),"『국제법학회논총』, 63(1). 2018.
정인섭. 『신국제법강의 제11판』. 서울: 박영사, 2021.
피터 딕슨 지음, 강성학 옮김. 『키신저 박사와 역사적 의미』, 서울: 박영사, 1985.

International Court of Justice, "Jurisdictional Immunities of the State (Germany v. Italy: Greece intervening)," (2012), www.icj-cij.org/en/case/143 (검색일: 2022.12.23.).
Italian Constitutional Court. "Judgement No. 238," 2014.10.22., www.cortecostituzionale.it/documenti/download/doc/recent_judgments/S238_2013_en.pdf (검색일: 2022.12.23.).
Italian Court of Cassation. "Ferrini vs. Germany, Appeal Decision, no 5044/4,"(2004.3.11.), www.documents.law.yale.edu/sites/default/files/ferrini_v._germany_-_italy_-_2004.pdf (검색일: 2022.12.19.).

Kissinger, Henry A. *A World Restored: Metternich, Castlereagh and the Problem of Peace 1812-1822*. Boston: Moughton Mifflin Co, 1957.
UN General Assembly. "Basic Principles and Guidelines on the Right to a Remedy and Reparation for Victims of Gross Violations of International Human Rights Law and Serious Violations of International Humanitarian Law, (2015.12.16.), www.ohchr.org/en/instruments-mechanisms/instruments/basic-principles-and-guidelines-right-remedy-and-reparation (검색일: 2022.12.15.).
ヘドリ・ブル著・臼杵英一訳.『国際社会論―アナーキカル・ソサイエティ』. 東京: 岩波書店, 2009.

복합경쟁 시대 미국의 대응

"The National AI Initiative Act of 2020." https://www.congress.gov/bill/116th-congress/house-bill/6216/text
The State Council Information Office of the People's Republic of China. *China's National Defense in the New Era*. Beijing: Foreign Language Press Co., 2019.
The White House. *National Security Strategy*. October 2022, https://www.whitehouse.gov/wp-content/uploads/2022/10/Biden-Harris-Administrations-National-Security-Strategy-10.2022.pdf
_____. 『미국 공급망에 대한 행정명령 14017(Executive Order 14017 on America's Supply Chains), https://www.whitehouse.gov/briefing-room/presidential-actions/2021/02/24/executive-order-on-americas-supply-chains/
U.S. Department of Defense. *Military and Security Developments involving the People's Republic of China 2020*. Washington D.C.: U.S. Dod, 2020.

중국의 게임 체인저: 페트로 위안화? 중국 위안화 국제화의 숨은 전략

백승훈·이창주. "중국과 중동의 연계 강화: 세계 에너지 구조 변환 속의 지경학." SNUAC. https://diverseasia.snu.ac.kr/?p=3111.
조세일보. "달러의 기축통화는 언제까지 가능할까." 2022.10.21. https://www.joseilbo.com/news/htmls/2022/10/20221021469160.html.
한경. "사우디 왕세자, 바이든 '카슈끄지 거론'에 美 인권문제로 역공." 2022.7.16. https://www.hankyung.com/international/article/202207162920Y.
BBC NEWS 코리아. "자말 카슈끄지: '사우디 왕세자가 카슈끄지 살해 승인…' 미국 기밀보고서 공개." 2021.2.27. https://www.bbc.com/korean/international-56220801.
BP. *Statistical Review of World Energy*.
CSIS. "Sanctions, SWIFT, and China's Cross-Border Interbank Payments System." *CSIS Briefs*. May 20

2022. https://www.csis.org/analysis/sanctions-swift-and-chinas-cross-border-interbank-payments-system.

EIA. Country Analysis Executive Summary: China. *U.S. Energy Information Administration*. August 8, 2022.

_____. Country Analysis Executive Summary: Saudi Arabia. *U.S. Energy Information Administration*. December 2, 2021.

Forein Policy. Biden Should Revive the Carter Doctrine for the Middle East. 2022.7.12. https://foreignpolicy.com/2022/07/12/biden-middle-east-carter-doctrine-israel-saudi-arabia-uae-gulf-iran/.

Middlekoop, Willem. *The Big Reset: War on Gold and the Financial Endgame*. Amsterdam University Press. 2016.

Nikkei Asia. "China aims for dollar-free oil trade." September 14 2017. https://asia.nikkei.com/Economy/China-aims-for-dollar-free-oil-trade.

The Economist. "Will China offer Russia financial help?." Mar 12th, 2022.

The White House President Barack Obama. "Remarks by the President on Energy." February 23 2012. https://obamawhitehouse.archives.gov/the-press-office/2012/02/23/remarks-president-energy.

韩群群・秦扬. "石油天然气人民币战略的实施路径探索."『西南石油大学学报』第21卷 第6期. 2019.

胡杨・韩晓宇. "石油人民币战略与人民币国际化."『中国金融』. 2019年 12期.

邱小敏. "周小川: 关于改革国际货币体系的思考". 新华网(来源: 中国人民银行网站). 2009年 03月 24日. http://news.xinhuanet.com/fortune/2009-03/24/content_11060507.htm.

新华社. "习近平在中国-海湾阿拉伯国家合作委员会峰会上的主旨讲话." 2022.12.10. http://www.gov.cn/xinwen/2022-12/10/content_5731130.htm.

中国外交部. "中华人民共和国和沙特阿拉伯王国联合声明." 2022.12.9. http://switzerlandemb.fmprc.gov.cn/web/zyxw/202212/t20221209_10988250.shtml.

中国新闻网. "中国成120多个国家地区最大贸易伙伴 持续吸引全球投资者." 2021年 03月 19日. https://www.chinanews.com.cn/gn/2021/03-19/9435646.shtml.

钟红. "'石油人民币'助力我国石油安全和人民币国际化."『国际金融』2018-03.

中国人民银行. "人民银行发布以特别提款权(SDR)作为报告货币的外汇储备数据." 中国人民银行网站. 2016-04-07. http://www.pbc.gov.cn/goutongjiaoliu/113456/113469/3045074/index.html.

中国人民银行,『2022 年人民币国际化报告』.

周子章. "央行首度公布以SDR计值外汇储备数据". 金融网综合. 2016年 4月 8日. http://www.financeun.com/News/201648/2013cfn/84541181000.shtml.

일본의 게임 체인저 전략

기획재정부.『시사경제용어사전』. 대한민국 정부, 2017.

김상배.『미중 디지털 패권경쟁: 기술・안보・권력의 복합지정학』. 파주: 한울아카데미, 2022.

오승희. "일본의 가치지향 외교 네트워크-인정투쟁, 가치 네트워크, 외교적 위선." 『일본연구』 91: 47-76, 2022a.

_____. "일본의 기획 정체성과 중국 인식의 중층성: 가치 외교, 대만 문제, '하나의 중국'." 『日本思想』 43: 133-156, 2022b.

윤석정. "문재인 정부의 대일 투-트랙(Two-Track) 외교와 한일 관계: 한일 관계의 게임 체인저로서 강제동원판결." 『일본학보』 132: 45-62, 2022.

이정환. "일본 경제안보정책 정책대립축의 이중구조: 외교안보적 수렴과 성장전략 방법론 논쟁의 잠복." 『일본연구논총』 55: 91-119, 2022.

최해옥. "경제안보를 위한 일본의 전략기술 확보전략 및 시사점." 『STEPI Insight』 307,

한국정보통신기술협회. 『IT용어사전』. 2022.

PMG지식엔진 연구소. 『시사상식사전』. 박문각, 2018.

内閣府. 2022a. https://www8.cao.go.jp/cstp/gaiyo/index.html

_____. 2022b. https://www8.cao.go.jp/cstp/gaiyo/yusikisha/20221222_2/siryo1.pdf

_____. 2022c. ムーンショット目標, https://www8.cao.go.jp/cstp/moonshot/target.html

_____. 2022d. 経済安全保障重要技術育成プログラム研究開発ビジョン. https://www8.cao.go.jp/cstp/anzen_anshin/program/3kai/siryo2-2.pdf

_____. 2022e. 統合イノベーション戦略2022 (2022年6月3日閣議決定), https://www8.cao.go.jp/cstp/tougosenryaku/2022.html

_____. 2022f. 科学技術イノベーション創造推進費に関する基本方針(改正案).

首相官邸. 2023. "岸田内閣総理大臣 令和5年 年頭所感", https://www.kantei.go.jp/jp/101_kishida/statement/2023/0101nentou.html 2022.1.1.

Akimoto, Daisuke. *The Abe Doctrine: Japan's Proactive Pacifism and Security Strategy*, Singapore: Springer, 2018.

Calder, Kent E. "Japanese Foreign Economic Policy Formation: Explaining the Reactive State." *World Politics*, 40(4): 517-541, 1988.

_____. "Japan as a post-reactive state?" Orbis, 47(4): 605-616, 2003.

Dobson, Hugo. "Is Japan Really Back? The "Abe Doctrine" and Global Governance." *Journal of Contemporary Asia*, 47(2): 199-224, 2017.

Envall, H. D. P. "The 'Abe Doctrine': Japan's New Regional Realism." *International Relations of the Asia-Pacific*, 20(1): 31-59, 2020.

Fan, Peilei & Watanabe, Chihiro, "Promoting industrial development through technology policy: Lessons from Japan and China." *Technology in Society*, 28(1): 303-320, 2006.

Hornung, Jeffrey W. "Abe Shinzō's Lasting Impact: Proactive Contributions to Japan's Security and Foreign Policies." *Asia-Pacific Review*, 28(1): 22-48, 2021.

Hughes, Christopher W. *Japan's Foreign and Security Policy under the 'Abe Doctrine': New Dynamism or New Dead End?* Houndmills, Basingstoke, Hampshire: Palgrave MacMillan, 2015.

Kolmas, Michal. "Japan and the Kyoto Protocol: Reconstructing 'proactive' Identity through Environmental Multilateralism." *Pacific Review*, 30(4): 462–477, 2017.

Lee, Seungjoo. "In Search of Regional Stability in the Age of Hyper-Uncertainty: The US-China Strategic Competition and the Redesign of Regional Order in East Asia." *Asian Journal of Peacebuilding*, 10.2: 305–310, 2022.

Manicom, James. "Japan's ocean policy: still the reactive state?." *Pacific Affairs*, 83(2): 307–326, 2010.

Manurung, Hendra. "Japan – U.S. Relations under the Abe Doctrine: Shifting Policy in East Asia Regional Stability." *Journal of International Studies*, 13: 67–83, 2017.

Oros, Andrew L. "International and Domestic Challenges to Japan's Postwar Security Identity: 'norm Constructivism' and Japan's New 'proactive Pacifism'." *Pacific Review*, 28(1): 139–160, 2015.

게임 체인저와 국가전략: 러시아의 대응

김성진. "푸틴 집권 4기 러시아 국가안보전략의 변화", 『중소연구』, 45(4). 2021/2022.

김정기. "미중 전략경쟁과 우크라이나의 대응 전략", 『중소연구』, 46(2). 2022.

박지원. "서방의 對러 경제제재와 러시아의 反제재정책: 러시아 상품 공급망 관점의 분석", 『중소연구』, 46(3). 2022.

송태은. "러시아-우크라이나 전쟁의 사이버전: 평가와 함의" 『IFANS』, 2022-19.

서동주. "미·중 복합 지정학적 갈등과 러시아의 전략적 입장 및 대응", 『국가안보와 전략』, 22(2). 2022.

이용석·정경두. "러시아 대 우크라이나 사이버 전쟁의 교훈과 시사점", 『국방정책연구』, 38(3). 2022.

이주연. "러시아의 對중국 외교정책의 결정요인 분석: 브레쳐 모델을 중심으로, 『현대중국연구』, 22(4). 2021.

이호건·김영진. "러시아의 탈(脫)달러화 정책 및 요인 연구: '금융외교전략'론을 적용하여" 『중소연구』, 45(2). 2021.

윤민우. "미러 사이버 안보경쟁과 중러협력," 『국제문제연구소 워킹페이퍼』, No.102. 2019.

조영관. "미국의 대러 제재가 러시아 경제에 미친 영향", 『슬라브학보』, 35(3). 2022.

조은교. "첨단기술의 미·중 블록화 전개 양상과 시사점-반도체, AI를 중심으로", 『산업경제분석』. 2022.

채재병·김일기. "주요국 사이버안보 전략과 한국에의 시사점", 『INSS 전략보고』, No.73. 2022.

현승수 외 5명. "주변국 국경안보: 이론과 실제", 『KINU연구총서』, 17-22-01, 2017, p.32.

Hakala, Janne & Melnychuk, Jazlyn. *Russia's Strategy in Cyberspace*, NATO Strategic Communications Center of Excellence 2021.

Jankowski, Dominik P. "Russia and the Technological Race in an Era of Great Power Competition," https://www.csis.org/analysis/russia-and-technological-race-era-great-power-competition (검

색일: 2022.12.27.)
Lehtinen, Santtu & Saari, Sinikukka & Suominen Arho (eds.), Russia's technological policy and knowhow in a competitive global context, Prime Minister's Office Helsinki 2022.
Zysk, Katarzyna. "Defence innovation and the 4th industrial revolution in Russia", *Journal of Strategic Studies*, 44(4). 2021.

"서방 대러 제재 비웃듯 중러 교역 '역대 최대'," https://biz.sbs.co.kr/article/20000088168 (검색일: 2023.01.04.)
우크라이나 · 러시아 전쟁으로 보는 사이버전 동향 및 대응 방안," https://www.igloo.co.kr/security-information/%EC%9A%B0%ED%81%AC%EB%9D%BC%EC%9D%B4%EB%82%98%C2%B7%EB%9F%AC%EC%8B%9C%EC%95%84-%EC%A0%84%EC%9F%81%EC%9C%BC%EB%A1%9C-%EB%B3%B4%EB%8A%94-%EC%82%AC%EC%9D%B4%EB%B2%84%EC%A0%84-%EB%8F%99%ED%96%A5-%EB%B0%8F/ (검색일: 2023.01.02.)
"중러 교역, 양국 통화로 결제 20~25%," https://www.kita.net/cmmrcInfo/cmmrcNews/cmmrcNews/cmmrcNewsDetail.do?pageIndex=1&sSiteid=1&nIndex=%2069105 (검색일: 2022.01.04.)
"2016년에 개발된 세계 수준의 러시아 첨단기술들," https://dream.kotra.or.kr/kotranews/cms/news/actionKotraBoardDetail.do?SITE_NO=3&MENU_ID=180&CONTENTS_NO=1&bbsGbn=243&bbsSn=243&pNttSn=159027 (검색일: 2022.12.21.)
"'Whoever leads in AI will rule the world': Putin to Russian children on Knowledge Day", https://www.rt.com/news/401731-ai-rule-world-putin/ (검색일: 2022.12.21.)

북한의 핵개발 국가전략과 한반도 게임 체인저

진희관 외. 『12개 주제로 생각하는 통일과 평화 그리고 북한』. 서울: 박영사, 2022.
통일부 국립통일교육원. 『2022 북한 이해』. 서울: 국립통일교육원, 2022년 2월.
홍석훈. 「문재인 정부의 평화 · 통일정책:북핵 문제와 미 · 중관계를 중심으로 평화학연구」, 『평화학연구』, 19(1). 2018.
홍석훈 · 나용우. 「북핵 고도화와 새로운 대북정책의 모색: 공세적 핵전략으로의 진화와 우리의 대응방안」, 『국가안보와 전략』, 17(3). 2017.

Nye, Joseph S. & Welch, David A. *Understanding Global Conflict and Cooperation*, 9th ed. Pearson, 2013.

『중앙일보』, (2017. 9. 27)
『로동신문』, (2022. 4. 5.)

「로동신문」, (2022. 4. 17.)
「로동신문」, (2022. 4. 26.)
「조선중앙통신」, (2021. 9. 15.)
「조선중앙방송」, (2022. 1. 20.)
https://www.securitycouncilreport.org/un-documents/dprk-north-korea/ (검색일: 2022년 10월 15일)
https://sipri.org/media/press-release/2022/global-nuclear-arsenals-are-expected-grow-states-continue-modernize-new-sipri-yearbook-out-now (검색일: 2022년 10월 15일)

찾아보기

게임 체인저와 미래 국가전략

ㄱ

가상화폐	82
가짜뉴스	22
가치사슬	35, 91, 93, 96, 164
가치 창출	212
강대국 경쟁	25, 35
거래통제목록	194
게임 체인저	13, 16, 37, 55, 71, 81, 119, 171, 177, 199
경제 안보	103, 152
공공재	116
공유재	116
국가 대전략	213
국가안보혁신기반(NSIB)	56
국제조정 플랫폼	52
국제 질서	134
그린데탕트(green détents)	213
극초음속기술	59
글로벌 공공재	212
글로벌 공급망	100, 194
글로벌 중추 국가	41
기술보국	54
기술입국	54
기술패권	26, 55, 69
기술 혁신	99
기시다 후미오(岸田文雄)	177, 186
기축통화	159
기후 변화	17, 97
김정은	131, 200, 202

ㄴ

나노머신(nanomachine)	59
나이(Joseph S. Nye, Jr.)	199
나토(NATO)	43, 101
남남갈등	213
네트워크 중심전	156
녹색기술	69
뉴 노멀 시대	19
뉴 스페이스(new space)	28, 109

ㄷ

다극 체제	78
다(多)영역 작전	156
다크 웹(dark web)	85
담대한 구상	210
대량살상무기(WMD)	50
대외 균형 전략	101
디리스킹(derisking)	41
디지털 화폐(CBDC)	173
디커플링(decoupling)	41

ㄹ

랜섬웨어(ransomware)	85
러시아-우크라이나 전쟁	21, 93
로봇공학	58
리쇼어링(reshoring)	77, 99
리스크의 혁명	116

ㅁ

말라바르 훈련	151
맞춤형 억제 전략	126
메드베데프(Dmitry Medvedev)	187
메일폭탄	193
메타버스(metaverse)	20
문샷(Moonshot)	183
미국 우선주의	149
민족해방민주주의혁명	207

ㅂ

바이든(Joseph R. Biden, Jr.)	34, 145, 148
바이오기술	59
반응국가	176
범용 기술	67
부가제조기술	58
부시(George W. Bush)	36
북대서양조약기구(NATO)	33, 149
불(Hedley Bull)	135
브레진스키(Zbigniew Kazimierz Brzezinski)	44
브레튼우즈 체제	15, 160, 174
브로디(Bernard Brodie)	119
브릭스(BRICS)	92, 101, 188
블랙 스완형	14, 22
블록체인	85
블록체인(block chain)	20

빈 살만(Mohammed bin Salman)	163

ㅅ

사이버 안보	81, 192
사이버전자전	82
사이버 카오스(cyber chaos)	83
산업혁명	71
상하이협력기구(SCO)	92, 101, 154, 188
상호 확증 파괴(MAD)	128
세계화	43, 48
센서혁명	109
소다자주의	51
소다자 협력	26, 30, 80, 149
수정주의	151
슈미트(Eric Schmidt)	20
스위프트(SWIFT)	194
시정(是正, redress) 문화	29, 137
시진핑(習近平)	34, 36, 127, 158, 166, 170, 173
신경공학(뉴로테크놀로지)	60
신국제 질서	199
신냉전	23, 45, 102
신대륙주의	26, 76
신상털기(doxxing)	193
신전략무기감축협정(START)	49
신흥기술	55, 63, 67

ㅇ

아르테미스 계획	108
아베노믹스	179
아베 독트린	179, 185
아베 신조(安倍晋三)	30, 40, 176
아브라함 협정	151
아소 다로(麻生太郎)	177
아시아로 회귀	36
아시아 핵시대	121
아폴로 계획	108
안보 넥서스	179
안보 딜레마	122
안보 불가분성의 원칙	47
양자 암호	20
양자컴퓨터	20, 146
에너지	69
에너지기술	59
에너지 안보	73
에너지 전환	71
엔티티 리스트(entity list)	5, 66
예방전쟁	199
오바마(Barack H. Obama)	36, 161, 169
오커스(AUKUS)	36, 40, 92, 101, 121, 150
오펜하임(Lassa F. L. Openheim)	136
올드 스페이스(old space)	110
완충국가	22, 44
워싱턴 선언	122
외교적 보호권	136
요시다 독트린	179
우드워드(Bob Woodward)	155
우주 거버넌스	117
우주경제	117
우주군	157
우주기술	60
우주력	28, 112, 157
우주전쟁	112
우주클럽	117
우주 태양광 발전	21
우주혁명	111
우크라이나-러시아 전쟁	42, 84, 90, 194
워로봇(war robot)	59
윤석열	210
이중 용도 기술	67
인공지능(AI)	19, 27, 59
인권	29, 137
인도·태평양 경제 프레임워크(IPEF)	34, 44, 92, 101, 152
인도·태평양전략(IP)	44
인도·태평양 협력 모델	88
인지전(認知戰)	27, 82
일대일로(一帶一路)	35, 164, 166

ㅈ

적극적 방어	154
전략 경쟁	25, 35
전략리뷰 2021	66

전략적 비대칭성	81	통일 거버넌스	214
전자정보전	83	트럼프(Donald J. Trump)	34, 146, 149, 155, 195, 201
절대무기	119		
정보전(情報戰)	27, 82	트레이서빌리티 시스템(traceability system)	66
정보통신기술(ICT)	60	트롤링(trolling)	193
정통성	134	트리플 넥서스	212
정통 질서	134	특별군사작전	43, 189
제2차 핵시대	121		
제4차 산업혁명	9	**ㅍ**	
제임스 웹 우주망원경	16	파괴적 기술	63
제한적 억제	127	파리 콜(Paris Call)	66
중국제조 2025	63	파이잘(Faisal bin Abdulaziz Al Saud)	160
지경학(地經學)	74	판문점선언	203
지소미아(GSOMIA)	178	팔케티(Paolo Palchetti)	138
지정학의 귀환	21	페리니(Luigi Ferini)	138
		페트로 달러(petro dollar)	30, 71, 158, 163
ㅊ		페트로 위안화	30, 158, 168, 171
챗(chat)GPT	20	펠로시(Nancy Pelosi)	38
천인계획(千人計劃)	64	편향적 사고	213
첨단기술	55, 185, 190	평양남북정상회담	202
청중비용	199	폭스블레이드(FoxBlade)	193
초대륙	76	폼페이오(Michael R. Pompeo)	147
초불확실성	24	푸틴(Vladimir V. Putin)	45, 49, 129, 187, 190
초연결사회	81	프렌드쇼어링(friendshoring)	77, 93
최소 억제	127		
		ㅎ	
ㅋ		하나의 중국 정책	38
카슈끄지(Jamal Khashoggi)	163	하노이북미정상회담	205
카터(James Carter)	135, 161	하이브리드 세계	19
칸(Herman Kahn)	120	하이브리드전(hybrid戰)	22, 27, 82
캐시리스(cashless) 사회	173	해외 직접 생산규칙(FDPR)	95
케인스(John M. Keynes)	174	핵가용론	120
코로나19 팬데믹	15, 34, 91, 98	핵강제	49
코뿔소형	14	핵무기	119, 123
쿼드(Quad)	36, 68, 121, 150, 177	핵무력	199
클린 네트워크	147	핵무장	198, 199
키신저(Henry A. Kissinger)	134, 160	핵병진 노선	199
		핵보유국	131
ㅌ		핵불가용론	119
탄소중립	103	핵비확산조약(NPT)	120, 131
탈냉전	43, 45, 102, 106, 111, 121, 137, 151	핵심 이익	38
탈(脫)동조화	37, 91, 152	핵전략	38, 47, 125, 126, 128, 129

핵티비스트(Hacktivist)	193	NPR	125, 131
핵 혁명	110	P5	121
효과기반 작전	156	POLYPLEXUS	62
		PRISM	183
		SDR	171
A2AD	155	SEATO	150
ANZUS	150	Society 5.0	179, 183, 194
AR	26, 61	SWIFT	169
Chip 4	148	VNR	213
CENTO	150	VR	26, 61
CIPS	169		
cop27	17		
DARPA	62	2050 탄소중립	17
DII	61	3분법	36
EL	66	3원칙	36
ISR 작전	39	3차 상쇄전략	153
IT 잡상인	147	3C	35
JEDI	63	4차 산업혁명	28, 71, 93, 100, 117, 148, 154, 192
K-뉴 스페이스	28, 114		
K Program	181	9·11 테러	36
New START 조약	187	9·19평양공동성명	202
NFT	85		

저자 소개(집필 순)

진창수

도쿄대학교 대학원 정치학 박사
현) 세종연구소 수석연구위원, 일본연구센터 센터장
전) 세종연구소 소장

서동주

연세대학교 대학원 정치학과 정치학 박사(Ph.D)
현) (사)유라시아정책연구원(KEPI) 부원장
전) 국가안보전략연구원(INSS) 수석연구위원

이수훈

고려대학교 국제관계학 박사
현) 한국국방연구원 선임연구원
전) 고려대학교 일민국제관계연구원 연구교수

김정기

모스크바국립대학교 대학원 국제경제학과
 경제학 박사
현) (사)유라시아정책연구원(KEPI) 부원장
전) 국가안보전략연구원(INSS) 수석연구위원

박홍도
서강대학교 정치외교학과 졸업. 경남대 정치학 박사
현) 세종연구소 일본연구센터 객원연구위원
전) 청와대 통일외교안보정책실 행정관

임은정
존스홉킨스대학교 고등국제학대학원(SAIS)
  국제관계학 박사
현) 국립 공주대학교 국제학부 부교수
전) 리츠메이칸 국제관계학부 조교수

이기태
게이오대학교 대학원 정치학 박사
현) 통일연구원 연구위원, 국제전략연구실 실장
전) 국민대 일본학연구소 전임연구원

이상준
러시아 세계경제 및 국제관계연구소(IMEMO)
  경제학 박사
현) 국민대학교 러시아·유라시아학과 교수
전) 한국슬라브유라시아학회장

윤대엽
연세대학교 대학원 정치학과 정치학 박사
현) 대전대학교 군사학과 및 PPE 전공 부교수
전) 서울대학교 미래전연구센터 객원연구원

김민성
고려대학교 국제관계학 박사
현) 통일연구원 국제전략연구실 부연구위원
전) 고려대학교 일민국제관계연구원 연구교수

윤석정
게이오기주쿠 대학교 대학원 법학 박사
  (정치학 전공)
현) 국립외교원 일본연구센터 연구교수
전) 국민대학교 일본학연구소 연구원

차두현
연세대학교 대학원 정치학과 정치학 박사
현) 아산정책연구원 수석연구위원
전) 한국국방연구원 연구위원

이창주
중국 상하이 푸단대 외교학 박사
현) 아주대학교 미중정책연구소 일대일로연구소
  센터장
전) 세종연구소 객원연구위원

오승희
이화여자대학교 대학원 정치학 박사
현) 서울대학교 일본연구소 연구교수
전) 동아시아연구원 수석연구원

이주연
한양대학교 국제학대학원 국제학 박사
현) 한양대학교 아태지역연구센터 학술연구교수

홍석훈
미국 조지아대학교 정치학 박사
현) 국립창원대학교 국제관계학과 부교수,
  미래시대준비 통일센터장
전) 통일연구원 연구위원, 기획조정실장